내 인생의 첫 골프 수업

내 인생의 첫 골프 수업

초판 1쇄 발행 2018년 2월 12일
초판 6쇄 발행 2022년 7월 15일

지은이 김형국
펴낸이 양동현
펴낸곳 골프아카데미
　　　출판등록 제307-2012-7호
　　　주소 02832, 서울 성북구 동소문로13가길 27
　　　전화 02) 927-2345　팩스 02) 927-3199

ISBN 978-89-98209-05-6 / 13690

＊제본이 잘못된 책은 구입한 곳에서 바꾸어 드립니다.

www.iacademybook.com

이 도서의 국립중앙도서관 출판시도서목록(CIP)은
e-CIP홈페이지(http://www.nl.go.kr/ecip)와 국가자료공동목록시스템(http://www.nl.go.kr/kolisnet)에서
이용하실 수 있습니다. CIP제어번호 : CIP2018004032

초보 골퍼 김 대리, 7주 만에 라운드

내 인생의 첫 골프 수업

김형국 지음

골프아카데미

머리말

나는 컴퓨터를 전공한 공학도이다. 오랜 세월을 컴퓨터와 씨름하며 보내다가 불혹이 넘어 골프라는 새로운 길에 도전하였다. 골프를 잘하고 싶었던 것이 가장 큰 이유였지만, 처음 골프를 배울 때 잘못 배워 힘든 시절을 겪고 보니, 다른 사람들은 나와 같은 시행착오를 겪지 않고 골프를 재미있게 배워 잘 치게 해 주고 싶었다.

그렇게 시작한 골프가 어느덧 10년이 되었다. 본격적으로 골프를 하면서 1년 만에 싱글 스코어를 기록하고, 2년 만에 홀인원, 3년 만에 생활체육지도자 3급과 프로 자격증 취득까지 아마추어 골퍼가 하고 싶어 하는 기록은 다 해 보았다. 이제 남은 것은 에이지 슈터age shooter, 훗날 은퇴하고 나서 나이와 같은 스코어를 기록하는 것이 또 하나의 목표이다.

지난 10여 년간 2,800여 명의 아마추어 골퍼를 가까이서 보고 가르치는 일을 하다 보니 이제는 한 번만 보면 알 수 있다. 지금 이분에게 필요한 골프의 기본기가 무엇이고, 이를 익히려면 시간이 어느 정도 걸리며, 얼마나 향상될 것인지를.

비록 선수 출신은 아니지만 스윙을 정확히 보는 눈을 가지게

된 것이 나의 큰 장점이자 자랑거리이다. 그래서 그냥 듣기 좋은 말 혹은 화려한 골프 용어로 상대방을 가르치는 척하고 마는 것이 아니라, 평생 골프를 위해 실력이 향상되는 방법을 함께 고민하고 알려 드리고자 한다. 처음 골프를 접하는 순간부터 재미를 느끼고, 골프를 잘하게 되기까지 걸리는 시간을 최소한으로 줄여 드리고 싶다.

초보 시절, 나는 어디를 가든 편하게 연습하고 골프에 관한 대화를 맘껏 나눌 수 있는 골프연습장을 아쉬워했고, 마음이 통하는 골프 친구, 올곧은 골프 스승을 만나고 싶다는 소원을 가지고 있었다. 그리고 10년의 세월이 흐른 지금 나는 그 꿈을 실현하고 있다. 많은 사람들이 골프를 통해 행복해질 수 있도록 친구 겸 선생이 되어 주는 위치에 있다는 것이 얼마나 감사한지 모른다. 처음 골프를 시작하는 분, 몇 년간의 발전 없는 연습 과정에서 지루함이 더 큰 독자들께 이 책이 용기를 드릴 것이다.

2018년 2월

김형국

목차

머리말 4

CHAPTER 1
개념 깨기 - 50퍼센트의 멘탈, 40퍼센트의 셋업, 10퍼센트의 스윙

선배, 저 대신 나가 주면 안 돼요? 12
골프 배우는 비용은 얼마나 들까? 18
골프, 한번 빠지면 그렇게 재밌다는데 24
골프 장갑은 왜 한쪽만 낄까? 29
골프장은 왜 18홀로 되어 있을까? 35
지적질 레슨은 이제 그만 43
골프라는 게임에 필요한 과목, 4 : 2 : 4의 황금 비율 48
알고 하면 재미있는 골프의 세계 53

CHAPTER 2
10분 만에 풀스윙 - 10분이면 깨닫는 스윙 속 숨겨진 비밀

프로의 스윙을 따라 하지 마라 ·· 58
스윙은 줄넘기보다 쉽다 ··· 64
10분 만에 풀스윙을 하기 위한 몸동작 ··· 70
스윙의 비밀, '소리가 거리다' ··· 78
멋진 샷을 원한다면 공을 많이 치지 마라 ······································ 84
샷의 비밀, 샷은 공을 치기 전에 결정되어 있다 ······························· 91
공만 치면 나오는 아마추어의 잘못된 스윙 버릇 ······························· 97

골프의 신이 가르쳐 주는 족집게 레슨 1
골프는 체력, 건강한 골프 바디 만들기 ·· 106
스윙은 리듬, 콧노래로 스윙하라 ··· 114
초보자를 위한 골프클럽의 구성 ·· 121
초보 골퍼 괴롭히는 슬라이스 완전 정복 ······································ 128

CHAPTER 3
7주 만에 라운드 – 이것만 알면 필드 준비는 끝났다

1주차 | 몰라도 아는 척, 초보 티 안 내는 라운드 준비하기 ······· 138
2주차 | 일주일 만에 드라이버와 우드 샷 도전 ······················ 146
3주차 | 숏 게임은 던지기이다. 하루 만에 익히는 숏 게임 요령 · 155
4주차 | 퍼트는 거리감이다. 거리감 익히는 핵심 노하우 ·········· 164
5주차 | 멋진 샷을 하기 위해 필요한 그립과 셋업 ·················· 172
6주차 | 프로들이 잘 가르쳐 주지 않는 프리 샷 루틴 ············· 179
7주차 | 코스를 설계하는 자, 필드를 지배한다ּ····················· 185

골프의 신이 가르쳐 주는 족집게 레슨 2
아마추어 골퍼의 로망, 비거리 늘리기 ···························· 194
자유자재 나만의 컨트롤 샷 만들기 ································ 200
평지가 아닌 경사에서의 샷 완전 정복 ···························· 206
소리와 종이를 이용한 어프로치 연습법 ·························· 214

CHAPTER 4
실전 필드 – 골프는 실수를 줄이는 게임이다

아무리 연습해도 골프가 늘지 않는 이유 ········ 222

골프의 불치병 '헤드업' ········ 228

멘탈도 연습해야 한다 ········ 234

라운드 한 시간 전에 미리 골프장 가기 ········ 240

1번 홀 첫 티샷 울렁증 극복하기 ········ 246

누구나 싫어하는 슬로 플레이 ········ 252

실력 향상을 가로막는 착각 ········ 258

CHAPTER 5
평생 골프 – 고수의 초석 만들기

골프를 정말 잘해야 할 가치가 있나? ········ 266

골프 고수로 가는 길목에서 ········ 272

삶을 지배하는 자가 스윙을 지배한다 ········ 278

골프 시작 5년 후 당신의 골프는? ········ 284

자신에게는 냉정하게, 타인에게는 관대하게 ········ 290

비즈니스 골프에 강한 고수의 조건 ········ 295

에필로그 | 나의 꿈 나의 골프 ········ 300

CHAPTER 1
개념 깨기

50퍼센트의 멘탈
40퍼센트의 셋업
10퍼센트의 스윙

선배, 저 대신 나가 주면 안 돼요?

> 골프는 연애와 같다. 하찮게 여기면 재미가 없고 심각하게 여기면 마음을 아프게 한다. _ 아서 데일리

더 이상 피할 수 없는 골프

어디를 가도 골프가 화제다. 부부모임을 가도 친구 모임을 가도 심지어는 아파트 주민 모임에서까지 골프 이야기로 꽃을 피운다. 접대가 중요한 영업 현장은 말할 것도 없다. 술보다 골프가 먼저다. 도대체 골프가 무엇이길래 이렇게 많은 사람들이 '골프, 골프' 하는 것일까? 아무리 영업이 중요하다 하더라도 월급쟁이 대리에게는 먼 나라 이야기다. 몇 시간 동안 슬슬 걸어 다니면서 작대기만 휘두르는 게 뭐 재밌다고 장비며 옷이며 비싼 골프장 요금 내가며 매달린단 말인가. 여유 있는 사람들이 돈 자랑하는 것으로밖에 보이지 않는다.

"사회생활 제대로 하려면 골프할 줄 알아야 해."

"요즘 영업은 골프로 한다고."

"넓은 자연에 나가면 막혔던 숨이 확 트여."

"골프는 인생이야."

끝없이 쏟아지는 골프 예찬론을 듣다 보면, 골프 못하면 친구도 없고, 성공은 꿈도 꾸지 못할 것 같다. 몇 년 전까지만 해도 골프 못한다고 눈치 볼 일이 생길 거라곤 상상도 하지 못했다. 하지만 이제는 골프가 주요 영업 수단이자 인간관계 맺기의 핵심으로 인식되면서 사원 시절부터 골프를 배우는 사람들이 늘어났다.

"선배님, 이번 주말에 구매부 부장님이 골프 한번 치자고 하시는데 저 대신 좀 나가 주시면 안 될까요?"

"아니, 자네, 지금까지 골프 안 배우고 뭐했어?"

"아직 여유가 없어서요."

"여유 있다고 골프 치는 거 아냐. 이것도 다 일이고 실력이야. 골프는 누구 대신 쳐 주고 하는 게 아니라고."

업무 차 골프 칠 일이 생길 때마다 선배에게 부탁하기도 그렇고, 요즘 영업은 골프가 필수라고 하니 더 이상 미룰 수가 없다. 마음이 급해 인터넷을 찾아본다. 골프를 시작하는 데 드는 비용도 만만치 않고 시간도 많이 잡아먹는 것 같아 겁부터 난다. '역시 골프는 돈 많고 시간 남아도는 사람이나 하는가 보다' 하는 생각을 지울 수가 없다. 그래도 골프를 해야 하는 절박한 이유가 생겼으니 어떻게든 부딪쳐 봐야겠다고 마음먹고 골프연습장을 찾는다.

"저…… 한 달 안에 필드에 나가야 하는데 할 수 있을까요?"

"네? 한 달이요? 아니, 공 맞추는 데만도 한두 달이 걸리는데 어떻게 필드에 나갑니까? 특별 레슨을 받으면 되기는 하는데 그러려면 매일 두세 시간은 내셔야 해요. 비용도 더 비싸고요."

비용도 비용이지만 한 달 안에 필드 나가는 것은 요원하게 느껴진다. 할 수 없이 골프책을 몇 권 사서 읽어 보지만 생소한 용어 때문에 책 읽는 것 자체가 고역이다. 골프클럽 잡는 법, 공을 치기 전 준비하는 자세 등 사진대로 따라해 봐도 어색하기만 할 뿐 제대로 되지 않는다. 연습장이나 책(비디오)이나 그다지 좋은 해결책이 아닌 듯하다. 어떻게 하면 제대로 골프를 배울 수 있을까? 그것도 최대한 빨리 배울 수 있다면 더 바랄 것이 없을 듯하다.

그에 대한 해답이 바로 여기에 있다. 당장 필드에 나가기로 약속했다면, 그리고 기왕 배우기로 한 거 제대로 배우고 싶다면 이 책을 처음부터 읽어 보자. 원하는 답을 얻을 수 있을 것이다.

골프, 왜 하려고 하는가

이제 본격적으로 골프에 관심을 갖고 아는 사람들에게 골프를 어떻게 시작하는 것이 좋을지 물어본다. 생각보다 많은 사람들이 골프를 하고 있고 이런저런 조언을 해 준다. 종합해 보면, 골프는 비즈니스에도 도움이 되고 인간관계에도 꼭 필요한 것 같은데 배우는 과정은 쉽지 않은 것 같다.

누구는 동네 실내 연습장에서 배워라, 또 누구는 인도어에 나가야 한다(인도어가 뭐람?), 갈비뼈가 두 번 정도는 부러져야 해(골프가 그렇게 험한 운동이야?), 골프클럽과 옷 사는 데 몇백만 원 들어(뭐야, 처음부터 목돈이 든다고?), 처음 필드에 나가선 7번 아이언 하나만 들고 뛰어야 해(아니, 공을 쳐야지 왜 들고 뛰어?), 골프는 신사의 운동이라 매너를 지켜야 해(그래서 어떻게 하라고?), 처음 배울 때 나한테 잘 맞는 프로를 잘 만나야 해(그게 누군데?), 어떤 프로는 엄청 겁주고 지적한다던데(선생 무서워서 배우러 가겠냐?) ……. 골프에 대해 아는 게 없으니 틀린 말은 아닌 것 같지만 배우는 과정이 뭐 그리 복잡한지 빨리 이 과정을 통과했으면 하는 마음이 간절해진다. 누구의 권유를 받았든, 계기가 어떻든, 이왕 골프를 하기로 마음먹었다면 왜 골프를 하는지 스스로에게 물어볼 필요가 있다.

골프의 장점은 매우 많다. 무엇보다도 다른 운동과 달리 평생 할 수 있다는 점이 가장 매력적이다. 또한 비즈니스나 인간관계를 맺는 데는 골프만 한 도구가 없고, 자신의 '몸값'을 올리는 데도 한몫한다. 요즘 직장인들은 '몸값'을 올리기 위해 자기계발에 열을 올리고 있는데, 골프는 필수 메뉴다. 사업에서 크게 성공한 사람들은 대부분 골프를 하고 있다. 골프의 변방이었던 우리나라에서 골프 산업이 급격한 성장 속도를 보이고 있는 것을 보면 골프가 사회에 미치는 영향이 얼마나 큰지 느낄 수 있다.

한국골프장경영자협회 자료에 나온 우리나라 골프장 현황을 보면, 1988년 골프장 39개에 연간 내장객수 270여만 명이었던 것이, 박세리 선수가 등장한 1998년에는 97개 골프장에 연간 내장객수 700만 명으로 늘었고, 스크린골프가 등장한 2008년에는 골프장수 310개에 내장객 2,300만 명, 최근 2016년에는 골프장 486개에 연간 내장객수 3,600만 명으로 골프 인구가 기하급수적으로 늘었다. 특히 스크린골프는 우리나라에만 있는 독특한 방 문화 형태의 골프 놀이 시설로, 2000년대에 처음 등장한 뒤 20년이 채 안

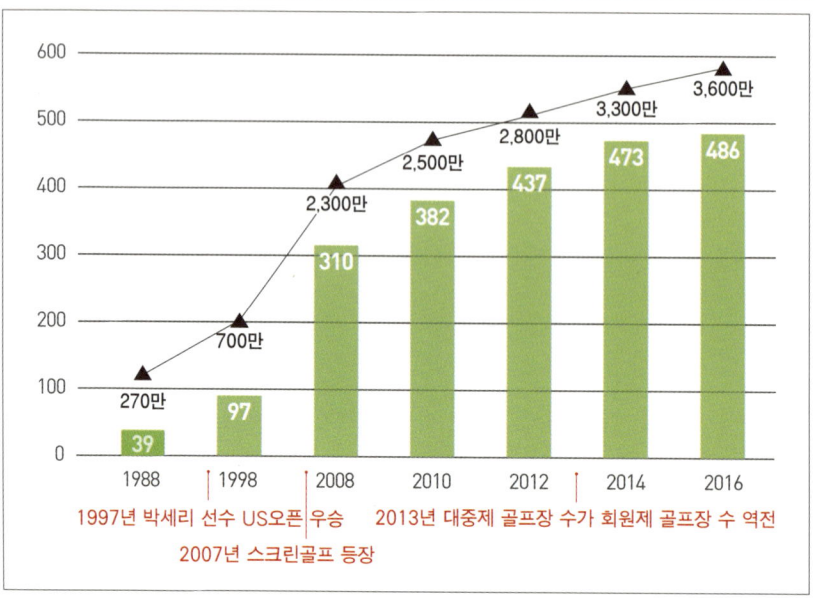

된 시점에 전국 5,500개 매장에 25,000개의 스크린 타석 수를 자랑하는 대형 시장으로 성장하였다. 이제 골프 그 자체가 거대한 네트워크인 것이다.

골프 시작, 이렇게 접근하라

골프는 매우 단순한 게임이다. 게임 공간이 매우 넓어서 난해하게 느껴질 뿐, 공을 앞으로 쳐서 조그만 구멍에 넣는 행위를 18회 반복하면 끝나는 게임이다. 축구나 농구처럼 공을 넣지 못하도록 방해하는 사람도 없다. 그런데 공을 치는 행위로서의 골프는 단순하

지만 공을 치면서 전진하는 과정은 결코 단순하지 않다. 즉 골프는 단순히 공을 치는 행위인 스윙을 익히고 공만 잘 친다고 완성되는 것이 아니다.

골프를 잘하려면 골프 하는 데 필요한 핵심 요소를 알고 처음부터 제대로 배우는 것이 중요하다. 제대로 알고 하면 훨씬 더 재미있고 실력도 빠르게 향상된다.

골프의 핵심 요소는 무엇인지 차분히 살펴보고 그에 따른 기술을 체계적으로 익혀 보자. 2장과 3장에서 다룰 것이다. 골프 경험이 있는 독자도 꼭 읽어 보라. 그간의 골프가 일목요연하게 정리될 것이다.

골프 배우는 비용은 얼마나 들까?

> 골프 스윙은 여행가방과 같다. 우리는 거기에 너무 많은 것을 집어넣으려고 한다. _ 존 업다이크

싱글의 의미

골프의 속설 중에 '싱글을 하려면 집 한 채를 팔아야 한다'라는 말이 있다. 한 마디로 골프를 잘하려면 돈이 많이 든다는 것이다. '싱글Single'의 정확한 명칭은 '싱글 디지트 핸디캐퍼Single-digit handicapper'로, 골프 게임 스코어의 기준 타수Par인 72타보다 '+9'까지 한 자리 숫자만큼만 오버하는 사람을 말한다. 즉 81타까지의 스코어를 기록하는 것이다. 정확한 룰을 지켜서 친다는 전제하에 이 정도의 스코어를 기록하는 아마추어는 전체 골프 인구의 1퍼센트에 불과하다. 라운드 경험이 최소한 1,000번은 되어야 한다고 하니 한 번 라운드할 때마다 직간접 비용으로 30만 원 정도 쓴다고 치면 자그만치 3억 원이 든다. 거의 프로 선수에 준하는 연습과 필드 경험이 있어야 한다. 불과 10년 전만 해도 싱글은 웬만큼 접대 받을 수 있는 권력과 재력이 있지 않으면 달성하기 쉽지 않다는 의미이기도 했다. 오죽했으면 싱글 스코어를 처음 기록하

싱글은 골프 게임 스코어의 기준 타수인 72타에 '+9'까지 한 자리 숫자만큼만 오버하는 사람을 말한다. 즉 81타까지의 스코어를 기록하는 것이다.

면 싱글패까지 만들어 기념했을까? 그래서 그런지 '골프 시작해서 처음 1년 안에 싱글 스코어를 기록하지 못하면 평생 못한다'라는 말이 있기도 했다. '골프장에서는 싱글이 왕'이라는 말이 오가던 시기였다.

그런데 어느 순간 세상이 바뀌었다. '스크린골프방'이 생기면서 누구나 쉽게 골프를 접할 수 있게 되었다. 또 40~50대가 되어서야 골프에 입문하던 분위기도 바뀌어 20~30대 젊은 직장인들도 미리 배워 두면 좋은 것이라는 인식이 생겼고, 취미생활이나 자기계발, 특히 인간관계를 위해 골프를 배우는 분위기가 형성되었다. 싱글 스코어가 중요한 게 아니라 어느 정도 즐길 줄 알면 된다는 분위기에 맞추어 골프클럽과 의류도 다양해졌다. 개중에

다양한 골프 브랜드

다양한 골프 브랜드 로고를 수집 정리해 보는 것도 골프를 배우는 과정에서 누릴 수 있는 즐거움이다.

는 자신의 스타일을 마음껏 드러내는 시대 분위기에 따라 하나에 40~50만 원 하는 값비싼 골프 의류가 불티나게 팔리기도 해서 여전히 골프는 사치성 운동으로 여겨지기도 한다. 사실 평범한 직장인으로서는 한 달에 한두 번 필드에 나가는 것도 쉽지 않다. 그래서 '내 주제에 골프는 무슨'이라는 자조 섞인 푸념이 들려오기도 한다.

나의 첫 골프는 헝그리 골프

사실 나는 골프 입문 과정에 대해 전혀 모르고 골프를 시작했다.

거창한 계획 없이 그저 배워 두면 좋겠다고 생각했고 '어차피 술집에서 접대 받아도 1인당 20~30만 원은 들 테니 술집이 아닌 골프장이면 더 좋겠지'라는 마음으로 시작했다.

처음에는 후배한테 골프클럽을 얻어 썼다. 연습하다가 클럽 헤드가 부러져 날아가는 바람에 브랜드도 확실히 모른 채 거금 150만 원을 주고 클럽 세트를 장만했던 기억이 난다. 당시에는 내 돈 내고 골프장 가는 것이 쉽지 않았다. 어떻게 취미 활동 한 번에 20만 원을 쓸 수 있단 말인가. 그저 기회 되면 골프 접대 받을 생각으로 시작했을 뿐이었다.

막상 골프를 시작하니 꽤 재미있었고, 계속 공을 치고 싶은데 필드에 나갈 기회가 좀처럼 오지 않았다. 당연히 연습도 게을러졌다. 어쩌다 필드에 나가게 되면 며칠간 연습할 뿐, 더 이상의 향상은 생각도 못했다. 그래도 미리 배워 두면 좋을 것이라고 시작한 골프가 도움이 된 적이 많았다.

골프가 어느 정도 익숙해질 무렵, 상관 두 분을 모시고 미국 출장을 가게 되었다. 업무가 끝나면 딱히 할 일이 없었는데 알고 보니 두 분은 골프를 워낙 좋아해서 출장 중 골프 일정까지 짜 놓은 상황이었다. 골프할 줄 아느냐고 다짜고짜 물어보시기에 배워 두긴 했다고 말씀드렸더니 얼굴에 화색이 돈다. 일주일간 골프를 네 번이나 쳤다. 출장을 간 것인지 골프를 치러 간 것인지 헷갈릴 정도로 신나는 경험이었다. 그 뒤로 두 분의 상관이 나에 대해 항상 우호적이었던 기억이 난다. 그 뿐인가. 회사 차원에서 골프 여행을 기획한 적이 있었는데 운 좋게 골프를 할 줄 아는 내가 선택되어 뜻밖의 해외 골프 여행도 가 보았고, 회사에서 주최하는 골프 행사에서 회사 선배 및 임원들과 당당하게 어울린 적도 있었다. 이런 골프와 관련된 다양한 경험이 향후 골프 관련 사업을 해야겠다는 계획을 세우게 하였고, 결국 골프를 평생의 업으로 삼아 좋아하는 일을 사업으로 하게 된 것이었다.

골프는 정말 돈이 많이 들어가는 운동일까?

골프를 배우려면 도구가 필요하다. 중고 클럽을 가족이나 지인에게서 받는 사람도 있고, 처음부터 오래 쓸 것을 감안해서 몇 백만 원짜리 클럽세트를 구입하는 사람도 있다. 비싸다고 해서 반드시 공이 잘 맞는 것은 아닌데도 사람들은 장비에 민감하게 반응한다. 처음에는 중고 클럽을 사용하는 사람들도 3개월 정도 배우고 나서 필드를 다니다 보면 클럽을 하나씩 새것으로 바꾸게 된다.

골프클럽이 골프게임의 핵심 요소 중 하나다 보니 게임에 미치는 영향이 크다. 자신의 스윙 스타일과 신체 조건에 따라 적절하게 세팅해야 일정한 거리를 내고 게임을 진행하는 데 문제가 없다. 따라서 전문가의 도움을 받아 지금 가지고 있는 클럽의 기본 사양을 파악하고 자신에게 맞게 구성할 필요가 있다.

이렇게 골프클럽을 비롯한 골프 용품을 구입하고 연습장을 다니고 레슨 받는 비용이 다른 레저 활동에 비해 꽤 많은 것처럼 느껴진다. 골프장 이용료 역시 한 번 이용할 때마다 내는 그린피도 최소 10만 원에서 20만 원 이상이고, 추가로 부담하는 카트비와 캐디피를 합하면 만만치 않게 든다. 더구나 우리나라 골프장은 대체로 고급이다 보니 부대 비용이 비싸다. 그런데 많은 사람들이 그린피가 비싸다고 투덜대면서도 시설이 낡은 골프장을 싫어한다. 골프장 건설사들이 잠시 대기하고 옷 갈아입고 가볍게 식사하는 장소인 클럽하우스Club house를 짓는 데 몇백 억을 투자하는 것도 고급만을 선호하는 이용객들이 많기 때문이다.

하지만 필드에 나갈 때마다 평일 기준 20만 원, 주말 기준 25만 원의 비용을 지불하는 골프장만 있는 것은 아니다. 회원들만이 다니는 회원제 골프장에 비회원 자격으로 가다 보니 돈이 많이 드는 것이다. 해외여행을 할 때 비즈니스 클래스를 타고 고급 휴양지에서 5성 호텔에 머무는 것도 어쩌다 한 번이다. 골프장도 마찬가지다. '퍼블릭 골프장'이라고 해서 싸게 이용할 수 있는 골프장이 많다. 게다가 스크린골프라는 대체품까지 있지 않은가. 10분의 1 비용으로 필드에 버금가는 짜릿한 골프를 맛볼 수도 있다. 대부분의 연습장이나 스크린골프방에는 골프클럽이 비치되어 있으니 처음부터 골프클럽을 구비할 필요도 없다. 레슨도 받지 않고 혼자 익혀서 필드에 나갈 수도 있다. 다만 취미로 하다가 잘 치고 싶은 마음이 생길 때 제대로 레슨 받으면 된다.

이제는 큰돈을 들이지 않고도 골프에 입문할 수 있는 시대가 되었다. 얼마나 돈을 들이느냐가 아니라 얼마나 즐길 줄 아느냐가 핵심이 되고 있다. 골프가 주는 가치가 매우 크므로 직접 해 보고 자신만이 얻을 수 있는 가치를 찾아보자.

골프, 한번 빠지면 그렇게 재밌다는데

골프에서 중요한 것은 승패보다 어떻게 플레이했느냐이다. _ 존 로

골프의 가장 큰 단점은 너무 재미있다는 것이다

수십 년간 골프를 한 경력자든 이제 막 시작한 초보자든 이구동성으로 하는 말이 골프가 너무 재미있다는 것이다. 골프를 해 보지 않은 사람들은 이해하지 못한다. 축구나 야구 같은 대중적인 스포츠는 기본적인 규칙과 게임 방법을 알고 있기 때문에 본인이 직접 참여하지 않아도 재미있게 관람할 수 있다. 하지만 골프는 룰의 경계가 명확하지 않고 심판도 없는데다 경기 방식이 복잡하다 보니 보는 것만으로는 게임을 이해하기 쉽지 않다.

사실 옆에서 지켜보면 골프는 문제투성이다. 라운드 시간은 5시간 정도지만 준비하고 오가는 시간까지 합하면 거의 하루가 소요된다. 돈도 많이 들어간다. 입문 과정이나 용품 마련에 비용 부담이 크고, 게임하는 데 지불하는 그린피 Green fee 역시 만만치 않다. 게다가 중독성이 강해 한 번 빠지면 사업이나 가정을 소홀히 할 가능성이 매우 크다. 오죽했으면 한때 낚시와 더불어 '골프 과

부'라는 말까지 유행했을까?

　이렇게 여러 모로 부담이 가는 취미활동이라면 인기가 줄어들어야 하는데 골프는 정반대다. 세계적으로 골프장이 없는 나라가 거의 없고, 매주 세계 곳곳에서 큰 대회가 열리고 중계된다. 불과 20년 전만 해도 골프가 낯설었던 우리나라에도 골프 붐이 일어 이 좁은 나라에 골프 전용 채널이 2개나 있을 정도다. 오죽했으면 영국의 유명한 극작가이자 골프 해설가였던 헨리 롱허스트는 "골프의 유일한 단점은 너무 재미있다는 데 있다"라고 했을까.

　많은 전문가들이 골프가 재미있다고 하는 이유를 들어 보면 역설적이다. 골프는 다른 스포츠에 비해 상대적으로 배우기 어렵기 때문에 재미있는 것이라고 하고, 될 듯 될 듯하면서도 마음대로 되지 않기 때문에 그만두지 못한다고 한다. 어떤 이는 골프는 내가 노력한 만큼 보상해 주지 않고 또 예상치 않게 보상해 주기 때문에 재미있다고 한다. 그러니 골프를 경험해 보지 않은 사람들이 어찌 이해할 수 있으랴. 직접 해 봐야 안다. 나 역시 지금도 필드에 나가면 과연 '첫 번째 샷은 어떻게 될까?' 하는 설렘에 가슴이 두근거린다. 다음 샷은? 또 그 다음 샷은? 한 샷 한 샷을 실수하지 않으려고 최선을 다하다 보면 모든 것을 잊고 게임에 집중하게 되고, 뜻대로 되었을 때 짜릿함을 느낀다. 더구나 좋은 동반자와 같이 하면 즐거움이 배가 된다.

　세계적인 게임 개발자 라프 코스터가 자신의 책 『재미 이론』에서 소개한 게임의 재미 비결은 한마디로 '패턴의 학습'이다. 사람은 무언가가 주어지면 그와 관련된 패턴을 찾아내고 그것을 학습하는 과정에서 재미를 느낀다는 것이다. 골프는 워낙 다양한 패턴을 찾아내어 연습해야 하므로 지루할 틈이 없다. 사용할 도구도 많거니와, 수시로 바뀌는 날씨와 울퉁불퉁 어려운 코스 때문에 매번 어려움을 느끼고, 좋지 않은 결과로 크게 좌절하기도 한다. 그러나 다양한 악조건에서도 자신의 패턴을 찾아 좋은 결과를 내려고 노력하다 보면 짜릿한 재미와 만족을 느끼게 되는 것이 골프이다.

골프 금지령을 내린 나라도 있다

각 나라마다 상류층만이 즐기는 운동이 있다. 대표적으로 승마, 폴로, 테니스 등을 들 수 있다. 골프 또한 상류층이 즐기는 스포츠라고 생각하는 사람들이 많다. 돈도 돈이지만 품위와 교양을 따지는 스포츠다 보니 그렇다. 그런데 지금까지 알려진 골프의 기원을 보면 귀족이 아닌 일반인이 즐기던 전통 놀이에서 비롯된 듯하다. 특히 스코틀랜드에서 목동들이 심심할 때 들고 있는 막대기로 돌멩이를 쳐서 토끼굴 같은 조그만 구멍에 넣었다는 놀이가 골프와 가장 닮았다. 골프와 관련된 역사를 보면, 1457년에 스코틀랜드 왕 제임스 2세는 영국과의 전쟁 기간에 국민들이 골프에 빠져 궁술 훈련과 신앙생활을 게을리하자 12세 이상에서 50세까지의 국민들에게 골프 금지령을 내렸다고 한다. 실제 이 기간에 영국과의 전쟁에서 패했다는 기록도 있다. 그런데 귀족과 시민들이 강력히 항의하여 40여 년 만에 금지령이 풀렸다고 하니 신분에 상관없이 많은 사람들이 골프를 재미있게 즐겼다는 것만은 분명하다.

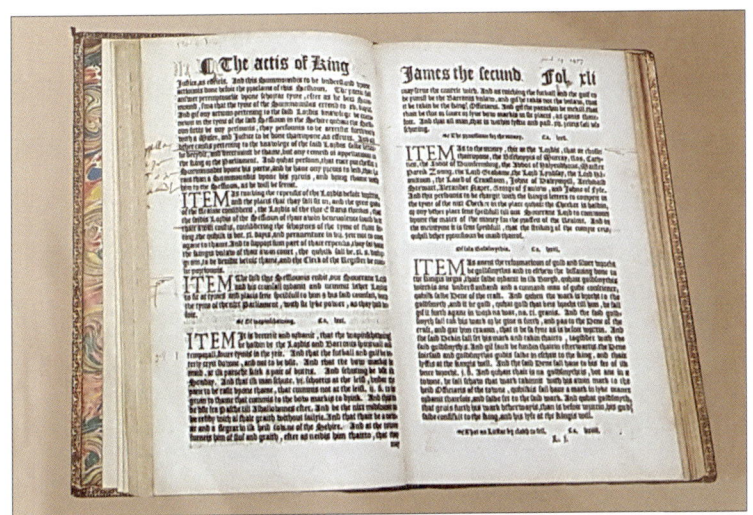
제임스 2세가 내린 골프금지령(1457년). 골프와 관련된 최초의 기록이다. 출처 : 세계골프박물관

이렇듯 골프는 분명히 재미있는 놀이인데 현실은 다르다. 연습장에서는 잘 맞던 공이 필드에서는 제멋대로 간다. 옆에서 가르쳐주는 동반자의 조언도 잔소리로만 들린다. 첫 티샷에서 실수가 나오면 걷잡을 수 없이 흐름이 꼬이면서 마음까지 꼬여 버린다. 당연히 스코어가 뜻대로 나오지 않아 속상한 것은 물론이고 남들 앞에서 자존심도 바닥에 떨어진다. 이렇게 필드에서 하루 종일 시달리고 나면 골프에 정이 뚝 떨어지고, 노력과 투자에 비해 결과가 좋지 않아 불만인 사람들도 많다.

물론 모든 사람이 만족하는 운동은 없을 것이고, 저마다 성향이 다르니 골프도 맞지 않을 수 있다. 그런데 골프가 재미없다는 분들의 이야기를 들어 보면, 지나치게 스코어에 집착하거나 뜻대로 되지 않는 데 대한 불만이 대부분이다. 이는 골프의 진정한 의미를 모르는 것이다. 골프는 자연에 나가 동반자와 함께 편안하게 산보하면서 놀이를 즐기는 것인데, 실수를 하면 상대방 앞에서 체면이 깎이고, 점수가 나오지 않으면 상대방이 자신을 무시할 거라고 생각한다. 그저 멋지게 공을 치고 점수를 내기 위한 운동이라면 굳이 그렇게 넓은 자연 속에 경기장을 만들 이유가 있을까?

골프는 점수만 잘 내면 되는 운동이 아니다. 공만 멋지게 친다고 점수가 좋아지지도 않는다. 자연 속에서 하는 운동은 완벽한 동작을 요구하지 않는다. 멋지게 공이 날아가는 샷을 매번 해야 하는 것도 아니다. 잘하는 것보다는 실수를 줄이는 데 신경 써야 하고, 당장은 안 되더라도 조만간 잘되리라고 기대하는 것이 골프다. 그런데도 아직까지 골프는 다른 스포츠에 비해 사회적으로 어느 정도 성공했다고 생각하는 사람들이 많이 하다 보니 자존심 대결 측면이 있다. 처음에는 취미생활로 가볍게 시작했던 사람도 팀을 이루어 필드에서 게임을 하다 보면 자신도 모르게 경쟁심이 생기고 넘치는 의욕만큼 자존심도 상한다. 아무튼 골프장은 좌절과 성공이 파노라마처럼 펼쳐지는 작은 전쟁터라고 보면 된다.

골프의 매력은 점수 경쟁보다는 자연 속에서 동반자와 친분을 다지면서 운동하는 데 있다. 남녀노소 구분 없이 게임을 할 수 있고, 몸에도 큰 무리가 가지 않는다. 같이 운동을 해서 여자가 남자를 이기고, 아이가 어른을 이기고, 노인이 젊은이를 이길 수 있는 유일한 운동이다. 이왕 골프를 시작했다면 연습이든 라운드든 맘껏 즐겨 보자는 자세를 가지면 그 어느 스포츠와도 비교할 수 없는 골프의 매력을 느낄 수 있을 것이다.

골프 장갑은 왜 한쪽만 낄까?

골프만큼 성격을 드러내는 것은 없다. 그것도 최선과 최악의 형태로. _ 버너드 다윈

"어, 장갑이 한 쪽밖에 없어요. 불량품인가요?"

골프를 배울 때 가장 먼저 준비해야 하는 것이 골프신발과 장갑이다. 골프신발은 일반 운동화와 다르다. 스윙 동작을 할 때 발목을 잡아 줄 뿐만 아니라 피니시 때 오른발 발꿈치가 잘 들리도록 한다. 골프 장갑은 손을 보호하고, 클럽을 휘두를 때 미끄러짐을 방지하는데 골프 숍에 가서 장갑을 사면 대부분 왼손용 한 개만 있어 불량품으로 오인하는 경우노 있다. 왜 골프할 때는 장갑을 한 쪽만 낄까? 더구나 오른손잡이인데도 왼손에 장갑을 낀다.

골퍼들 사이의 오랜 논쟁거리 중 하나가 '스윙은 오른팔로 하는가, 왼팔로 하는가?'이다. 전통적인 레슨 방식에서 스윙은 왼팔이 주도한다고 가르친다. 왼팔이 스윙을 컨트롤하고 오른팔은 보조 역할을 해야 한다고 말한다. 그래서 장갑도 왼손에 끼는 것이라고 한다. 클럽을 잡고 스윙하다 보면 클럽이 미끄러져 나갈 수도 있고 손바닥이 쓸리면서 굳은살이 박일 수도 있으므로 그것을

방지하기 위해 왼손에 장갑을 낀다는 것이다. 그렇다면 오른손은 멀쩡할까? 오른손도 물집이 잡히거나 굳은살이 생긴다. 그래서 양손에 장갑을 끼는 경우도 많은데 특히 여성 골퍼들은 대부분 양손 장갑을 낀다.

사실 장갑은 반드시 착용하지 않아도 된다. 프로 선수인 프레드 커플스와 로레나 오초아 선수는 맨손으로 스윙한다. 아마 어렸을 때부터 습관이 들었거나, 장갑을 끼면 손의 감각이 둔해지기 때문일 수도 있다. 손을 보호할 것인가, 스윙 감각에 더 비중을 둘 것인가는 개인이 판단할 일이다. 프로 선수들은 남녀 상관없이 대부분 왼손 장갑만 착용한다. 클럽이 손에서 미끄러지거나 뒤틀리는 것을 방지하기 위해 왼손에 착용하고, 스윙을 하는 주된 손인 오른손은 감각을 유지하기 위해서다. 게다가 퍼팅할 때는 아예 장갑을 벗는다. 이는 손의 감각을 최상의 상태로 유지하기 위함이다.

골프 장갑 고르는 요령

나에게 딱 맞는 장갑은 어떻게 고를까? 우리나라에서는 장갑 사이즈를 숫자로 표기하고 '몇 호'라고 읽는다. 18, 19, 20, 21, 22, 23, 24 … 이런 식이다. 보통 남성은 21~25호, 여성은 18~22호를 착용한다. 장갑 크기는 손바닥을 편 상태에서 가운뎃손가락 끝에서 손목 첫 번째 주름까지 잰 길이로 판단한다. 숫자의 연관성은 없는 듯하다. 남성 평균인 23호는 길이가 18.5~19센티미터이고 24호는 19~19.5센티미터이다. 여성 평균인 19호는 16.5~17센티

골프 장갑 사이즈 측정하기

장갑 크기는 가운뎃손가락 끝에서 손목 첫 번째 주름까지 잰 길이로 판단한다.

골프 장갑 길이표

길이 : cm

	호수	18	19	20	21	22
여 자	길이	~16.5	~17	~17.5	~18	~18.5
	크기	S	M	ML	L	XL

	호수	22	23	24	25	26
남 자	길이	~18.5	~19	~19.5	~20	~20.5
	크기	S	M	ML	L	XL

※ 제조사마다 길이가 조금씩 다를 수 있음.
※ 일반적으로 남성은 왼손, 여성은 양손에 착용하는데 딱 맞게 착용하는 것이 좋다.

미터, 20호는 17~17.5센티미터이다. 미국에서는 장갑 크기를 영문으로 표시한다. 23호는 M, 24호는 ML 하는 식이다. 제조 회사에 따라 유난히 작거나 큰 경우가 있으므로 반드시 끼어 보고 구매하는 것이 좋다. 무엇보다 장갑은 손가락 길이에 딱 맞고 사이사이에 틈이 없어야 한다.

장갑 재질은 크게 천연 가죽인 양피와 인조 가죽인 합피로 나뉜다. 양피 장갑은 촉감이 좋고 착용감이 우수하여 손이 그립에 쫙 달라붙는 느낌이 든다. 하지만 두께가 얇고, 천연 가죽이다 보니 내구성이 약한데 특히 물과 땀에 취약하다. 비가 올 때 착용하면 딱딱하게 굳고 엄청 미끄러워서 스윙하다가 클럽을 놓칠 수도 있다. 합피 장갑에 비해 상대적으로 비싸고 쉽게 닳으므로 연습용으로 쓰기에 아깝다. 합피 장갑은 다양한 재질을 혼합한 인조 가죽으로 만들어 일단 값이 싸다. 착용감은 떨어지지만 내구성이 좋고 세탁도 가능하여 연습용으로 많이 사용한다.

골프를 배울 때는 비싼 장갑을 낄 필요가 없다. 값싼 것을 사용하고 지저분해지면 버리면 된다. 그러나 필드에 나갈 때는 깨끗한 장갑을 착용하기를 권한다. 값비싼 골프 웨어를 멋있게 차려 입고 고급스런 클럽하우스에 와서 꼬깃꼬깃 때에 절어 있는 장갑을 꺼내 착용하는 모습은 참 뭐라고 표현하기 어렵다.

최근에는 골프 장갑이 샷을 하는 데 영향을 준다고 여겨 골퍼의 개인적인 특성과 다양한 게임 상황에 맞춘 기능성 장갑도 꾸준히 출시되고 있다. 가장 두드러진 것이 비를 맞아도 미끄러지지 않는 우천용 장갑이다. 손바닥과 손등 부위에 각각 다른 소재를 적용하여 손바닥은 그립 컨트롤을 좋게 하고, 손등은 비에 젖어도 빨리 마르도록 하는 식이다. 보온력을 높인 겨울용 골프 장갑도 있고, 최근에는 골프 장갑에 칩을 넣어 홀까지 남은 거리 정보를 알려 주는 스마트 골프 장갑도 등장했다고 한다. 대수롭지 않게 생각했던 조그만 용품에도 엄청난 기술이 적용되는 것을 보면 참 좋은 세상에 살고 있다는 생각이 든다.

장갑보다 그립이 중요하다

골프 장갑이 스윙에 미치는 영향을 이야기하면서 그립을 빼놓을 수 없다. 그립^{Grip}은 클럽의 손으로 잡는 부분을 감싼 고무를 뜻하기도 하고, 스윙에서는 클럽을 잡는 방법을 일컫기도 한다.

처음 스윙 레슨을 시작하면 가장 먼저 그립의 종류를 알려 주고 나서 그립 잡는 법을 자세히 설명한다. '클럽을 꽉 잡지 말라'는 주의사항도 알려 주는데, 처음 클럽을 잡은 사람은 클럽의 무게감과 손에서 빠져 나갈 것 같은 불안감 때문에 자신도 모르게 꽉 잡는다. 꽉 잡으면 당연히 손목에 힘이 들어가는데, 손목에 잔뜩 힘을 주고 스윙 동작을 하려니 불편하고 어색하기 짝이 없어 도무지 스윙하는 모양 자체를 만들 수 없다. 힘 좀 빼라는 지적에 그립을 헐렁하게 잡아 보지만 제대로 휘두르지 못할 듯하여 다시 그립을 꽉 잡는 악순환이 반복된다. 그런데 익숙하지 않은 상태에서 클럽을 세게 잡고 휘두르다 보면 손과 손목이 아프다. 심지어는 손가락이 굽어져 잘 펴지지도 않는 경우가 있다. 아무리 유명한 코치가 그립 잡는 법을 알려 주어도 클럽을 들어 올리는 순간 그립은 흐트러지고 만다. 그 이유는, 그립을 잡는 방법에 문제가 있는 것이 아니라 지금까지 그렇게 특정한 도구를 꽉 잡고 휘두르는 동작을 한두 시간 이상 해 본 적이 없기 때문이다. 처음 운전했던 기억을 떠올려 보라. 얼마나 운전대를 꽉 잡았는지 한 시간만 지나도 온몸이 아프고 뻐근했던 경험이 있을 것이다. 골프클럽을 처음 잡고 스윙한다는 것은 처음 운전대를 잡은 것과 같다. 어느 정도 익숙해질 때까지는 어쩔 수 없다. 그리고 익숙하지 않다 보니 손가락에 물집이 잡히기도 하는데, 주로 엄지손가락과 그 주변에 생긴다. 이때는 미리 손가락에 테이핑을 하고 연습하는 것이 좋다. 이렇게 몇 번 통증을 느끼고 또 물집도 잡히고 굳은살도 생기다 보면 어느 순간 그립(클럽 잡는 것)이 익숙해진다.

그립을 세게 잡으면 자연스러운 스윙을 할 수 없고, 그립을 살짝 잡으면 골프가 요구하는 스피드를 내지 못한다. 그렇다면 그립의 강도는 어느 정도가 적절할까? 이는 클럽을 휘둘러 어느 정도의 스피드를 낼 것인가에 따라 결정된다. 가볍게 휘두르는 정도라면 굳이 그립을 세게 잡을 필요가 없다. 그러나 골프는 기본적으로 공을 꽤 멀리 보내는 게임이므로, 공을 멀리 보낼 만큼의 스피드를 내는 스윙을 하려면 그립을 단단히 잡아야 한다.

처음에는 그립을 편하게 잡고 스윙 동작에 익숙해지자. 그 과정에 손에 물집이 생기고 통증이 있을 수 있으니 손가락을 자주 마사지하고 쭉 펴 주는 스트레칭을 해 주며, 물집이 생기기 전에 테이핑을 하고 연습한다. 그립에 대한 상세한 내용은 3장에 있다.

골프장은 왜 18홀로 되어 있을까?

골프는 프로 선수들이 친구들과 즐겁게 경기할 수 있는 유일한 스포츠다. 래리 홈스가 자기 친구들과 즐거운 마음으로 권투를 할 수 있겠는가? _ 치치 로드리게스

아니, 골프장은 원래 평지가 없어요?

처음 필드에 나갔다 온 회원이 씩씩거린다.

"아니, 무슨 골프장이 평지가 전혀 없어요? 연습장에선 그렇게 잘되더니 필드에선 전혀 안 맞아요. 왜 골프장이 울퉁불퉁하다는 사실을 아무도 안 알려 줬지?"

골프장은 각 홀마다 처음 샷을 하는 티잉 그라운드Teeing ground 외에는 평지가 거의 없고, 오르막 내리막에 울퉁불퉁하다. 공을 굴려 홀Hole에 넣는 구역인 그린Green 역시 포테이토처럼 굴곡이 있어 공을 굴리는 것도 쉽지 않다. 골프장에 가서 공을 쳐 보면 럭비공처럼 이리저리 튀어 날아간다. 골프연습장과는 달라도 너무 다르다 보니 당황해서 스윙 동작도 어색하고 제대로 되지 않는다.

그런데 골프의 묘미는 아무 방해도 받지 않는 평평한 곳에서 밋밋하게 공을 치는 데 있는 것이 아니다. 눈앞에 있는 언덕이 시야를 가로막고, 벙커Bunker라는 모래 웅덩이에, 해저드Hazard라 불리

골프장은 각 홀마다 처음 샷을 하는 자리인 티잉 그라운드(Teeing ground) 외에는 평지가 거의 없고 오르막 내리막에 울퉁불퉁하다.

는 호수가 있는 곳에서 최선을 다해 공을 쳐서 내가 의도한 곳으로 보내는 것이 진짜 골프의 묘미다. 골프를 해 온 사람에게는 그런 골프장 환경이 자연스럽지만, 경험이 전혀 없는 초보자 입장에서는 당황할 수밖에 없다. 긴장해서 첫 스윙도 제대로 못해 동반자 눈치가 보이는데 페어웨이에 놓인 공조차 편하게 칠 수 없으니 얼마나 힘이 들겠는가? 이것이 바로 누구나 피할 수 없는 골프 관문이다.

골프장은 왜 18홀인가?

오늘날의 골프 코스는 9홀 코스 2개 즉 18홀로 구성되어 있다. 9홀 코스가 1개인 골프장에서는 코스를 반복해 도는데 2개의 그린을 번갈아 이용하여 다른 느낌이 들도록 한다. 이렇게 9홀 코스를 왕복으로 돌며 18홀을 경기하는 것을 '라운드'라고 한다.

골프 코스는 처음부터 18홀은 아니었다고 한다. 최초의 골프장 코스에 대해서는 다양한 이야기가 전해지며, 특별한 규정이 있는 것도 아니어서 5홀에서 24홀에 이르기까지 코스가 들쭉날쭉했다고 한다. 대부분 농사가 안 되는 바닷가에 자연스럽게 형성된 모래땅에서 골프라는 놀이를 하다 보니 홀 수가 제각각일 수밖에 없었다고 한다. 실제로 골프가 발달한 스코틀랜드의 초기 골프장을 보면, 프레스트윅CC는 12개 홀, 노스베어위크 코스는 7개 홀, 몬듈즈 코스는 무려 25개 홀이 있었고, 가장 유명한 코스인 세인트 앤드류스Saint Anderws 코스 역시 당시에는 10개의 홀로 구성되어 있었다고 한다.

18세기부터 골프가 체계적인 형태를 갖추면서 전문 골프클럽이 생겨났고, 클럽에 모여 골프를 친 사람들은 골프를 친 다음에 와인을 마시며 즐거운 시간을 가졌다고 한다. 골프 인구는 점점 늘어나는데 골프장마다 홀의 수가 제각각이다 보니 타수 계산이나 실력을 가늠하는 데 불편을 느끼게 되었다. 결국 1764년에 세인트 앤드류스의 로열 앤드 에이션트 골프 클럽Royal and Ancient golf club이 골프 규칙을 처음 제정, 홀의 수를 18개로 정하면서부터 골프의 기술 수준이 스코어로 기록되기 시작했다. 또한 18홀 전체를

골프 코스 조감도(오션비치 골프&리조트)

오션비치 골프&리조트 골프 코스 조감도. 18홀에 9홀을 더해 총 27홀로 이루어져 있다. 각 골프장마다 코스의 구성과 형태를 나타낸 조감도를 통해 코스의 이해를 돕는다. 자료 제공 : https://www.oceanbeachcc.com

세인트 앤드류스의 로열 앤드 에이션트 골프 클럽. 많은 골퍼들에게 1574년 이전의 고대 링크 코스인 세인트 앤드류스의 올드 코스는 순례지로 간주된다.

다 돌려면 대략 4~5시간이 걸리므로 9홀 끝나는 지점에 클럽 하우스를 만들어 가벼운 휴식을 취할 수 있게 했다고 한다.

골프는 스코어를 가장 적게 낸 사람이 이기는 게임

각 홀마다 그린 위 임의의 자리에 지름 108밀리미터의 구멍을 뚫어 놓고 이곳에 공을 넣으면 한 홀 게임이 끝난다. 이때 공을 무한정 치는 것이 아니라 몇 타수 만에 넣어야 한다는 규정을 정해 놓았는데 이를 '기준 타수', 흔히 '파Par'라고 한다. 오늘날 기준 타수는 72타로, 18홀을 라운드하는 데 72타 만에 끝내라는 것이다. 골프장 크기에 따라 71타나 73타라고 정하는 곳도 있지만 대부분 72타가 기준이다.

그런데 홀 컵의 지름은 어째서 108밀리미터일까? 동양에서는 108이라는 숫자를 불교의 108번뇌와 연관 짓기도 하는데 서양에서 시작한 골프가 불교 사상과 어떤 관련이라도 있는 걸까? 이와 관련된 시중의 속설은 별 의미가 없는 듯하다. 골프 초창기에 사용한 자연 그대로의 토끼굴 등은 정해진 규격이 없었을 테고, 인공적으로 홀을 만들면서 사용한 기구의 직경이 108밀리미터였던 것과 연관 있을 것으로 추정하고 있다. 또 한편으로는 골프공이 들어 있는 상태에서 성인 남자가 손을 넣어 꺼낼 수 있는 최소 크기라고 하기도 한다. 홀은 축구나 농구의 골대와 같은 역할로, 홀의 크기는 점수에 결정적인 영향을 미친다. 골프장 코스의 크기, 클럽과 공의 발전 그리고 스윙 기술까지 세월이 지나면서 엄청난 발전을 거듭하고 있는데 홀 크기만큼은 변하지 않고 있다는 점이 흥미롭다.

어쨌든 18홀 72타라는 기준은 다시 각 홀마다 세분화되어 홀별 기준 타수가 있다. 이 기준 타수를 'Par'라고 하며 'Par3'는 세 번 만에 공을 홀에 넣으라는 것이고, Par4는 네 번 만에, Par5는 다섯 번 만에 넣으라는 의미이다. 일반적으로는 Par3홀 4개, Par4홀 10개, Par5홀 4개, 이렇게 해서 총18개의 홀로 구성된다. 각 홀의 기준 타수를 다 더하면 72타가 되는데 이를 '이븐파 Even Par'라고 말한다. 골프 경기에서는 기준 타수 72타보다 적게 칠수록 성적이 좋은 것이다. 기준 타수보다 적게 치면 '언더파 Under Par'라고 하고, 많이 치면 '오버파 Over Par'라고 한다. 각 홀의 기준 타수는 공을 몇 번 쳐서 그린에 도달할 수 있느냐 하는 거리로 정하는데 1타 만에 그린에 도달할 수 있는 짧은 거리의 홀이 Par3홀, 2타는 쳐야 그린에 도달하는 홀이 Par4홀, 3타를 쳐야 겨우 그린에 도달하는 홀이 Par5홀이며 이를 표준화된 규격으로 본다.

골프 게임을 하려면 각 홀마다 정해진 기준 타수를 내가 친 타수에서 빼는 방식으로 스코어를 셀 수 있어야 하며, 그와 관련된 기본적인 스코어 용어 역시 숙지하고 있어야 한다. Par4홀이 10개나 있으므로 이를 기준으로 보자. 진짜 4타 만에 홀에 공을 넣었다면 스코어 카드에는 '0'이라고 적고 '파를 했다'라고 표현한다. 즉 내가 친 타수와 기준 타수가 차이가 없다는 의미다. 기준 타수보다 1타를 더 쳐서 5타 만에 끝냈다면 스코어 카드에는 '1'이라고 적고 '보기 Bogey'를 했다고 말한다. 2타를 더 치면 '2'를 적고

스코어 보드

골프 대회에서 볼 수 있는 스코어 보드. 골프는 스코어를 가장 적게 낸 사람이 이기는 게임이다.

스코어 계산하는 법

기준 타수	홀 이름	내가 친 타수							
		1	2	3	4	5	6	7	8
18홀 72타	Par3								
	Par4	-3	-2	-1	0	+1	+2	+3	+4
	Par5								
명칭		알바트로스	이글	버디	파	보기	더블보기	트리플보기	더블파

※ Par3홀에서 한 번에 공을 홀에 넣은 경우 스코어는 -2이고, 홀인원이라고 한다.
※ 통상 아마추어의 게임에서는 각 홀마다 기준타수의 2배를 친 경우에는 스코어를 카운트하지 않는다.

'더블 보기 Double bogey'라고 하고, 3타를 더 치면 '3'이라고 적고 '트리플 보기 Triple bogey', 4타를 더 치면 '4'라고 적고 '더블파 Double Par'를 했다고 표현한다. 즉 기준 타수의 2배인 8타를 친 것이다. Par3홀은 6타, Par5홀은 10타를 친 경우에 '더블파'라고 한다. 우리나라 사람들은 대부분 '양파'라고 부른다. 이는 그 홀에서 게임을 제대로 끝내지 못했다는 것을 말한다. 원래는 넣을 때까지 계속 치는 것이 원칙이지만 골프장 측이 게임 진행상 더블파 이상은 치지 못하게 한다. 즉 강제로 게임을 종료시켜 버리므로 더블파를 기록하지 않도록 골프 실력을 향상시킬 필요가 있다.

골프 실력이 좋아지면 기준 타수보다 적게 치는 일이 생긴다. Par4홀에서 3타 만에 끝내면 '-1'이라고 적고 '버디 Birdie 했다'라고 표현하며, 2타 만에 공이 홀 속에 들어가는 경우에는 '-2'라고 적고 '이글 Eagle을 했다'고 말한다. Par3홀에서 -2가 되는 경우는 한 번에 공을 넣은 것으로, 이때는 이글이라고 하지 않고 '홀인원 Hole in one'이라고 하는데 평생에 한 번 나올까 말까 하는 어려운 기록이다. 최소한 이 정도의 스코어 용어와 기록하는 방법은 알고 있어야 골프 게임을 제대로 할 수 있을 것이다.

골프 스코어는 공을 매우 잘 치는 프로 선수를 기준으로 코스를 세팅한 상태에서 기록한 점수다. 따라서 아마추어 골퍼가 프로 같은 스코어를 기록하는 것은 결코 쉽지 않다. 그래서 상대방이 버디나 파 같은 점수를 냈다면 정말 게임을 잘 한 것이므로 아낌없이 칭찬해 주는 것이 좋다.

지적질 레슨은 이제 그만

많은 비기너들이 스윙의 기본을 이해하기도 전에 스코어를 따지려 든다. 이것은 걷기도 전에 뛰려는 것과 같다. _ 잭 니클라우스

골프만큼 설명이 많은 운동도 없다

골프만큼 친절한 레슨을 하는 스포츠는 없다. 클럽을 잡는 것부터 시작해서 어드레스는 어떻고, 백스윙이 어떻고, 코킹은 어떻게 하고, 다운스윙은 이렇게, 임팩트를 만들고, 피니시 때 주의사항은 이렇고 등등 스윙이라는 동작을 최소한 8단계로 쪼개어 가르친다. 부분을 완성시킨 뒤 그 총합을 스윙이라고 가르치는 분습법이다. 스윙 레슨은 공을 똑딱똑딱 치는 '똑딱볼'부터 시작하여 점차 공을 치는 동작의 크기를 늘려 간다. 처음에는 친절한 설명으로 시작하지만 갈수록 지적이 늘고, 이 과정에서 지루함을 이기지 못하고 골프를 그만두는 사람도 많다.

세상에 그 어떤 운동을 골프처럼 가르치고 배울 수 있을까? 사실 운동은 동작 그 자체다. 사람의 DNA에는 조상들이 수렵과 농경 생활의 경험에서 터득한 많은 운동 정보가 축적되어 있다. 그래서 보는 것만으로도 특정한 동작을 쉽게 따라 한다. 활동량이

왕성한 초등학생들을 보라. 금세 줄넘기를 배우고 자전거 타기를 배우고 그네를 타고 고무줄놀이도 한다. 이런 운동은 별도의 교본이 없다. 선생님도 동작에 대한 설명을 하지 않는다. 선생님이나 옆 친구가 하는 것을 보고 따라 하는 것이 전부다. 처음 배울 때는 힘들어 하지만 곧 익숙해져서 잘하든 못하든 즐거워한다. 만약 이런 놀이를 골프 배우듯이 했다면 아이들 대부분은 금방 그만두었을 것이다.

골프를 처음 배우기 시작하면 동작의 자세한 부분까지 말로 설명한 뒤 그대로 동작을 실행하게 한다. 설명이 틀리지는 않지만 동작은 부자연스럽기 짝이 없다. 이렇게 말도 안 되는 동작 레슨을 빠르면 2개월, 길게는 6개월까지 받는다. 조금씩 공이 맞고 어느 정도 스윙이 된다 싶을 때쯤 '머리 올리기'라고 하는 첫 필드 경험을 하게 된다. 그동안 가르쳐 준 프로와 실전 레슨 차 같이 나가기도 하고, 친구들과 지인들이 나서서 나의 첫 의례를 도와주기도 한다. 그 결과는?

게임인지 뭔지를 떠나 일단 공이 맞지 않는다. 구구절절 들었던 설명 역시 하나도 생각나지 않는다. 공은 맞지 않을 수 있다 치자. 도대체 이 상황에서 무엇을 어떻게 해야 할지 전혀 모른다는 사실에 당황스러울 뿐이다. 소 몰듯이 이리저리 끌고 다니고, 한번 잘해 보려고 하면 다음 홀로 이동하자고 하니 골프장 풍경을 감상할 겨를도 없이 뛰어다니기 바쁘다. 결국 게임이 정신없이 끝이 나고, '이게 골프야? 이걸 계속해야 하나?' 싶으면서 실망감만 잔뜩 안고 돌아오게 된다. 오랫동안 설움을 참으며 배웠던 것이 후회스럽기도 하고, 차라리 혼자 하는 것이 낫겠다고 생각한다. 분한 나머지 골프를 그만두는 사람까지 있다. 그런데도 이런 과정이 골프를 하려면 반드시 거쳐야 하는 절차라고 하니 답답하기만 하다. 연습장으로 돌아와 레슨 프로에게 지적 받기도 싫고 잔소리도 싫어진다. 골프로 인해 한 편의 비극이 탄생하는 순간이다.

성공한 사람들은 잔소리를 싫어한다

많은 사람들이 골프에 열광한다는 것은 골프가 재미있다는 증거다. 또한 골프는 매우 좋은 운동이다. 하지만 잘못된 레슨으로 인해 골프의 본질적인 재미가 가려지면서 골프를 즐기지 못하고 흉내만 내다가 그만두는 사람들이 많다. 연습 과정에서 부상을 당해 그만두는 사람들은 더 많다. 조금만 더 하면 될 것 같은데 안 되고, 비즈니스를 하려면 골프를 잘해야 할 것 같은데 계속하자니 괴롭고, 힘들고 재미없어서 그만두자니 소외 당할 것 같은 답답한 상황이 지속되다 보면 어느새 골프가 큰 짐이 되어 버린다. 내가 어떻게 성공했는데, 어떻게 이 지위까지 올라왔는데 주변 사람들에게 핀잔과 지적질을 당하며 골프를 배워야만 한단 말인가. 답답하기 짝이 없다.

'99타 치는 사람이 100타 치는 사람을 가르친다'라는 말이 있다. 자신의 문제는 깨닫지 못하지만 남의 뒤에서 보면 문제점이 보인다. TV나 영상으로 보았던 멋진 프로의 스윙이 머릿속을 맴돌면서 자신의 스윙과 비교하기도 하고, 또 그 스윙에 준해서 상대방 스윙의 문제점을 지적하게 된다. 어떻게 이렇게 비싼 운동을 하면서 말도 안 되는 조언을 듣게 되는 것일까? 특히 필드에 나갔을 때 동반자들이 스윙에 대한 조언을 하는 경우가 많은데 절대 해서는 안 된다. 그 한 마디를 듣고 상대방의 스윙이 개선될 가능성은 1퍼센트도 되지 않는다.

사실 골프 하는 데 필요한 몇 가지 핵심적인 동작은 전혀 복잡하지 않다. 다 알고 있는 동작을 약간 골프스럽게 바꾸어 주기만 하면 된다. 그런 방법과 원리만 이해하면 누구나 할 수 있는 것이 골프 스윙이다. 게다가 원리를 이해하면 연습 시간도 대폭 줄일 수 있다. 공을 잘못 치는 이유가 단순한 스윙 오류 때문인 것은 10퍼센트에 불과하다고 한다. 공을 잘 못 치는 이유 90퍼센트는 다른 데 있는 것이다. 스윙만 개선하면 골프가 잘될 것이라는 기대는 애시당초 버려야 한다.

가장 중요한 것은 자기만족

이 세상의 모든 골프장은 프로 선수를 기준으로 설계한다. 최고 수준의 선수가 기준 타수대로 쳤을 때 골프장의 규모와 거리, 기준 타수 등을 제대로 세팅했다고 말을 한다. 아마추어는 결코 프로가 치는 타수를 따라갈 수 없다. 또한 그 누구도 아마추어에게 프로 선수처럼 골프 하기를 요구하지 않는다. 친구들과 즐겁게 어울리는 데는 어려운 기술이 필요하지 않다. 이는 운전과 비슷하다. 내가 운전을 하는 목적은 여기저기 여행 다니고 생활의 편의를 도모하는 것이지 카레이서가 되거나 자동차 정비를 잘하기 위해서가 아니다. 골프를 배우는 목적 역시 사람들과 소통하고 즐기자는 것이지 프로 선수로 데뷔하는 것이 아니다. 지금 내 수준에 맞는 목표를 설정해야 골프의 재미를 알게 되고 스스로 만족하게 된다. 수준에 맞는 목표와 기대치를 설정하게 하는 것도 레슨의 일부이다.

골프를 잘하기 위해선 극복해야 할 과제가 몇 가지 있다. 스윙의 완성도를 위한 기술적인 레슨과 연습은 당연히 필요하고, 게임을 할 때 동반자와의 밀고 당기는 관계 속에서 극복해야 할 요소들을 경험으로 체득해야 한다. 그런데 처음부터 모든 것을 잘할 수는 없다. 골프를 하기 위한 기본적인 기술은 빨리 습득하고, 세월과 더불어 익혀야 할 관계의 기술은 차근차근 익히면 된다. 모든 일에는 순서가 있고 시간이 필요한 법. 가장 빠른 길은 훌륭한 전문가를 만나 일의 순서를 구분해서 배우는 것이다.

골프라는 게임에 필요한 과목
4 : 2 : 4의 황금 비율

숏 게임을 잘하는 골퍼가 롱 게임을 잘하는 골퍼를 이기는 법이다. _ 보비 존스

골프 게임을 하려면 미리 공부해야 할 과목이 있다

나는 골프에 대해 전혀 모르는 상태로 입문했다. 그저 '똑딱볼'만 제대로 마스터하면 공이 잘 맞을 것이라고 생각했다.

골프를 시작한 지 2개월 만에 처음 필드에 나갔는데 티샷부터 공이 맞지 않았다. 다행히 동반자가 골프를 잘하는 분이어서 이런저런 도움을 받으며 라운드를 마쳤지만 어떻게든 되겠지 하는 생각으로 필드에 나갔다가 당황했던 첫 경험이 잊혀지지 않는다.

이런 경험은 나만 겪는 것이 아닐 것이다. 골프를 배운 지 얼마 되지 않았는데 처음으로 필드에 나간 사람들의 말을 들어 보면 모두 같은 경험을 했다고 한다. 결국 처음 필드에서 겪는 문제는 스윙에 국한된 것이 아님을 짐작할 수 있다. 그렇다면 골프를 시작할 때 무엇부터 하는 것이 좋을까?

일단 골프라는 게임을 하려면 다양한 과목을 공부해야 한다는 점을 알고 시작하자. 게임에 필요한 과목은 무엇이며 각 과목의

특징은 어떠하며 비중은 어느 정도인지를 안다면 골프를 이해하기가 쉽다. 또한 그래야 공부 계획이 서고 어떤 것에 우선순위를 두고 해야 하는지도 가늠할 수 있다.

골프는 크게 롱 게임Long game, 숏 게임Short game, 퍼팅 게임Putting game이라는 세 가지 과목으로 구성되어 있다. 골프는 이 세 과목으로 치르는 수능 같은 것이라고 보면 된다. 롱 게임은 파워 게임이라고도 하며, 공을 멀리 보내는 것이 목적이다. '풀 스윙Full swing'이라는 용어를 많이 쓰는데, 풀 스윙의 사전적 의미는 '백스윙 정점에서 클럽이 지면과 수평 이하가 될 때까지 힘껏 휘둘러 치는 스트로크'이다. 즉 클럽을 힘껏 휘둘러 공을 쳐서 최대한 공이 멀리 날아가도록 하는 동작을 말한다. "공이 맞는다", "공이 안 맞는다", "거리가 조금밖에 안 난다", "골프, 정말 뜻대로 안 된다" 하는 모든 말은 대부분 풀 스윙을 말하는 것이다. 그만큼 어려우며 잘 안 되면 스트레스를 받는 동작이다. 그런데 이 과목만 공부해서는 골프가 되지 않는다. 게임을 하다 보면 공을 멀리 보내는 행위를 더 이상 하지 못하고 아주 짧은 거리를 보내야 하는 상황이 생긴다. 이때 필요한 것이 바로 숏 게임이라는 과목이다. 숏 게임은 말 그대로 짧은 거리를 보내는 것이고, 무엇보다 정확하게 보낼 수 있어야 한다. 퍼팅 게임은 그린Green이라는 구역에 공이 올라가면 홀에 공을 넣음으로써 게임을 마치는 과목이다. 이 구역에서는 스윙을 하여 잔디를 손상시켜서는 안 되고, 퍼터Putter라는 납작한 헤드를 가진 도구로 게이트볼 하듯이 공을 굴려 조그만 구멍인 홀에 넣는다.

골프는 크게 롱 게임, 숏 게임, 퍼팅 게임이라는 세 가지 과목으로 구성되어 있다.

골프 게임의 법칙, 4 : 2 : 4의 황금 비율

이 세 과목은 상호 연관성이 없는 독립적인 운동이라 할 수 있다. 즉 롱 게임을 잘한다고 숏 게임을 잘하거나, 숏 게임을 잘한다고 퍼팅 게임을 잘하게 되는 것이 아니다. 성격이 완전히 다르므로 각각 공부해야 하며, 하나라도 소홀히 해서는 골프가 되지 않는다. 가장 먼 거리를 보내는 드라이버 샷Driver shot이나 1미터를 굴리면 되는 퍼팅이나 동일하게 1타라는 것이 골프 게임의 특징이다. 롱 게임, 숏 게임, 퍼팅 게임 과목의 비중은 4 : 2 : 4의 황금 비율이다. 100점 만점을 기준으로 롱 게임이 40점, 숏 게임이 20점, 퍼팅 게임이 40점이라는 의미다. 앞에서도 말했듯이 비중은 달라도 롱 게임을 잘했다고 숏 게임 비율이 줄어드는 것은 아니다. 게다가 숏 게임의 경우 비중은 작아도 퍼팅 게임에 미치는 영향이 워낙 커서 각 과목의 중요도는 동일하다. 골프 점수를 향상시키려면 숏 게임에 집중해야 하며, 전체적으로는 골고루 연습해야 한다. 이것이 골프 연습 제1법칙인 '연습의 균형'이다. 전 세계 어떤 프로도 이 과목의 비율을 깨뜨리면서 연습하는 프로는 없다.

숏 게임과 퍼팅의 중요성

결론적으로 골프 게임을 하려면 롱 게임, 숏 게임, 퍼팅 게임을 골고루 공부해야 한다. 이 중에서 숏 게임과 퍼팅 게임을 '스코어링scoring 영역'이라고 한다. 숏 게임과 퍼팅을 제대로 할 줄 알아야 골프 스코어를 셀 수 있다는 말이다. 남들보다 공을 멀리 그리고 정확하게 보내면 골프 하는 재미도 있고 스코어도 좋아질 것 같지만 실제로는 숏 게임과 퍼팅을 할 줄 알아야 골프 게임이 가능하다. 따라서 평소 골프 연습을 할 때 특정 과목에 집중하지 말고 골고루 연습하는 습관을 가져야 한다.

   그런데 이렇게 각 과목의 중요성을 아무리 강조해도 많은 아마추어들은 롱 게임 즉 풀스윙에 목숨을 건다. 일단 공이 멀리 날아가야 게임이 잘될 것이라는 생각이 앞서고, 남보다 거리가 짧으면 자존심이 상할 것 같은 심리적 두려움에 연습의 대부분을 풀스윙에 투자한다. 그리고 드디어 공이 정확하게 맞으면서 거리가 늘어나면 멋진 게임을 기대하며 필드에 나간다. 그런데 스코어는 엉망이다. 큰 실수도 하지 않고 그럭저럭 공이 날아가는 것 같은데 점수는 좋지 않다. 그때서야 숏 게임과 퍼팅의 중요성을 깨닫고 연습을 시작하지만 여전히 롱 게임의 연습 비중이 높은 상황이 계속된다. 왜냐하면 롱 게임이라는 것이 해도 해도 잘 안 되고 마음에 들지 않기 때문이다. 강조하건대, 숏 게임과 퍼팅 연습을 소홀히 하면 골프 스코어는 낮출 수 없다. 골프를 처음 배우는 단계부터 조금씩이라도 각각의 과목을 골고루 연습하는 습관을 들이는 것이 중요하다.

알고 하면 재미있는 골프의 세계

골프를 즐기는 것이 바로 이기는 조건이 된다. _ 헤일 어윈

기본기를 탄탄하게 해야 골프를 즐길 수 있다

골프는 평생을 즐길 수 있는 운동이지만 구력이 쌓일수록 어렵게 느껴지는 특성이 있다. 따라서 처음부터 기본기에 충실해야 오래도록 즐길 수 있다.

사회에서 자주 인용되는 명언 중에 "잘하는 사람은 좋아하는 사람을 이기지 못하고, 좋아하는 사람은 즐기는 사람을 이기지 못한다"라는 말이 있다. 이는 골프에서도 마찬가지다. 완벽한 스윙에 얽매여 잘하려고 하다 보면 골프를 즐기지 못하게 되고 그것이 강박관념이 되어 슬럼프에 빠지기도 한다. 이제 20세를 갓 넘은 세계적인 골프 스타 리디아 고는 2015년 호주 오픈 대회에서 우승한 직후 인터뷰에서 이런 말을 했다. "코스에서나 코스 밖에서나 가장 중요한 목표는 즐기는 것이다. 즐길 때 성적도, 결과도 좋은 것 같다." 젊은 청년의 입에서 나오는 말 치고는 참으로 성숙하다.

그런데 그냥 즐기는 데 초점을 두다 보면 나 혼자만 좋은 '명랑 골프'가 되고 만다. 최소한의 룰과 에티켓, 게임에 필요한 기술도 갖추고 있어야 더불어 하는 게임을 즐길 수 있다. 그것은 게임을 함께 하는 상대방에 대한 배려이기도 하다. 기왕 골프를 하기로 했다면 기본기와 함께 스윙 폼도 갖추고, 평균보다는 앞서가겠다는 자세로 준비해야 스스로 만족할 수 있을 것이다.

골프에 대한 고정관념을 버려라

예전에 한번 가까운 지인들과 레이크힐스 용인 CC에 아침 라운드를 하러 갔다. 금세 지나갈 것으로 예상했던 장맛비가 그치지 않아 비를 맞으며 라운드를 시작했다. '곧 그치겠지' 하는 희망으로 한 홀 한 홀 라운드를 하다 보니 어느새 후반부에 접어들었고, 비가 그치기는커녕 페어웨이에 도랑이 생길 정도로 빗줄기가 더욱 강해졌다. 당연히 샷도 제대로 안 되고, 플레이 자체가 불가능한 상황이 되어 버렸다. 그런데 순간 신기하게도 세차게 내리는 비에 정겨움이 느껴지면서 마음이 차분해지고 마치 동심으로 돌아간 듯한 느낌이 들었다. 동반자들도 페어웨이에 생긴 물도랑에 발을 첨벙첨벙 담그며 기분 좋게 뛰어다녔다. 다른 때 같으면 궂은 날씨를 원망하며 경기를 취소했을 텐데 그날만큼은 좋은 동반자와 함께 멋진 추억으로 간직하게 된 것이다. 역시 골프는 동반자를 잘 만나야 거리와 타수에 상관없이 골프 하는 재미를 느낄 수 있는 게임임에 틀림없다.

골프를 배우는 데 긴 시간은 필요 없다. 딱 두 달이면 된다. 두 달이 되기도 전에 어느 순간 스크린골프 게임을 하고 있는 자신을 발견하게 될 것이다. 골프 채널에서 프로 선수들의 경기가 눈에 들어오고, 필드에 나가 도전해 보고 싶은 마음이 들게 될 것이다. 그러기 위해서는 알게 모르게 가지고 있는 고정관념을 버리고 새로운 각도에서 골프를 바라보아야 한다.

무엇보다 스윙의 원리를 이해하면 스윙은 줄넘기보다 쉬운 동작이 된다. 특정 프로 선수의 스윙과 비교하며 그대로 따라 해서는 안 되며, 수많은 연습과 실전을 거듭한 그들과 똑같아질 수도 없다. 원리를 확실히 이해하고 연습을 반복하는 것이 자신만의 자연스러운 스윙을 만드는 비결이다. 또한 공을 잘 치고 싶다면 공을 치는 연습 한 가지에만 몰두하지 말아야 하며, 골프연습장에서만 연습이 가능하다는 생각을 버려야 한다. 생활 속에서 얼마든지 골프에 도움이 되는 연습을 통해 기량을 향상시킬 수 있다. 무작정 연습량을 늘리기보다는 올바른 연습 습관을 만드는 것이 더 중요하다.

또 하나 반드시 기억해야 할 것은, 스윙을 제대로 한다고 해서 골프의 모든 것을 잘할 수 있는 것이 아니라는 점이다. 스윙을 멋지게 하고 거리를 좀 더 늘리면 문제가 해결될 것이라는 착각을 버리고, 골프라는 게임을 하는 데 필요한 여러 가지 요소들을 확실하게 몸에 익혀야 한다.

이제부터 골프클럽을 처음 잡아 보는 사람들이 10분이면 깨닫는 스윙의 비밀을 하나씩 풀어 보자.

CHAPTER 2

10분 만에 풀스윙

**10분이면 깨닫는
스윙 속
숨겨진 비밀**

프로의 스윙을 따라 하지 마라

나는 경쟁을 좋아한다. 경쟁에서 흔히 나타나는 스트레스까지도 나는 사랑한다. 난 이것이 성공의 요소라고 믿는다. _ 타이거 우즈

금세기 최고의 '골프 황제' 타이거 우즈

골프를 이야기하면서 타이거 우즈를 빼놓을 수 없다. 도대체 타이거 우즈는 얼마나 골프를 잘하는 것일까? 타이거 우즈의 첫 번째 골프 선생인 듀런이 네 살 때의 우즈를 보고 한 말이 있다. "저는 놀라 나자빠질 뻔했습니다. 믿을 수 없고 두려웠습니다. 어드레스 자세도 완벽했고 클럽을 백스윙의 정점까지 완벽한 자세로 올린 후 공을 하나씩 치는 거예요. 꼭 모차르트 같다는 느낌이 들었습니다. 그 아이는 축소판 투어 프로였습니다. 잭 니클라우스를 데려다가 그 아이의 크기로 몸을 줄여 놓는다면 아주 똑같아질 것입니다. 그 아이는 천재였습니다."

또한 듀런은 자신의 책 『모든 아이들 안에 타이거가 산다』에서 다음과 같은 에피소드를 소개하였다. "여섯 번째 샷을 했으나 이번엔 그린을 놓쳤다. 마침내 타이거는 칩 샷으로 그린에 공을 올리고 쓰리 퍼트로 10타 만에 홀 아웃을 했다. 그 당시 자주 언더파

1997년 4월 13일, 데뷔 첫해
타이거 우즈 마스터스 골프 대회 최연소 우승!

1997년 4월 13일 미국의 골프 천재 타이거 우즈가 마스터스 골프 대회에서 우승했다. 세계 메이저 골프 대회에서의 첫승이었다. 18언더파라는 엄청난 스코어에 2위와 12타차의 압도적인 차이로 마스터스 골프 역사의 새 장을 열어젖힌 것이다. 사상 최초의 흑인 챔피언, 사상 최고 스코어, 사상 최연소 챔피언(21세), 사상 최다 점수 차 우승, 사상 최장타, 아버지의 엄격한 지도로 일찌감치 '골프 신동'으로 불렸던 우즈는 세 살 때 TV쇼에서 정규 코스 9홀을 48타로 끝내 시청자들을 기절초풍하게 했다. 2009년 11월 스캔들에 휘말려 무기한 골프 중단을 선언했다가 반 년이 채 지나지 않아 2010년 4월 12일 PGA 마스터스 대회를 통해(최경주와 공동 4위) 본격적인 복귀를 선언했다.

를 기록했던 타이거로서는 정말 끔찍하기 그지없는 스코어였다. 11번 홀 티잉 그라운드에서 내가 '와! 천하의 타이거 우즈가 10타를 다 치네' 하면서 웃었더니 타이거도 나를 따라 웃음을 터뜨렸다. 그런 후 11번 홀에서는 다시 좋은 기분으로 플레이를 계속했다. 그는 마치 지난 홀에서 아무 일도 없었다는 듯 페어웨이에 공을 잘 보내고 기뻐했다. 10번 홀에서의 악몽 따윈 벌써 잊은 듯했다. 어린 나이에도 타이거의 침착함은 놀라울 정도였다. 다른 골퍼들이라면 틀림없이 열 받아 미쳐 버릴 상황에서도 타이거는 결코 침착함을 잃지 않았다."

이때 타이거 우즈는 열 살이었다. 열 살밖에 되지 않는 아이가 언더파를 칠 정도로 골프를 잘하는 것도 대단하지만, 게임 중에 스코어가 엉망이 되었다고 짜증 내지도 않고 게임도 포기하지 않고 담담하게 넘어가는 것은 아무나 할 수 있는 것이 아니다. 그런 긍정적인 마인드와 흔들리지 않는 강한 멘탈이 오늘날 이 위대한 골퍼를 있게 한 것이다. 아무리 골프 문외한이라도 타이거 우즈의 경기를 보면 화려한 플레이에 반하지 않을 수 없을 것이다. 모두가 닮고 싶어 하는 호쾌한 스윙, 정교한 아이언 샷, 예술적인 퍼팅 감각 그리고 상대방을 압도하는 포스를 갖추고 있는 금세기 최고의 스포츠 스타임은 틀림없다.

타이거 우즈의 스윙을 따라 하면 안 되는 이유

타이거 우즈의 위대한 골프, 그리고 그 위대한 골프가 있기까지 멈추지 않았던 노력은 우리가 골프를 하는 데 좋은 표본이다. 그래서 많은 사람들이 그의 스윙을 따라 하고 싶어 한다. 골프연습장에서 흔히 볼 수 있는 포스터가 바로 타이거 우즈의 스윙 포스터이다. 안정된 셋업Setup, 간결한 백스윙Back swing, 파워 넘치는 임팩트Impact, 예술적인 피니시Finish 등 이상적인 골프 스윙의 모습을 갖추었다. 많은 골퍼들이 그의 스윙을 흉내 내려고 하지만 우리는 결코 타이거 우즈와 같은 프로의 스윙을 따라 할 수 없다. 따라 할 수도 없고, 따라 해서도 안 된다. 그동안 살아온 세월이 다르고, 운동량이 다르고, 신체 조건이 다르기 때문이다. 따라서 그와 똑같은 스윙을 한다는 것은 불가능하다. 열심히 노력하면 일시적으로 비슷하게 따라 할 수 있을지는 몰라도 시간이 지날수록 원래의 모습으로 돌아오고 만다. 무엇보다도 연습량에서 막대한 차이가 있다. 통상적으로 프로들은 하루 연습량으로 1,000개의 공을 친다고 한다. 이 정도의 공을 치면 아마추어는 바로 병원에 가야 한다. 몸이 감당할 수 있는 운동량이 아니기 때문이다. 프로는 이 연습을 위해 하루 평균 3시간은 웨이트 트레이닝을 하고, 공 치는 양의 3배 이상의 빈 스윙을 한다. 이렇게 해서 만든 스윙을 어떻게 눈에 보이는 모양만으로 따라 할 수 있겠는가? 억지 스윙이 되거나 부상 당하기 십상이다. 명품 옷이어도 내 몸에 맞지 않으면 불편하듯이 타이거 우즈의 스윙이 아무리 멋져도 내게는 맞지 않는 법이다.

자연스러운 스윙을 망치는 가장 큰 적

1장에서 언급했듯이, 골프를 힘들게 하는 또 하나의 문제는 골프 스윙을 익히는 과정에서 많은 사람들이 눈에 보이는 대로 동작에 대해 지적한다는 것이다. 다들 정확한 지식이 없는 상태에서 너도 나도 가르치려 든다. 가르치는 사람도 문제지만 배우는 사람도 마찬가지다. 머릿속에 자신이 이상적으로 생각하는 프로의 스윙을 저장해 놓고 그 스윙과 비교해서 잘못된 부분과 교정이 필요한 부분을 끊임없이 비교하고 찾아내려 든다. 그러니 지적 당하고 지적하는 일이 반복된다. "머리는 최대한 고정하고, 왼팔은 쭉 펴야 하

골프만큼 설명이 많은 운동도 없다. 동작을 교정하는 레슨 프로의 조언은 거의 잔소리 수준이다.

고, 왼쪽 팔꿈치는 떼지 말라고 했지. 백스윙이 너무 큰데. 아, 다리도 고정하라고 했지." 끊임없이 지적 당하고 주의사항을 지키려고 하다 보니 정작 스윙의 목적을 잊어버리고 원하는 동작은 나오지 않는다.

    사람이 하는 어떤 운동도 언어로 먼저 배우는 경우는 없다. 인간의 몸에는 오랜 경험으로 체득한 다양한 운동 정보가 녹아 있으므로 하려는 운동의 목적을 분명히 하고 동작을 보여 주면 금세 따라 할 것이다. 그렇게 배운 동작으로 잘하든지 못하든지 즐거워하는 것이 사람이 기본적으로 지니고 있는 운동 능력인데 유독 골프만큼은 힘들게 가르치고 힘들게 배운다. 결론적으로 프로의 스윙을 무작정 따라 할 것이 아니라 내 몸이 허락하는 범위 내에서 가장 자연스러운 스윙을 만드는 것이 중요하다. 또한 처음부터 프로의 스윙과 비교하면서 특정 동작을 뜯어고치려 하지 말고 스윙이라는 동작을 익숙하게 만드는 것을 최우선으로 해야 한다.

스윙은 줄넘기보다 쉽다

너무 그렇게 서두르지 마라. 그 작고 하얀 공이 당신에게서 벗어나 어디론가 도망가는 일은 없다. _ 패티 버그

공이 없는 상태에서의 스윙이란?

"스윙이 무엇인가요?"라고 물어보면 대부분 사람들은 "가만히 있는 공을 치는 것"이라고 대답한다. 어떤 프로 선수는 스윙이라는 동작을 이렇게 표현했다. "스윙이란 우아하지 못한 자세로 불합리하게 몸의 각 부분을 움직이는 것이다." 스윙에 대해 무엇인가 뜻대로 되지 않으면서 대단히 복잡한 동작이라고 생각하는 모양이다. 분명한 것은, 많은 사람들이 스윙이라는 동작을 왜 하는지 모른 채 그냥 어색하고 불편한 동작으로 인식하고 있다는 것이다. 도대체 스윙이 무엇을 하는 동작일까? 이를 이해하려면 용어를 구분해서 볼 필요가 있다. 골프 용어 중에 공을 치는 행위를 일컫는 용어로 '샷Shot'이라는 것이 있다. 드라이버 샷Driver shot, 아이언 샷Iron shot, 벙커 샷Bunker shot 또는 어프로치 샷Approach shot 등의 용어야말로 공을 치는 행위가 목적인 것이 분명하다. 드라이버로 공을 치면 드라이버 샷이라고 하지 드라이버 스윙이라고 하지 않는

다. 그렇다면 왜 굳이 '스윙'이라는 용어를 따로 사용하는 것일까? 샷이 공을 치는 동작이라면, 스윙은 공이 없는 상태에서 하는 동작이다. 골프클럽이라는 도구를 두 손으로 잡고 휘두르는 것이다. 휘둘러서 무엇인가를 하는 것인데 그것이 뭘까?

한마디로 정의하면 공이 없는 상태에서의 스윙은 원을 그리는 것이 목적이다. 도구로 원을 그린다는 측면에서 많은 사람들이 경험했고 보는 순간 알 수 있는 놀이가 있다. 바로 쥐불놀이다. 쥐불놀이야말로 원을 그리는 대표적인 동작이다. 쥐불놀이를 알고 있다면 이미 스윙도 알고 있는 것이다. 줄넘기 또한 목적이 분명하고 그 목적을 달성하기 위한 동작이 아주 단순하고 반복적이라는 면에서 보면 스윙과 같은 동작이다. 오히려 운동적인 측면에서는 줄넘기보다 스윙이 더 단순하고 쉽다. 사람들에게 줄넘기를 할 줄 아느냐고 물어보면 99퍼센트의 사람들이 할 줄 안다고 대답한다. 줄넘기를 해 본 지 10년, 20년이 지났어도 대답은 같다. 이는 줄넘기의 목적이 너무나 분명하기 때문이다. 줄넘기는 말 그대로 줄을 넘는 것이 목적이다. 발에 걸리지 않고 잘 넘을 수만 있다면 속도가 빠르든 느리든 폼이 좋든 말든 상관없다. 많이 넘으면 넘을수록 좋은 동작이다. 줄넘기가 줄을 넘는 것이 목적이라면 스윙은 클럽을 휘둘러 원을 그리는 것이 목적이다. 이런 단순한 목적을 가진 스윙이 어렵다고 느껴지는 것은 목적을 분명히 하지 않기 때문이다. 또한 목적이 없이 동작 설명서를 외우려고 하니까 더욱 어려워지는 것이다.

쥐불놀이

줄넘기

공이 없는 상태에서의 스윙은 원을 그리는 것이 목적이며, 원리적으로는 쥐불놀이나 줄넘기와 같은 운동이다.

스윙과 샷이 다르다는 발상의 전환

스윙과 샷을 구분하는 것은 동작의 목적을 분명히 하기 위해서이다. 지난 10년간 보다 쉽고 빠르게 골프를 가르칠 수 있었던 것은 바로 이 발상의 전환 때문이다. 스윙과 샷을 구분해서 보니 스윙은 참으로 배우기 쉬운 동작이 된 것이다. 공을 치는 행위라는 샷과 공이 없는 상태에서의 스윙을 구분해서 보라. 정말 어려운 운동인가? 한 달 두 달씩 연습장에서 죽어라 배워야 하는 운동으로 보이는가? 축구나 농구처럼 열심히 뛰면서 결과를 만들어 내야 하는 운동도 아니고, 한 팔로 물구나무를 서는 운동도 아니다. 그냥 클럽을 휘둘러 원을 그리는 것에 지나지 않는다.

골프를 하는 대부분의 사람들이 누군가와 소통하고 더불어 행복하고자 하는 것이지 프로가 되려는 것이 결코 아니라고 말한다. 골프의 목적이 그러한데 왜 잘되지도 않는 프로의 스윙을 따라 하려 하는가? 나에게 맞는 스윙의 완성은 얼마나 시간을 쓰고 반복했느냐가 결정하는 것이지 재능이 절대적인 변수가 되지 않는다. 무작정 프로의 스윙을 따라 한다고 해서 되는 것이 아니다. 생활

스윙과 샷의 차이

스윙	샷
원 그리기	공 치기
물리적	심리적
반복	집중
단순	복잡

속에서 골프 연습에 얼마만큼 비중을 둘 것인가만 결정하고 그에 맞는 연습을 하면 그만이다. 이렇게 공을 치는 샷과 공이 없는 상태에서의 스윙을 구분하면 스윙의 본질을 쉽게 이해할 수 있다. 스윙과 샷은 다르다. 영역을 구분해서 보면 해야 할 일이 명확해지고, 그것이 명확해지면 스윙은 매우 쉬운 동작이 된다.

스윙은 그네다

공이 없는 상태에서의 스윙은 그네타기와 같다. 스윙의 사전적인 의미가 그네이기도 하고, 실제 스윙을 할 때 그네를 타는 듯한 느낌이 들어야 한다. 이렇게 스윙을 쥐불놀이나 그네타기와 같다고 하는 것은 '중력을 이용한 운동'이라는 공통점이 있기 때문이다. 어떻게 잡고 어떤 자세를 취하느냐가 중요한 것이 아니라 중력을 최대한 이용해야 오랫동안 쉽게 할 수 있는 동작인 것이다. 스윙을 하는 데 필요한 힘의 80퍼센트는 중력이고 나머지 20퍼센트는 클럽을 잡고 버티는 힘이다. 그런데 골프연습장에서 연습하는 사람들을 보면 대부분 중력을 거부하고 오로지 자신의 힘으로만 공을 치려 든다. 어쩌다 한 번은 공을 잘 맞출 수 있다. 그러나 일관되게 맞출 수 없고 너무 힘들다.

스윙을 잘하는 비결과 그네를 잘 타는 비결은 같다. 그네를 처음 탔을 때를 떠올려 보자. 처음엔 서툴렀지만 별다른 고민 없이 꾸준히 반복해서 탔을 것이다. 꾸준히 하다 보니 그네를 잘 타는 요령도 생기고 점점 높이 올라갈 수도 있는 것이다. 스윙도 마찬

뒤에서 밀어 주는 그네 타기　　혼자 그네 타기　　회전 그네

가지다. 꾸준히 반복하다 보면 불필요한 동작은 줄어들고 스윙 궤도가 안정될 것이다. 따라서 스윙 연습을 할 때는 그네를 타는 것 같은 느낌으로 하고 연습 결과도 그네타기와 같으면 된다는 사실을 기억하면 된다.

세 가지 형태의 그네 타기가 있다. 당신은 어떤 그네 타기까지 해 보았는가? 누가 밀어 주는 그네를 살살 타는 것이나 좀더 크게 그네를 타는 것이나 회전 그네 같은 큰 그네를 타는 것이나 그네를 탄다는 사실은 바뀌지 않는다. 단지 상황이 바뀌면서 겁이 나서 그네를 못 타거나 그넷줄을 꽉 움켜잡는 일이 생기는 것이다.

필드에 나가 공을 치는 것은 회전 그네를 타는 것과 같다. 필드에 나가면 평소와는 다른 환경과 분위기에 압도되어 긴장하거나 생각이 많아지면서 연습장에서처럼 차분히 집중해서 공을 치지 못하는 경우가 많다. 이런 상황에 따른 심리적 혹은 환경적인 변화를 어찌 스윙의 기술적인 요소만 가지고 해결할 수 있겠는가?

10분 만에 풀스윙을 하기 위한 몸동작

> 나는 항상 실수를 줄이려고 노력한다. 하지만 실수해도 실망하는 일은 없다. 분명 중요한 것은 그 실수로 인해 내가 새로 배운 것이 있다는 것이다. _ 타이거 우즈

가만히 있는 공을 치기가 어렵다?

처음 골프를 시작할 때는 '가만히 있는 공을 치는 것이 뭐 그리 어려울까?' 하고 대수롭지 않게 생각한다. 하지만 막상 해 보면 스윙이 생각보다 어렵고 공이 잘 맞지 않아 당황하게 된다. 이때부터 스윙에 대한 고민이 늘어나고, 동작 어딘가가 잘못되어 공이 안 맞는다고 판단하여 동작을 이리저리 뜯어고치기 시작한다.

한번은 타석에서 공을 치고 있는데 이를 물끄러미 바라보던 초보 골퍼가 한 마디 한다.

"클럽을 팔로만 휘두르는 것 같은데 공이 멀리 날아가네요."

"무슨 말씀을. 지금 엄청 허리를 쓰고 있어요. 허리가 아플 정도로!"

순간 '내가 몸을 쓰지 않고 팔로만 공을 쳤나?' 싶다가 '아! 초보자가 볼 때는 팔 동작만 눈에 띄는구나' 하는 데 생각이 이르렀다.

몸통은 크게 움직여도 눈에 잘 띄지 않는다. 반면에 팔은 스윙할 때 펴져 있는지, 공이 맞는 순간 손이 어떻게 움직이는지 그 화려한 움직임이 눈에 잘 띈다. TV에 중계되는 프로 골프 대회에서 선수들을 볼 때도 마찬가지다. 몸통의 움직임보다는 쭉 펴져 있는 팔의 회전이 잘 보이기 때문에 '스윙은 저렇게 팔로 하는 거야'라는 생각을 하게 된다. 하지만 절대 그렇지 않다. 골프 스윙은 온몸으로 하는 것이다. 프로들은 오랫동안 스윙을 한 결과 몸통은 매우 절제된 동작이 되어 눈에 잘 띄지 않을 뿐이다. 몸을 충분히 쓰지 않고서는 그렇게 부드러운 스윙으로 공을 그렇게 멀리 보낼 수가 없다.

스윙은 온몸으로 하는 운동이다

스윙은 팔로만 하는 운동이 아니라 온몸으로 하는 운동이다. 온몸, 그중에서도 하체를 잘 이용해야 더 큰 힘을 발휘하고 일관성 있는 동작을 할 수 있다.

골프 스윙은 몸통과 하체를 주도적으로 이용하는 동작이며, 양팔은 각자의 역할이 있다. 하체 중심의 스윙을 한다는 가정하에 양팔의 역할을 보면, 오른팔은 몸에서 발생한 에너지가 클럽 헤드까지 잘 전달되도록 돕는다. 오른팔을 얼마나 잘 활용하느냐에 따라 공이 날아가는 거리와 방향이 완전히 달라진다. 그리고 왼팔은 힘을 쓰는 것이 아니라 주로 몸과 공과의 거리를 일정하게 유지하는 역할을 한다. 오른손잡이 권투 선수가 시합을 할 때 왼손으로 잽을 날리는 것과 비슷하다. 이에 더해 방향이나 리듬감을 찾도록 돕는다. 이런 중요한 역할을 하는 왼손에 에너지가 흐르는 통로의 역할까지 맡겨 놓고 오른팔은 슬슬 놀고만 있다면 왼팔은 과부하가 발생하고 만다. 상식적으로도, 오른손잡이가 대부분의 동작을 오른손으로 하는 것은 당연한 것이다. 그런데 유독 골프만큼은 오른손잡이에게 왼손으로 스윙하라고 가르친다. 이는 멀쩡한 오른손은 가만히 두고 왼손으로 밥을 먹으라거나 오른손잡이 투수에게 굳이 왼손으로 공을 던지라고 가르치는 것과 같다. 농구나 테니스에서도 동작을 주로 하는 팔이 있고 보조하는 팔이 있다. 양팔의 역할을 분명히 하지 않으면 서로의 운동을 방해하게 된다. 공을 멀리 보내는 풀 스윙이든 짧은 거리를 정확하게 보내는 숏게임 스윙이든 심지어 공을 굴려서 홀에 넣는 퍼팅까지도 당신이 오른손잡이라면 오른손을 믿고 확실한 임무를 주어야 한다. 그래야 스윙이 쉬워진다.

　양팔이 제대로 역할을 하고 있는지 확인하려면 피니시 상태에서 클럽을 잡고 있는 오른손의 모양을 보면 된다. 오른손이 클럽을 단단히 잡고 있지 않다면 올바른 역할을 하지 않고 있다는 증거다. 게다가 현대인은 팔은 매우 자연스럽게 쓰지만 몸 전체를 쓰는 데는 서툴다. 특히 하체를 잘 쓰지 않는다. 직업 환경이 바뀌어 농촌에서 농사를 짓거나 산에 자주 올라가는 것도 아니기 때문에 일을 하면서 하체를 쓸 일이 없다. 이처럼 하체를 쓰는 것이 익숙하지 않다 보니 조금이라도 불안해지면 무작정 팔을 써서 상황을 해결하려고 한다.

골프 스윙을 하체가 주도한다는 전제하에 '어떻게 하면 하체를 써서 좀 더 스피드가 나는 스윙을 할 수 있을까?'라는 고민을 해야 한다. 여기엔 별다른 요령이 있지 않다. 그저 하체를 적극적으로 쓰면 된다. 골프 스윙에 필요한 몸동작을 의도적으로 연습하는 것이다. 꼭 연습장에서 클럽을 잡고 공을 쳐야만 골프 연습이 되는 것은 아니다. 집이나 사무실에서도 스윙을 멋지게 만드는 동작을 연습할 수 있다. 그것은 클럽을 휘두르지 않고 몸동작만 연습하는 것이다. 자세에 대한 고민도 하지 말고, 클럽을 휘두른다는 부담감도 전혀 없이 그저 몸통만 움직여서 스윙에 필요한 동작을 하면 된다.

자연스러운 스윙을 만들기 위한 두 가지 몸동작

처음 스윙을 연습할 때는 손가락과 손목이 많이 아프다. 이는 동작이 잘못되었다기보다는 익숙하지 않은 동작을 하다 보니 불필요한 힘을 많이 주어 손에 무리가 가기 때문이다. 따라서 처음부터 클럽을 세게 잡고 휘두르거나 스피드를 낼 필요가 없다. 무엇보다 클럽 헤드의 무게를 느끼는 연습을 해야 하는데, 그러기 위해서는 클럽을 들지 않은 상태에서 몸동작을 먼저 연습하는 것이 좋다.

몸통 회전 - 보행

첫 번째 동작은 몸통 회전 즉 체중 이동이다. 이는 몸통을 좌우로 돌리는 동작으로, 돌린 방향 쪽으로 체중이 실린 느낌만 있으면 된다. 우리가 평소에 걷는 동작 자체가 체중 이동이므로 걷는 느낌으로 하면 된다. 이론적으로는 걸으면서 체중 이동을 하는 것이나 몸통을 돌리면서 체중을 이동하는 것이나 같다. 우선 양발을 겨드랑이 폭 정도로 벌리고 발 끝이 벌어지지 않도록 똑바로 선 상태에서 팔짱을 낀다. 오른쪽으로 먼저 몸통을 돌리되 시선이 따라가지 않도록 바닥을 응시한다. 양쪽 무릎에 힘을 주고 버틴 상태에서 몸통이 꼬이는 느낌이 들게 하고 체중은 오른발에 실리게

자연스러운 스윙을 만드는 몸통 회전 동작

바닥에 시선   무릎 고정   오른발에 체중

한다. 이번에는 왼쪽으로 몸통을 돌리면서 왼발로 서되 오른쪽 발바닥이 보이도록 오른쪽 발꿈치를 들어 올린다. 몸통을 회전하면서 체중이 오른발로 갔다가 왼발로 넘어가야 하되 시선은 계속 바닥을 응시한다. 조금씩 리듬을 타면서 반복 연습을 한다. 무엇보다 골반에 리듬을 맞추는 것이 중요하다. 왼발로 온전히 섰을 때도 고개를 돌리지 말고 바닥을 본 상태에서 오른쪽 옆구리를 살짝 접은 상태를 유지한다.

스윙 높이 유지

몸통을 회전하며 의자에 갖다 댄다.

왼발에 체중

바닥에 시선 유지

양팔 동작 – 앞으로 나란히

두 번째 동작은 양팔 동작으로 '앞으로 나란히'와 비슷한 동작이다. 양팔을 좌우로 '앞으로 나란히' 하면서 위아래로 올렸다 내렸다 하는 것이다. 아령처럼 약간 무게가 있는 물건을 들고 하면 더 효과적이다. 양손바닥이 서로 마주 보는 모양으로 아령을 잡고 팔을 밑으로 내린 상태에서 시작한다. 오른쪽으로 몸통을 회전하면서 '오른쪽 앞으로 나란히'를 한다. 즉 팔을 몸통 따라 돌리는 것이 아니라 나란히를 하듯이 위로 올리는 것이다. 몸통이 왼쪽으로

앞으로 나란히 동작

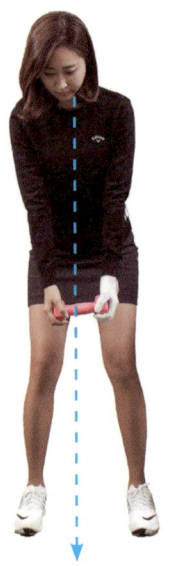
바닥에 시선

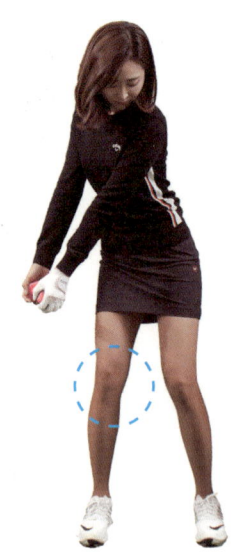
무릎 고정

오른쪽 앞으로 나란히

회전하면서 팔을 내리고 다시 '왼쪽 앞으로 나란히'를 한다. 즉 몸통 회전을 하면서 오른쪽으로 양팔을 올렸다가 내리고 다시 왼쪽으로 양팔을 올렸다가 내리는 것이다. 이를 10회 정도 반복한다. 아령의 무게를 느끼면서 그 무게감으로 회전할 수 있어야 하는데, 마치 그네를 타는 듯한 느낌이 들어야 한다. 이 동작을 하루에 100번씩 꾸준히 하면 초보자는 스윙을 빨리 익힐 수 있고 경력자는 스윙 교정 효과가 크다. 현재 내 몸 상태로 가장 자연스럽게 할 수 있는 몸동작을 꾸준히 반복하는 것이 골프의 첫걸음이다.

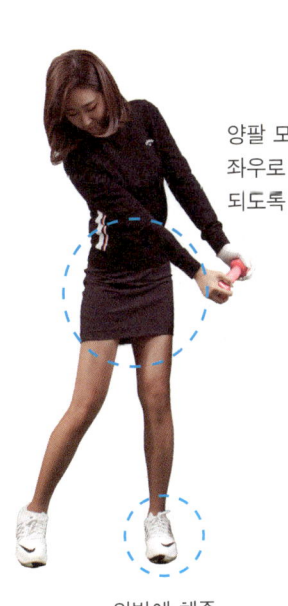

양팔 모양이 좌우로 대칭이 되도록 한다.

왼발에 체중

몸통을 회전하면서 왼쪽 앞으로 나란히

스윙의 비밀, '소리가 거리다'

> 골프에서 가장 불필요한 것은 멈춰선 볼 앞에서 너무 많은 생각을 하는 것이다. _ 믹 재거

입문 8년 차 초보 골퍼가 10분 만에 깨달은 스윙

최근에 한 스피치 교육 전문업체 대표의 골프 레슨을 진행한 적이 있다. 대화를 나누다 보니 골프 연습 과정과 스피치 준비 과정이 비슷하여 공감이 되었다. 레슨이 끝난 뒤 그분이 그림 편지를 하나 보내 주었는데 다음과 같은 문구가 적혀 있었다. "입문 8년 차 초보 골퍼에게 10분 만에 깨달음을 주셨습니다."

오랫동안 스윙의 기본을 모르고 골프를 했으니 얼마나 스트레스를 받았을까? 아무리 연습을 많이 해도 스윙이 자연스럽지 않고 거리도 늘지 않으며 스코어가 향상되는 것도 아니니 답답함은 이루 말할 수가 없었을 것이다.

처음 골프를 배운다고 하면 대부분 '스윙'이라는 동작을 떠올린다. 이것은 골프할 때의 동작이 '스윙'으로 대표되기 때문일 것이다. TV에 중계되는 골프 게임 역시 선수들의 스윙을 위주로 하므로 '골프는 곧 스윙'이라는 등식이 인식되어 있다. 그래서 연습

장에 가면 맨처음 스윙을 배우게 되는데 이 과정이 어디를 가도 똑같다. 가장 먼저 클럽을 잡는 방법(그립)과 자세를 배우고, 이른 바 '똑딱볼'이라는 동작을 연습하게 된다. 똑딱볼은 시계추 같은 움직임으로 손목을 쓰지 않고 공을 친다고 해서 붙여진 별명이다. 그런데 대부분 이 연습을 왜 하는지 모른다. 그저 골프 입문 과정이려니 여기고 시키는 대로 하는 것이다. 처음엔 똑딱볼로 동작을 작게 시작하여 하프 스윙, 쓰리쿼터 스윙, 풀스윙이라는 큰 동작으로 발전해 가면서 공을 맞추는 연습을 한다. 이 단계가 대략 2개월에서 6개월 걸리는데, 이 과정에서 온갖 지적에 시달리게 된다. "머리 들지 마라", "다리 움직이지 마라", "팔 구부리지 말고", "그립은 어떻게", "시선은 이렇게" 등등. 이 과정이 무척 지루하고 스트레스는 쌓이는데 공은 맞지 않으니 결국 중도에 포기하는 사람들이 엄청 많다.

골프 상담을 하다 보면 초보자의 3분의 2 이상이 이미 '똑딱볼'을 배운 경험이 있고, 그나마 기억이 나지 않는다고 아예 기초부터 레슨해 달라고 주문한다. 이 지긋지긋한 과정만 올해로 3년 되었네, 4년 되었네 하는 분들도 많다. 어째서 골프에 입문하는 과정이 다들 이렇게도 힘든 것일까?

이 지루한 과정에 있는 또 하나의 난관은 가만히 있는 공을 친다는 것이다. 이는 골프가 매우 어려운 운동으로 느껴지는 가장 큰 이유이다. 골프와 일반 구기 종목은 속성이 다르다. 움직이는 공을 반사적으로 치는 게임에서는 이런저런 생각을 할 겨를이 없다. 하지만 가만히 멈춰 있는 공을 치는 골프 게임에선 '생각'이라는 걸 하게 된다. '어떻게 칠 것인지' 그동안의 레슨을 떠올리며 '이렇게 잡으라고 했지', '이렇게 서라고 했지' 하고 온갖 체크 리스트를 떠올리며 공 앞에 선다. 막상 자세를 잡고 치려고 하면 생각한 것들은 다 어디로 갔는지 머릿속이 하얘지면서 공이 맞지 않는다.

스윙의 비밀, '소리가 거리다'

어떻게 하면 좀 더 자연스럽게 스윙을 할 수 있을까? 이 스윙의 비밀은 바로 소리에 있다. 앞에서도 설명했듯이 공이 없는 상태에서의 스윙은 그네를 타는 듯한 느낌이어야 하고, 그네 타는 느낌으로 소리를 내는 것이다. 즉 휘둘러서 소리를 내는 것인데 이 소리가 곧 거리인 것이다. 스윙 연습을 할 때는 클럽을 어떻게 잡고 자세는 어떻게 취하며 동작을 어떤 모양으로 할지 고민할 필요가 없다. 그것은 공을 칠 때 필요한 요소다. 동작을 익숙하게 만들기 위해 반복적으로 하는 연습의 목적은 오로지 한 가지다. 휘둘러서 소리를 내는 것. 이렇게 운동의 목적을 분명히 했더니 10분도 지나기 전에 스윙을 익숙하게 한다.

결국 원리만 이해하면 동작은 쉽게 할 수 있고, 익숙하게 만드는 것은 약간의 시간과 반복이라는 노력의 문제만 남게 된다. 어떻게 잡든 우선 소리만 잘 내면 된다. 처음에는 힘이 들고 어색하겠지만 며칠 하다 보면 익숙해진다. 꽤 스피드가 나게 휘두를 수도 있게 된다. 이렇게 클럽을 잡고 휘두르는 동작이 익숙해지고 소리를 잘 내는 수준까지 가려면 대략 3,000번 정도의 반복이 필요하다.(그렇다고 공을 정확하게 맞추는 수준은 아니고, 골프 하는 데 쓸 만한 스윙을 하는 정도라고 보면 된다.)

이제 소리가 어디에서 나는지 들어 보자. 이 소리가 바로 임팩트다. '임팩트 Impact'란 클럽 헤드로 공을 치는 순간의 충돌을 의미한다. 소리의 크기에 따라 임팩트가 만들어진다. 소리는 듣는 것이다. 내가 의지를 가지고 내는 소리를 듣기만 하면 된다. 크게 낼 수도 있고 작게 낼 수도 있다. 소리의 크기가 결국 임팩트를 결정하는데, '내 몸의 왼쪽에서 이 소리가 나야 좋은 임팩트가 만들어졌다'라고 할 수 있다. 이 말의 의미는, 소리가 왼쪽에서 나야 공이 맞을 때 최대 스피드 구간이 된다는 것이다. 또한 나중에 공을 칠 때는 이 소리를 얼마나 일정하게 낼 수 있느냐가 공이 날아가는 방향과 거리를 결정하므로 공이 없는 상태에서는 항상 이 소리에 집중하고 소리가 왼쪽에서 잘 나는지 매번 확인해야 한다. 동일한 스피드로 동일한 소리를 30회 이상은 반복해서 낼 수 있어야 골프에서 말하는 일관성이 어느 정도 생겼다고 할 수 있다. 소리를 내는 연습은 꼭 골프연습장에서만 할 필요가 없다. 집이든 사무실이든 클럽을 휘두를 수 있는 공간만 확보한다면 습관적으로 연습하는 것이 좋다. 한두 번 하고 멈추지 말고 10회 단위로 왕복 횟수를 늘려 나가야 일관성을 확보하는 데 도움이 된다. 공을 치기 전까지는 그립이나 자세 등의 스윙의 모양이 아닌 소리에 집중해야 한다.

그리고 스윙을 빨리 잘할 수 있도록 해 주는 요소 중 하나가 시선이다. 스윙 연습을 할 때 어디를 쳐다보는 것이 좋은가? 사실 스윙 연습을 할 때는 시선이 별로 중요하지 않다. 눈을 감아도 스윙은 할 수 있다. 대부분은 생각에 따라 시선이 돌아다닌다. 시선보다는 의식을 어디에 집중하느냐가 중요한데, 클럽 헤드가 하나의 원을 그리는 것이므로 클럽 헤드에 의식을 집중해야 한다. 그러면 헤드의 움직임을 알 수 있고 쳐다보지 않아도 느껴진다. 스윙 궤도가 일정하게 만들어지면 이제는 바닥에 시선을 두고 스윙 연습을 해 본다. 내 몸 중앙 앞에 임의의 점을 찍어 놓고 그 점을 보면서 스윙 연습을 하면 클럽 헤드가 그 점 위를 지나가는지 지나가

왼쪽에서 소리 내기

다운스윙 시
클럽 끌고 내려오기

부웅 소리가
내 몸의 왼쪽에서 나야 하고
꽤 소리가 잘 나려면
3,000번 이상의
반복이 필요하다.

부~~웅

지 않는지 헤드의 잔상이 눈에 들어온다. 임의의 한 점을 일정하게 지나가는 원을 그리는 것이 매우 중요하다. 이것은 꾸준히 관찰하기만 하면 된다.

소리 듣기와 시선 고정

① 머리 고정하고 소리를 듣는다.
④ 시선은 바닥에 고정한다.
왼팔의 움직임 : 겨드랑이가 떨어져야 한다.
② 임팩트 순간 체중은 왼발에 실려 있다.
③ 헤드를 멀리 집어 던진다.

멋진 샷을 원한다면 공을 많이 치지 마라

멀리 그리고 정확하게 치기를 원한다면 '천천히, 짧게 그리고 부드럽게'의 3S(Slower, Shorter and Softer)로 백스윙하라. _ 게리 플레이어

정말 눈을 감고 쳐도 공이 맞을까?

스윙을 꾸준히 반복하다 보면 궤도가 일정해진다. 마치 줄넘기를 수십 번 해도 발에 걸리지 않고 넘는 것과 비슷한 수준이 된다. 이제 공을 칠 차례다. 스윙이라는 동작이 하나의 원을 그리는 행위이므로 상체를 앞으로 숙이면 스윙하는 중에 클럽 헤드가 바닥에 닿을 것이다. 이제부터 이렇게 바닥에 닿는 스윙을 해 본다. 숙인 상태를 잘 유지하고 스윙 궤도가 일정하다면 바닥에 닿는 부위도 일정하게 될 것이다. 이렇게 클럽 헤드가 바닥에 닿는 자리, 바로 이 자리가 공을 놓는 자리다. 그 닿는 자리에 임의의 점을 하나 찍어 놓고 일정하게 그 점을 치는 연습을 한다.

올바른 셋업이란, 등을 곧게 펴는 것과 함께 몸과 공의 거리를 정확하게 설정하는 것이다. 공의 위치를 정해 놓고 그에 맞추어 스윙하는 것이 아니라 스윙 연습을 통해 눈을 감고 휘둘러도 클럽 헤드가 일정하게 땅에 닿는 위치에 공을 놓는 것이다. 공의 위치

의 발견은 골프 연습에서 비중이 매우 크다. 이렇게 일정한 바닥 닿기가 된다면, 임의의 점에 공이 아닌 것을 놓고 같은 동작을 해 본다. 까만 점을 찍어 놓아도 되고 비비탄을 놓아도 좋다. 공이 아닌 것을 놓아야, 그것을 쳐서 멀리 보내야겠다는 생각이 들지 않아 무리한 동작을 하지 않는다. 공이 없는 상태에서 바닥에 닿는 스윙을 하든, 비비탄을 놓고 치는 스윙을 하든, 빈 스윙 하듯이 무

바닥 임의의 점에 시선 두기

머리 위에 선반이 있다고 생각한다.

백스윙 탑까지 숙인 상태를 유지한다.

시선은 바닥에 고정한다.

임의의 점을 치는 연습

공이 아닌 것 중에서 비비탄을 놓고 연습하는 것이 훨씬 더 효과적이다.

심하게 할 수 있어야 내 몸에 맞는 자연스러운 스윙이 만들어진 것이다. 공이 아닌 것을 무심하게 스윙하듯이 칠 수만 있다면 당신의 스윙 궤도는 충분히 공을 칠 수 있을 만큼 안정되었고 집중력도 상당하다고 볼 수 있다. 그 조그만 것조차 집중해서 칠 수 없다면 아직 동작이 익숙하지 않거나 마음이 다른 곳에 있다고 봐야 한다.

골프 연습을 할 때 공을 많이 치는 것은 좋지 않다. 공을 많이 칠수록 스윙이 망가지고 온갖 부상에 시달리기 쉽다. 공을 치는 것보다는 스윙 연습을 더 해야 하고, 공이 잘 맞지 않는다면 공이 아닌 다른 것을 놓고 연습하는 것이 효과적이다. 이때 눈을 감고 하면 더 좋다. 눈을 감고도 자신 있게 바닥이나 공이 아닌 것을 칠 수 있다면 공도 얼마든지 잘 칠 수 있다. 그런 자신감이 우선되어야 한다. 그리고 스윙을 할 때는 반드시 '체중 이동'이라는 몸통 회전 동작을 같이 해야 한다. 몸통을 제대로 쓰지 못하면 클럽이 오른쪽 바닥에 먼저 닿으면서 뒤땅이 난다. 소리를 내는 연습을 하거나, 바닥을 치는 연습을 하거나, 공을 치는 연습을 할 때 반드시 몸통을 같이 쓰는 연습을 해야 일관성 있는 스윙을 만들 수 있다.

힘차게 휘두르는 클럽 앞에서의 공이라는 존재

골프클럽의 무게는 얼마나 될까? 평소 스윙 연습 때 쓰는 7번 아이언은 400g 전후, 가장 긴 클럽인 드라이버는 300g 전후다. 생각보다 무겁지 않다. 그런데 왜 골프클럽을 잡으면 무겁게 느껴지는 것일까? 그것은 클럽을 휘두를 때 생기는 무게감, 즉 '스윙 웨이트 Swing weight' 때문이다. 가만히 두면 가벼운 물건이지만, 클럽을 들고 붕 소리가 나도록 휘두르는 순간 클럽 헤드가 가지는 파괴력은 무게로 환산했을 때 수백 킬로그램이 된다고 한다. 남자 아마추어 골퍼가 드라이버를 붕 하고 휘두르면 거의 1톤의 무게감이 생긴다. 이런 엄청난 파괴력으로 공을 멀리 보낼 수 있다는 것이다. 그렇다면 이것의 파괴력은 어느 정도일까?

큰 쇠판을 땅에 놓고 그 위에 깨와 콩 그리고 호두를 올려놓는다. 인테리어용 망치로 가볍게 치면 그 밑에 무엇이 있는지 알 수 있다. 깨를 치면 깨라고 느껴지고 호두를 치면 호두라고 알 수 있다. 눈을 감고 해도 무엇이 있는지 쉽게 구별할 수 있다. 이번에는

공이라는 존재

휘두르고 지나가는 클럽 앞에서는 공이라는 것도 비비탄이나 스폰지 공과 다를 바 없다. 내 손의 감각으로 구분할 수 없다.

공사장에서 벽돌 부술 때 쓰는 큰 망치로 내리쳐 보자. 그 안에 깨가 있었는지 콩이 있었는지 호두가 있었는지 구별이 될까? 망치의 파괴력이 워낙 커서 그 안에 있는 조그만 것들은 전혀 구별할 수 없다. 이것이 바로 골프클럽의 파괴력이다. 눈에 보이고 귀에 들리니까 콩을 쳤는지 호두를 쳤는지 알 수 있는 것이지, 눈 가리고 귀 막으면 내 손의 감각으로는 콩인지 호두인지 구분할 수 없다. 그만큼 내가 가진 클럽의 힘이 엄청나다는 것이다. 대부분 사람들은 그것을 믿지 못하고 클럽 헤드가 땅에 닿으면 충격이 올 것이라 예상되어 미리 피하거나 속도를 줄이는 것이다. 그런 동작은 내 몸에 좋지 않다. '소리 내야지' 하고 마음먹고 휘두르는 클럽 앞에서는 골프공도 콩이나 비비탄에 지나지 않는다.

클럽 헤드가 바닥에 닿아야 하는 이유가 있다

아이언 클럽으로 공을 칠 때 반드시 클럽 헤드가 땅에 닿아야 한다. 실제 코스에 나가면 잔디를 치는 것을 의미한다. 아이언 샷의 목적은 공을 치는 것이 아니라 잔디를 치는 것이다. 이를 전문 용어로 말하면 아이언 샷의 목적은 '디봇 내기'이다. '디봇Divot'이란 골프공을 칠 때 골프클럽에 의해 뜯겨 나간 잔디 조각이다. 이렇게 잔디를 쳐야 '스윗 스팟Sweet spot'이라고 하는 클럽 헤드의 가운데 공이 맞는다. 공만 치게 되면 공이 헤드 아랫부분에 맞아 뜨지도 않고 멀리 가지도 못한다. 공을 치고 나서 헤드 면에 생긴 공 자국을 보면 알 수 있다. 주로 헤드 아랫부분이 새까맣다면 정확하게 공을 치지 못하고 있는 것이다. 헤드 한가운데로 공을 맞추려면 공을 치는 것이 아니라 잔디를 치는 동작을 할 수 있어야 한

아이언 샷의 목적은 디봇을 만드는 것

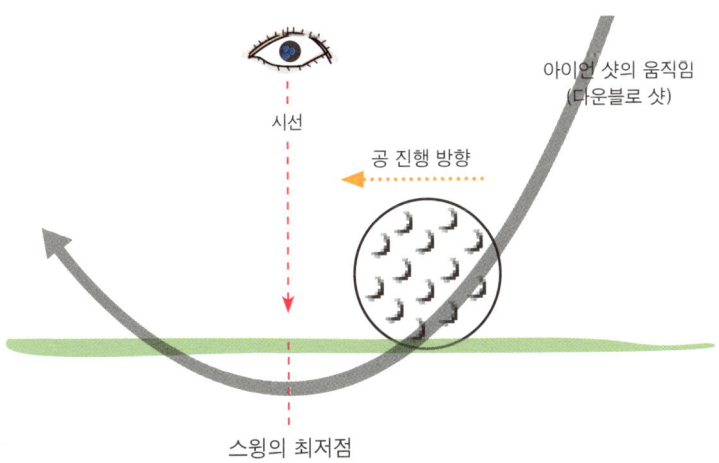

다. 이것은 아마추어에게 가장 어려운 동작 중의 하나다. 대부분 공의 윗부분을 보면 윗부분만 치고 공의 가운데 부분을 보면 그곳만 치게 되기 때문이다. 공 아래 있는 잔디를 볼 수 있어야 잔디를 칠 수 있다. 그래서 시선이 중요하다. 시선을 바닥에 두고 클럽 헤드로 그 부위를 정확하게 칠 수만 있다면 신기하게 공은 하늘로 뜬다. 골프 시작한 지 몇 년이 지나도록 잔디 한번 제대로 치지 못하고 공을 띄우지 못하는 사람들도 엄청 많다. 공을 정확하게 치고 싶으면 잔디를 칠 수 있어야 한다. 공을 띄우고 싶으면 디봇을 낼 수 있어야 한다.

이렇게 처음 골프를 시작하고 한두 주 스윙 연습을 한 뒤 공을 치면 어느 정도의 거리를 보낼 수 있을까? 우선 7번 아이언을 기준으로 보자. 굳이 7번 아이언으로 하는 이유는, 드라이버, 우드, 아이언 그리고 퍼터까지 대략 12~13개 정도로 구성되는 클럽 세트 중에서 사이즈가 중간쯤 되기 때문이다. 그래서 처음 스윙 모양을 만들고 연습할 때는 7번 아이언으로 하는 것이 좋다. 이렇게 7번 아이언으로 풀스윙을 해서 남성은 대략 100미터 이상, 여성은 평균 80~90미터 정도 거리를 보낼 수 있어야 한다. 10개의 공을 치면 6개 이상은 위에서 언급한 거리를 보낼 수 있어야 골프 게임을 시작할 수 있다. 우선은 7번 아이언으로 일정한 거리를 보내는 연습을 하자.

샷의 비밀, 샷은 공을 치기 전에 결정되어 있다

황홀한 게임, 내가 이것에 소질이 없다는 사실을 깨닫는 데 거의 40년이 걸렸다. _ 테드 레이

걸을 수만 있다면 골프를 할 수 있다고?

골프 상담을 할 때 가장 많이 듣는 질문 중의 하나가 "골프가 운동이 됩니까?"이다. "당연히 운동이 되죠. 18홀 코스를 플레이하면서 걸어다니면 당연히 운동이 되지 않겠어요? 보통 18홀 코스를 도는데 그 거리가 6~8킬로미터 정도 되니까요"라고 대답하지만 현실은 너무 다르다. 골프장에서 걸어다니면서 플레이할 만큼 실력도 안 되고, 시간 여유도 없고, 제릭에 자신 없는 분이 많다.

단언컨대 골프는 매우 좋은 운동이다. 신체적, 정신적으로 건강에 도움을 준다. 하지만 골프 스윙은 별로 좋은 운동이 아니다. 특히 공을 치는 행위로서의 샷은 나쁜 운동에 속한다. 스윙 자체가 한쪽 방향으로만 움직이는데다, 몸통을 비틀어 주는 부하가 많이 걸리는 동작이라 조금만 무리해도 손목이나 발목 관절에 무리가 간다.

그럼에도 왜 많은 사람들이 골프는 건강에 좋은 운동이라고 하

는 것일까? 기본적으로 골프는 공기 좋은 자연 속에서 많이 걷는 운동이다. 4시간 30분 동안 진행되는 게임에서 실제로 공을 치는 시간은 공을 치기 위해 취하는 예비 동작을 포함해도 30분이 되지 않는다. 나머지 시간은 걸을 수 있으니 건강에 좋을 것이다. 그런데 굳이 그런 자연에 나가서 전동카트까지 타고 다니는 이유는 무엇일까? 카트를 탈 수밖에 없는 환경적인 이유도 있지만, 그보다 건강에 자신이 없기 때문이다. 체력을 아껴야 한다고 빈 스윙조차 하지 않는 사람도 많다.

자주 듣는 질문이 한 가지 더 있다. "제가 골프를 할 수 있을까요? 저는 지금까지 숨쉬기 운동 말고는 해 본 적이 없거든요."

이에 대해서는 뭐라 드릴 말씀이 없다. 공을 멀리 보내려면 어느 정도 힘이 있어야 하고, 18홀 플레이를 하려면 체력이 뒷받침되어야 하고, 부상을 방지할 수 있는 유연성과 근력도 필요하다. 하지만 처음부터 기를 죽일 수는 없기에 일단 좋게 말씀드린다. "걸을 수만 있으면 다 됩니다."

진짜 걸을 수만 있으면 골프가 될까? 그렇지 않다. 몸 상태가 평균 이하라면 절대 다른 사람보다 먼 거리를 보낼 수 없다. 그냥 내 몸에 맞게 스윙하고 거리와 상관없이 골프를 즐기면 되지만 그마저도 여러 사람과 같이 해야 하니 진행에 방해가 된다. 본격적으로 스윙 연습을 하고 공을 치다 보면 동작이 빨리 익숙해지지 않고 또 기대한 만큼 거리가 나지 않는다는 것을 알게 된다. 거리가 나지 않는 것은 스윙의 문제보다는 몸의 문제가 더 크다. 현재의 내 몸 상태가 스윙에 반영되기 때문이다.

당신의 샷은 공을 치기 전에 이미 결정되어 있다

골프를 하면서 꼭 알고 있어야 할 사실 하나는 '공을 치기 전에 우리의 샷은 이미 결정되어 있다'라는 것이다. 스윙이란 내 몸에 새롭게 만드는 집이라 할 수 있다. 이 집은 유연성, 근력, 지구력이라는 세 개의 기둥으로 구성되고, 이 세 개의 기둥은 '올바른 연습 습관'이라는 튼튼한 기초 위에 서 있어야 한다. 골프클럽을 쥐는 힘의 차이에 따라 자신이 낼 수 있는 스윙 스피드의 상한선이 결정되어 있는 것이고, 어깨 회전 각도와 상체의 유연성에 따라 스윙 폼 또한 결정되어 있다. 스윙 연습을 계속하면 스윙 스피드도 늘고 폼도 좋아지겠지만 금세 한계에 부딪친다. 조금이라도 더 거리를 내고 남보다 조금이라도 더 멋진 스윙을 만들고 싶다면 따로 몸을 만들어야 한다.

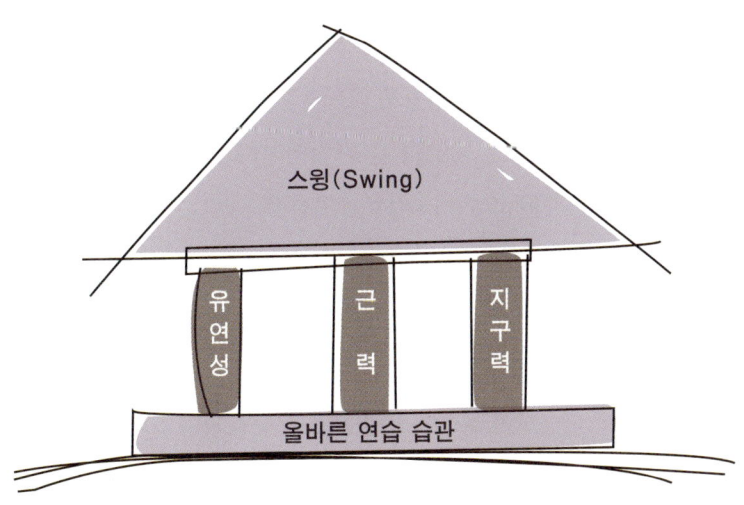

스윙은 앞으로 내가 만들어 나가는 집과 같다. 튼튼하게 만들자.

골프를 빨리 배우되 가급적 몸이 아프지 않고 짧은 시간에 효과적으로 스윙을 익히기 위한 첫 번째 과제는 '몸을 먼저 만드는 것'이다. 그렇다고 골프를 시작하기도 전에 헬스장을 다니거나 별도의 운동을 하자는 말은 아니다. 스윙 만들기와 병행하여 몸 만들기를 하자는 말이다. 스윙을 만드는 시기에는 공을 치지 않는 것이 좋다. 공 앞에 서면 공을 어찌해 보려는 마음이 앞서 불필요한 힘을 주거나 자세가 흐트러진다. 프로처럼은 아니더라도 나만의 멋진 스윙을 만들고 싶다면 클럽을 잡지 않은 상태에서 기본적인 몸동작을 반복해서 익히는 것이 중요하다. 처음에는 잘해야겠다는 생각보다는 '필드에 같이 나가서 민폐만 끼치지 않았으면 좋겠어. 방해하지 않고 따라만 다닐 수 있으면 좋겠어.' 하는 소박한 바람으로 시작한다. 하지만 필드에 몇 번 나가다 보면 '저 친구보다는 더 멀리 보내고 싶어', '쟤는 저렇게 치는데 왜 나는 안 되지?' 하고 비교하게 되고 스윙과 거리에 대한 욕심이 생긴다. 그리고 이때서야 자신의 육체적 한계, 그리고 몸이 건강해야 골프도 잘할 수 있다는 깨달음을 얻는다. 근력이 약하고 유연성이 떨어지는 골퍼가 누군가를 이기기 위해 파워풀한 스윙을 가지려고 한다면 노력에 비해 결과는 미미하고 부상까지도 당할 수 있다.

자투리 시간을 이용하여 골프에 도움 되는 운동하기

현대인들은 바쁜 데 비해 운동량이 매우 적다. 할 일은 많고 운동이 부족한 생활은 건강의 적신호로 연결되기도 한다. 그렇다면 골프 여부를 떠나 현대인은 운동을 어느 정도 해야 할까? 캐나다운 동생리학회CSEP의 권고치를 보면 성인의 경우 하루 20분 이상, 매주 150분 이상은 운동을 해야 한다고 한다. 이는 건강을 위한 최소한의 운동량이며, 유산소 운동과 함께 주 2일 이상 근육과 뼈대 강화 운동을 병행해야 골격과 근육 상태를 양호하게 유지할 수 있다고 한다.

무엇보다 나이가 들면 근육량이 감소하는데 25세를 정점으로 30대를 넘어서면서 근육의 밀도와 기능이 약해지고 40대부터는 매년 1퍼센트씩 근육이 줄어든다고 한다. 이렇게 근육량이 줄어드는 것은 호르몬이 변화하고 식사량과 활동량이 줄어들기 때문이다. 근육량이 줄면 기초대사율이 떨어지고 이 때문에 몸에 축적

나이와 근육량의 상관관계

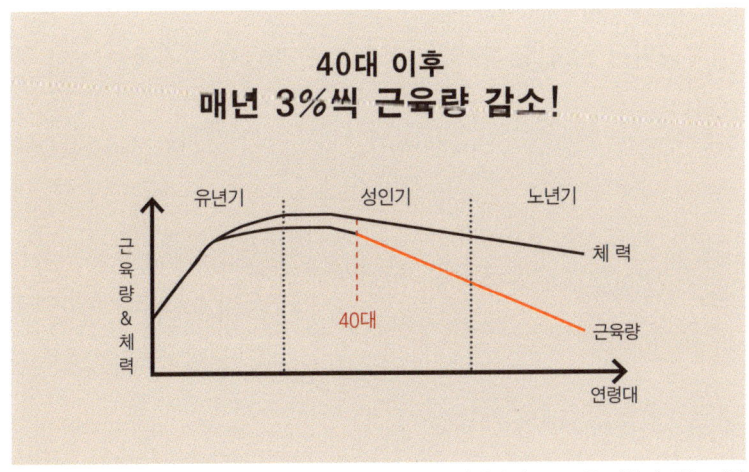

줄어드는 근육량을 늘리기 위해서 중심 근육을 단련한다. 이것이 바로 골프를 잘할 수 있는 바탕이다.

되는 지방의 양이 서서히 증가하면서 여러 질환에 시달리게 된다. 결국 기초대사를 좋게 하고 지방을 줄이는 가장 좋은 방법은 중심 근육을 단련하여 줄어드는 근육량을 늘리는 것이다. 이것이 건강의 첫 번째 열쇠이자 골프를 잘할 수 있는 바탕이다. 골프를 하려면 우선 몸이 건강해야 한다. 건강해지고 싶다면 골프를 하라. 골프를 하고 싶다면 건강을 먼저 챙겨라.

골프에 도움이 되는 중심 근육으로는 허벅지, 몸통, 어깨 근육 등이 있다. 근육 트레이닝은 가급적 전문가의 도움을 받아 체계적으로 진행하는 것이 가장 좋겠지만 시간 여유가 없다면 일단 자투리 시간을 활용하여 주 2회 정도 자신의 체력에 맞게 설정하여 시작하는 것이 좋다. 처음부터 무리하면 금세 지치게 되므로 조금씩 실천할 수 있는 양을 정해 놓는다. 자세한 운동 요령은 뒤에 나오는 「족집게 레슨 1」을 참조한다. 일상생활에서 누구나 쉽게 따라 할 수 있는 근육 트레이닝으로 프로그램을 구성하되 처음에는 무리하지 않고 할 수 있는 동작으로 조금씩 실천하는 것이 중요하다.

공만 치면 나오는 아마추어의 잘못된 스윙 버릇

백스윙을 오른쪽 귀에 앉아 있는 파리라도 잡을 것처럼 성급하게 서둘러 올리지 마라. _ 월터 심슨

빈 스윙할 때와는 너무 다른 실제 스윙

본격적으로 공을 치는 연습이 시작되었다. 그런데 공은 맞지 않고 스윙도 이상해진다. 빈 스윙을 할 때는 괜찮았는데 공만 있으면 나도 모르게 무리한 동작을 하게 된다. 이런 현상은 오랜 경력자들에게서도 그대로 나타난다. 빈 스윙을 할 때는 우아하고 멋지다. "어, 저분 프로님이셔?" 하고 감탄할 정도로 멋있게 스윙하다가 공을 칠 때는 전혀 다른 사람이 되어 버린다. 지켜보는 사람들이 한 마디씩 한다. "빈 스윙처럼 했으면 잘 쳤을 텐데", "빈 스윙은 잘되는데 왜 공만 보면 안 되지?" 이는 공을 치겠다는 생각 자체가 몸을 경직시키기 때문이다.

 '공을 친다'라는 말은 '힘을 준다'라는 의미라고 보면 된다. 우리가 눈앞에 보이는 어떤 물체를 멀리 던지거나 치려고 할 때, 그것이 단단하게 느껴지면 힘을 주게 된다. 특히 골프클럽처럼 휘두를 때 아주 무겁게 느껴지는 도구로 딱딱한 공을 쳐야 한다고 생

각하니 무리한 힘을 가하는 것이다. 그러다 보니 빈 스윙을 할 때와는 달리 공을 칠 때 잘못된 스윙 동작이 나타나는 것이다. 그래서 공을 많이 치면 오히려 스윙이 망가진다. 스윙뿐만 아니라 몸도 같이 망가져서 온갖 통증과 부상에 시달리게 된다.

공만 치면 나오는 스윙 버릇

날아오는 공을 반사적으로 치는 야구나 테니스와 달리 골프는 멈춰 있는 공을 치려다 보니 심리적인 동요가 생긴다. 잘 치고 싶다는 의욕이 앞서 그간 배운 것을 떠올려 보지만 생각만 복잡할 뿐 뜻대로 되지 않는다. 또 실수에 대한 두려움에 몸이 위축되면서 잘못된 스윙 버릇이 만들어지기도 한다. 자신이 가지고 있는 운동 감각이나 현재의 몸 상태에 따라 다양한 형태의 잘못된 스윙 동작이 나타나는데 이것이 버릇이 되면 고치기 쉽지 않다. 그렇다면 아마추어가 주로 범하는 잘못된 스윙 버릇엔 어떤 것이 있을까?

<u>① 백스윙에서 '클럽이 누워 있다'</u>

스윙은 좌우로 회전하는 몸통 동작과 위아래로 회전하는 양팔 동작의 조합이다. 2개의 독립된 톱니바퀴가 맞물려 돌아가는 것과 비슷하다. 그런데 스윙 동작을 하다 보면 몸통이 오른쪽 방향으로 수평 회전할 때 클럽을 잡고 있는 양팔이 몸통이 도는 방향으로 따라가는 경향이 생긴다. 이를 측면에서 보면 양손이 몸통 회전에 따라 뒤로 빠지면서 클럽이 누워 있는 것처럼 보인다. 이렇게 백

스윙이 되면 다운스윙은 당연히 옆으로 내리치게 되면서 팔로만 공을 치게 된다. 이를 "테이크백Take back을 할 때 클럽이 지나치게 인사이드로 빠지는 플랫Flat한 스윙이 된다" 또는 "테이크백에서 클럽이 누워 있다"라고 표현한다. 초보자에게는 다소 어려운 말이지만 샷을 할 때 중요한 원리이므로 기억해 둔다. 스윙할 때 양팔의 움직임은 '앞으로 나란히' 하는 자세와 비슷하다. 단지 오른쪽 방향으로 '앞으로 나란히' 하는 차이가 있을 뿐이다. 양팔이 어깨

클럽을 세우는 것이 올바른 코킹이다.

손목을 과도하게 사용할 경우 클럽이 눕게 된다.

높이쯤에 왔을 때 클럽을 잡은 양손이 몸 뒤로 벗어나 있거나 클럽이 누워 있으면 안 된다. 즉 몸통이 좌우로 회전하더라도 양팔은 위아래로 움직이는 동작을 할 수 있어야 한다. 그 요령은 백스윙을 할 때 클럽 헤드를 세우는 것이다. 이를 '코킹Cocking'이라고 하며, 골프에서의 코킹은 백스윙을 하면서 손목을 꺾어 클럽 헤드를 위로 들어 올리는 행위라고 보면 된다.

② 백스윙 탑에서 '상체를 든다'

아직 셋업Setup이 제대로 자리 잡지 못한 초보자에게서 가장 많이

백스윙 탑까지 척추 각을 유지하는 것이 관건이다.

상체를 일으키니 척추 각이 사라진다.

나타나는 증세다. 셋업할 때 가장 중요한 체크 사항으로, 상체를 앞으로 숙인 상태에서 등이 곧게 퍼져 있어야 운동성이 좋아진다. 이렇게 등을 곧게 펴면 지면에 대해 상체를 어느 정도 숙였는지 각도가 만들어지는데 이를 '척추 각Spine angle'이라고 한다. 백스윙을 할 때 이 척추 각, 즉 숙인 상태를 계속 유지할 수 있어야 한다.

많은 아마추어들이 유연성이 부족하고 평소에 해 본 동작이 아니다 보니 백스윙을 하면서 상체를 든다. 실제로 그것이 편하기도 하다. 상체가 들리면 다운스윙 시 공을 정확하게 맞추기 어렵다. 공을 치기 전에 거울을 보며 적당히 상체를 숙여 등을 곧게 폈는지 백스윙을 하면서 숙인 상태를 끝까지 유지하고 있는지 체크해야 한다.

③ 다운스윙에서 '공을 퍼올린다'

초보자들이 처음 공을 치면 빗맞거나, 잘 맞은 것 같은데도 공이 뜨지 않는 경우가 많다. 이는 클럽 헤드 가운데가 아니라 헤드 아랫부분에 공이 낳기 때문이다. 헤드 아랫부분에 공이 맞으면 공이 잘 뜨지도 않고 멀리 가지도 않고 손이 아프다. 공이 잘 뜨지 않으니 나중에는 공을 띄우고 싶어서 공을 퍼 올리는 동작을 하게 된다. 당연히 다운스윙 시 손목이 먼저 풀리면서 클럽 헤드가 공에 닿기 전에 땅에 먼저 닿는 '뒤땅Duff' 현상이 생겨 공이 날아가지 않는다. 클럽마다 원하는 거리를 보내려면 헤드 한가운데 공을 맞출 수 있어야 한다. 그러기 위해서는 퍼 올리는 동작이 아닌 내리치는 동작을 해야 한다. 내리치는 요령은 다운스윙을 할 때 왼손을 왼쪽 허벅지에 스치듯이 지나가게 하는 것이다. 공이 없는 상태에서 이 동작을 여러 번 연습해 보라. 다운스윙할 때 양손이 몸에 바짝 붙어 내려와야 내리칠 수 있다.

④ 팔로스루에서 '왼쪽 팔꿈치를 당긴다'

자신도 모르게 나오기 쉬운 나쁜 버릇 중의 하나다. 어쩌면 아마추어 골퍼의 영원한 숙제이기도 하다. 프로 선수의 스윙을 보면 공을 맞춘 후 피니시 동작까지 양팔꿈치가 곧게 펴진 상태를 유지하는데, 아마추어는 양팔꿈치가 빨리 접히면서 옹색한 스윙이 된다. 손으로 공을 강하게 치려다 보니 손목이 헤드보다 왼쪽으로

다운스윙 시 참을 수 있을 만큼 코킹을 유지해야 한다.

허리 회전

체중 이동

체중이 오른발에 남아 있게 되면 클럽 헤드가 땅에 먼저 닿는다.

앞서 나가고 이로 인해 왼쪽 팔꿈치를 빨리 접거나 뒤로 뺄 수밖에 없는 현상이 생기는 것이다. 여기에 무리한 피니시까지 더해져 보면 볼수록 망측한 동작이 되기도 한다. 이미 몸이 굳어 버린 아마추어는 절대 팔꿈치를 프로 선수들처럼 펼 수 없다. 그러나 왼쪽 팔꿈치를 지나치게 당겨 치킨 윙 Chicken wing이 되는 것은 예방할 수 있다. 그 요령은 왼쪽 팔꿈치에 깁스를 하고 양손이 귀 높이까지 가는 팔로스루를 연습하는 것이다. 또 하나는 팔로스루에서 두 팔꿈치가 몸 앞쪽으로 나가도록 헤드를 던지는 이미지를 그리는 것이다.

기복이 있는 이유는 이런 잘못된 버릇 때문이다

'버릇'의 사전적 의미는 '편향된 기호 또는 습관'이다. 버릇은 꽤나 끈질기고 부정적인 영향을 미친다. 아무리 컨디션이 좋아도 기복이 생기는 이유는 나쁜 버릇이 틈틈이 고개를 내밀기 때문이다. 사실 잘못된 스윙 버릇은 골프를 하는 모든 사람들이 겪는 문제로, 다른 사람의 눈에는 쉽게 보이는데 정작 자신은 알아차리기 힘들다. 잘못된 스윙 동작으로 계속 공을 치면 버릇으로 굳어지므로 주의해야 한다. 빈 스윙을 꾸준히 하면서 동작을 교정하는 노력을 계속해야 하며, 한동안은 형편없이 나오는 스코어도 견뎌 내야 한다. 동작을 교정할 때는 전문가의 도움을 받는 것이 좋다. 자신의 버릇을 의식하며 연습하면 성과는 반드시 나온다. 이러한 성과를 통해 새로운 자신으로 바뀌는 것도 골프에서 느낄 수 있는 큰 즐거움이다.

골프의 신이 알려 주는
족집게 레슨

1

GOLF LESSON 1

골프는 체력, 건강한 골프 바디 만들기

두 손은 클럽을 쥘 뿐, 클럽을 휘두르는 것은 팔이다. 그리고 그 팔은 몸통에 의해 휘둘러진다. _ 벤 호건

하체 근육 트레이닝을 먼저 시작한다

어떤 운동이든 체력이 뒷받침되어야 한다. 특히 골프는 개인 운동이라는 특성상 체력이 떨어지면 게임에 큰 영향을 받는다. 4~5시간 동안 지치지 않고 라운드할 수 있는 체력이 있어야 집중력도 유지하고 일관된 스윙을 구사할 수 있다.

보통 팀워크가 중요한 단체 운동에서는 체력 강화 훈련을 도와주는 리더나 트레이너가 있지만, 골프에서는 체력 훈련도 개인의 몫이다. 따라서 각자에게 맞는 체력 향상 프로그램을 짜서 실천할 수밖에 없다. 지금부터 일상생활에서 간단히 실천할 수 있으면서 스윙에 직접적인 도움이 되는 체력 강화 운동을 알아 보자.

먼저, 스윙의 토대는 하체라는 점을 인식하자. 라운드 초반에는 좋은 샷이 나오다가 후반으로 갈수록 샷이 흔들린다면 하체가 부실하다고 봐야 한다. 하체가 팔의 힘을 감당하지 못하면 스윙 밸런스가 나빠져서 공이 빗맞거나 휘어지기 쉽다. 따라서 하체를 단

련하여 안정된 스윙을 유지하는 것이 중요한데, 골프를 하는 데 꼭 필요한 하체 근육만 집중적으로 단련하면 된다.

스윙을 할 때 오른쪽 무릎이 밀리지 않도록 버티고 고관절을 비틀면서 상체를 회전하며 다운스윙 때는 왼쪽 무릎을 곧게 펴서 벽을 만들어야 하는데 이때 가장 중요한 근육이 대퇴사두근으로 불리는 허벅지 근육이다. 대퇴사두근을 강화하는 데 가장 효과적인 근육 운동은 '스쿼트'이다. '스쿼트 Squat'는 양발을 좌우로 벌리고 서서 발바닥을 바닥에 밀착한 채 등을 펴고 무릎을 구부렸다 폈다 하는 운동으로, 전신 운동에 가까우면서 하체 강화에 큰 도움이 된다. 특히 스쿼트는 장소에 구애받지 않고 할 수 있는데, 방법은 다음과 같다.

양손을 옆구리에 댄 상태에서 발을 어깨 넓이로 벌리고 똑바로 선다. 이어서 등 근육을 펴고 발 안쪽 전체를 지면에 붙인 채 천천히 무릎을 굽히며 몸을 아래로 내린다. 이때 시선은 전방 15도를 보고 양팔을 앞으로 뻗어 준다. 그리고 허벅지가 수평이 된 지점에서 정지하고 천천히 일어서서 원래 모습으로 돌아간다. 무릎이 발끝보다 앞으로 나가면 관절에 부담이 가서 다치기 쉬우니 주의한다. 반복 가능한 최대 부하를 주는 것이 좋으므로 처음에는 10개씩 3세트를 실시하고 세트마다 1분씩 휴식을 한다. 일주일에 3회 정도 반복하는 것이 좋다. 2주 후에는 20개씩 3세트로 늘려 나간다. 한 달 정도만 꾸준히 하면 하체가 오히려 가벼워지고 스윙할 때 하체가 탄탄해진 것을 느낄 수 있다.

또 하나, 일상생활에서 쉽게 허벅지를 단련할 수 있는 운동이

스쿼트

① 다리를 어깨 너비로 벌리고 편안하게 선 상태에서 손을 옆구리에 댄다.
② 서서히 무릎을 굽혀 허벅지가 지면과 평행이 될 때까지 앉는다.
③ 허리는 꼿꼿이 세우고 무릎이 발끝을 넘지 않도록 주의한다.
④ 천천히 일어서서 원래 모습으로 돌아간다.
※ ①~④ 의 과정을 세트로 10개씩 3회 실시한다.

무릎 올리기 보행

① 다리를 모으고 양 손을 살짝 들어 올린 후 주먹을 쥔다.
② 먼저 왼쪽 무릎을 허벅지가 지면에 평행이 될 때까지 들어 올린다.
③ 반대로 오른쪽 무릎을 허벅지가 지면에 평행이 될 때까지 들어 올린다.
※ 평상시에도 자주 무릎 올리기 보행을 자주 한다.

무릎 올리기 보행이다. 평소 걸을 때 평범하게 걷지 말고 의도적으로 무릎을 올리면서 걷는 것이다. 계단을 걸어 올라가는 것도 좋은 단련법이다. 계단을 2개씩 뛰어 오르면 무릎을 올리면서 걷는 것과 같은 효과가 있다. 코스에 나가서 라운드할 때도 무릎 올리기를 의식하면서 걸으면 좋다. 18홀을 다 걸으면 1만 5천 보 이상 걷는 것이라고 하니 필드에 나가서 걷는 것만으로도 그 운동 효과는 대단한 것이다. 많은 골퍼들이 필드에 나갔을 때 체력 유지를 핑계로 카트를 타려고 한다. 하지만 인간의 몸은 사용할수록 건강해지고 쓸수록 강해진다고 하니 적극적으로 걷는 것이 좋다.

몸통 근육 트레이닝을 추가한다

스윙은 몸통을 축으로 회전하는 것이므로 몸통은 스윙의 중심이다. 스윙을 하면 클럽과 양팔을 통해 원심력이 생기고 이 때문에 상체가 흔들리거나 축이 무너지기 쉽다. 원심력을 견딜 수 있는 강한 **몸통 근육**이 필요한데 이때 필요한 근육이 복근으로, 스윙의 안정성이나 비거리와 아주 밀접한 관계가 있다. 복근은 네 겹으로 되어 있고, 이 네 겹은 바깥에서 안쪽 순으로 복직근, 외복사근, 내복사근, 복횡근으로 이루어져 있다. 용어가 다소 어렵지만 스윙의 축과 관련하여 중요한 역할을 하므로 알고 있는 것이 좋다. 복직근은 배 한가운데를 세로로 덮고 있다. 이 근육은 몸통을 굽히거나 일으킬 때 사용하며 장기를 보호하는 역할도 하는 건강에 매우 중요한 근육이다. 복사근은 복부 측면에 위치하여 몸통을 좌우로

플랭크

① 바닥에 엎드려 팔꿈치를 90도 굽혀 팔뚝으로 중심을 잡고 다리는 발끝을 세우고 모은다. 시선은 전방을 주시하고 배에 힘을 준 상태에서 상체를 일직선으로 만든다.

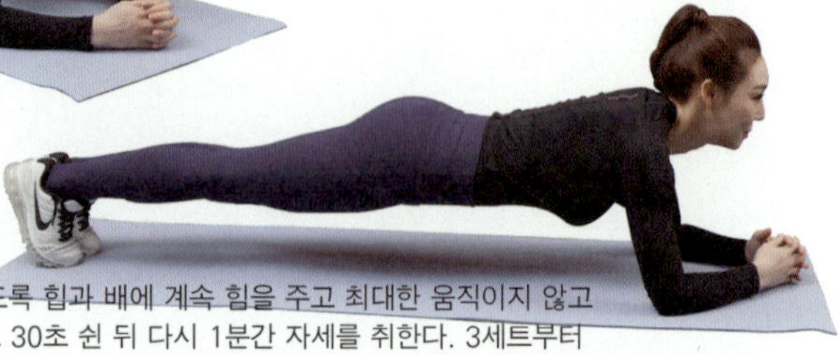

② 힙이 아래로 처지지 않도록 힘과 배에 계속 힘을 주고 최대한 움직이지 않고 버틴다. 1분간 유지하고 30초 쉰 뒤 다시 1분간 자세를 취한다. 3세트부터 시작하여 점차 늘려 나간다.

와이퍼 체조

① 바르게 누워 양팔을 벌려 바닥에 붙여 주고 다리는 직각으로 든 뒤 무릎을 접어 준다.

② 천천히 다리를 오른쪽 옆으로 기울여 바닥에 닿기 전까지 내려 준다. 이때 어깨와 양팔은 바닥에 붙인 채 고정한다.

③ 이제 천천히 원위치로 돌아와 왼쪽 옆으로 기울여 바닥에 닿기 전까지 내려 준다. 이때도 어깨와 양팔은 바닥에 붙인 채 고정한다.

※ 전 과정을 한 세트로 10개씩 3회 반복한다.

기울이거나 회전하는 동작을 만들어 근육으로, 스윙 동작을 지탱해 준다. 즉 강한 복사근 없이는 구부리거나 비틀거나 좌우로 움직이는 동작을 수행하는 것이 쉽지 않다. 복횡근은 코르셋처럼 복부 쪽 몸통을 둘러싸고 있어서 '코르셋 근육'이라고도 부르는 코어 근육 중의 하나로, 이 근육이 약하면 허리 부담이 커진다. 이런 코어 근육이 중심을 잘 잡아 주어야 몸통으로 큰 힘을 낼 수 있다.

복근 운동으로 가장 좋은 것은 '플랭크'이다. 플랭크Flank는 집에서 매트 없이도 쉽게 할 수 있다. 팔꿈치를 어깨 너비만큼 벌려 받친 다음 상체를 세워 일어난다. 무릎을 바닥에서 떼고, 종아리, 엉덩이, 허리 그리고 목이 모두 일직선이 되도록 한다. 특히 엉덩이가 들리지 않도록 주의한다. 1분간 유지하고 30초를 쉰 후 다시 1분간 자세를 취한다. 3세트부터 시작하여 점차 늘려 나간다.

또 한 가지 좋은 운동은 와이퍼Wiper 체조이다. 바르게 누워 양팔을 옆으로 벌려 바닥에 붙인 뒤 다리는 직각으로 들어 무릎을 접는다. 천천히 다리를 옆으로 기울여 바닥에 닿기 전까지 내려간다. 가슴 위쪽 즉 어깨와 양팔은 움직이지 않게 고정한다. 천천히 원위치로 돌아와 반대쪽으로도 같은 요령으로 반복한다. 이것이 1세트로 10개씩 3회 반복한다.

근육 트레이닝은 꾸준히 지속하는 것이 가장 중요하다. 하루만 지나도 근육은 원래대로 돌아오기 때문에 운동 효과가 반감된다. 이것저것 욕심내서 하려는 것보다는 서너 가지 실천할 만한 운동을 정해 놓고 꾸준히 하는 습관이 필요하다. 골프에 필요한 근육 강화 운동은 스쿼트, 무릎 올리기 보행, 플랭크, 와이퍼 체조를 한

세트로 하여 생활 속 습관으로 실천하는 것만으로도 충분하다.

스윙을 지탱해 주는 균형 감각을 단련한다

운동 능력을 테스트하는 기준 중에 '눈 감고 한 발 서기'라는 것이 있다. 눈을 감고 한쪽 다리를 들고 서 있는 시간을 재는 것이다. 이 균형 감각은 24세를 정점으로 완만하게 감소하다가 45세가 넘으면 급격하게 저하된다고 한다. 스윙을 할 때 중심을 잘 잡지 못하는 것은 하체가 부실해서 그런 것도 있지만 결국 이 균형 감각

외다리 스윙

① 발을 어깨 너비로 벌리고 서서 양팔을 편안하게 늘어트린다. 왼쪽 무릎을 들어 올리면서 90도 구부리고 오른쪽 무릎을 살짝 구부리면서 골프 셋업 자세를 취한다. 양손을 모은다.

② 외다리로 셋업한 상태에서 오른쪽으로 어깨를 회전하여 양 손이 어깨 높이에 올 때까지 백스윙을 한다. 숙인 상태를 계속 유지할 수 있어야 한다.

③ 외다리로 셋업한 상태에서 왼쪽으로 어깨를 회전하여 양손이 어깨 높이에 올 때까지 팔로스루를 한다. 이때도 숙인 상태를 계속 유지할 수 있어야 한다.

이 그만큼 떨어지기 때문이다. 스윙을 하면서 멋진 피니시 자세를 만들었다면 그만큼 스윙의 밸런스, 즉 스윙의 중심이 흔들리지 않도록 잡아 주는 것이 좋아졌음을 의미한다. 이런 균형 감각이 떨어지면 엄청난 속력을 내는 클럽 헤드를 컨트롤하는 것이나 올바른 척추 각을 유지하는 것 등 스윙에서 요구되는 중요한 요소들을 잃어버리게 되어 스윙이 불안정해지거나 클럽 헤드의 속도를 감속시키게 된다. 그만큼 비거리가 줄어드는 치명적인 요소로 작용한다.

　가장 쉽게 균형 감각을 연습하는 방법은 외다리로 셋업을 하고 스윙 연습을 하는 것이다. 먼저 외다리 셋업 연습을 해 본다. 양발을 어깨 너비로 벌려 서서 양팔을 편안하게 늘어뜨린 다음 왼 무릎을 90도 구부려서 종아리가 지면과 수평이 되게 한다. 이 자세에서 천천히 골반을 앞으로 구부리며 골프 자세를 취한다. 양팔을 앞으로 뻗으면서 균형을 잡은 상태에서 5초 정도 멈추었다가 원래 준비 자세로 돌아온다. 골프 스윙은 한 발로만 하는 것이 아니므로 양발을 균등하게 빈갈아 가면서 훈련하는데 5회씩 반복한다. 이것이 익숙해지면 외다리 셋업한 상태에서 클럽이 없는 상태이지만 양손으로 백스윙을 해 보고 다음으로는 팔로스루도 같이 연습한다.

GOLF LESSON 2

스윙은 리듬, 콧노래로 스윙하라

"슬로우, 슬로우 퀵"의 템포로 클럽을 휘둘러 보라. 미스 샷은 줄고 비거리는 늘 것이다. _ 알 게이버거

스윙에서 가장 중요한 요소 한 가지는 리듬이다

골프 대가들에게 스윙에서 가장 중요한 것 한 가지만 뽑아 달라고 하면 대부분 '리듬'이라고 한다. 리듬이란 '일정한 규칙에 따라 반복되는 움직임'으로, 리듬이 좋아야 멋진 샷을 할 수 있다. 사람이 하는 모든 동작에는 리듬이 있다. 걷는 동작에도 리듬이 있고 춤을 추거나 그네를 타는 등의 모든 활동에도 고유한 리듬이 있다. 또한 모든 자연 현상에도 리듬이 있다. 계절과 밤낮의 변화도 리듬이고, 사람의 생명 활동에 필요한 기능에도 리듬이 있다. 어떤 리듬이든 빠르다 느리다가 중요한 것이 아니라, 얼마나 일정한 리듬을 타느냐가 중요하다. 스윙에서 리듬감이 있어야 한다는 말은 반복되는 일련의 움직임에 일관성이 있어야 한다는 의미이다. 이처럼 리듬은 '자연스러움'을 뜻하기도 한다. '자연스러움'의 사전적 의미는 '억지로 꾸미지 아니하여 이상함이 없다'로, 스윙 리듬이 좋다는 것은 나만의 자연스러운 스윙을 하고 있다는 뜻이다.

골프 스윙에 필요한 리듬은 8분의 6박자 왈츠와 같은 리듬이다. 그래서 스윙 연습을 할 때는 왈츠를 추는 것과 같은 리듬으로 하는 것이 좋다. 어떻게 하면 이런 리듬을 잘 탈 수 있을까? '리듬을 잘 타야지' 하고 생각한다고 리듬을 잘 타는 것은 아니다. 대부분 오랜 세월 연습과 반복을 통해 자신만의 리듬을 깨닫게 된 것이지 구체적으로 리듬을 잘 타는 방법을 물어보면 시원하게 답을 하지 못한다.

스윙 리듬이 좋다는 것은 바로 나만의 자연스러운 스윙을 하고 있다는 것이다.

여기 리듬을 빨리 잘 타는 비법이 있다. 바로 '콧노래로 스윙하라'는 것이다. 스윙 연습을 할 때 소리가 내 귀에 들리도록 입 밖으로 소리 내어 노래하면 노랫소리에 몸동작이 따라간다.(속으로 노래를 하면 대부분 몸동작에 노래가 따라간다. 몸이 빨라지면 노래도 빨라진다.) 대표적인 노래가 6/8박자 왈츠 '에델바이스'이다. 이런 노래를 꾸준히 하다 보면 자신만의 고유한 리듬이 만들어진다.

리듬은 사람마다 다르다. 걷는 속도가 빠른 사람이 있고 느린 사람이 있듯이 스윙 역시 빠른 사람이 있고 느린 사람이 있다. 스윙을 할 때 콧노래를 부르면 자신만의 고유한 리듬을 빨리 찾을 수 있다. 또한 노래를 함으로써 긴장이 완화되어 당연히 실수도 줄어든다. 아무리 공을 멀리 보내고 스윙이 멋있어도 리듬이 좋은 사람을 따라가지 못한다. 오랜 구력을 가진 어르신들이 거리가 짧

고 스윙 폼이 예쁘지 않아도 공을 잘 치는 이유는 자신만의 일정한 스윙 리듬이 있기 때문이다.

'슬로우, 슬로우 퀵' 템포란 무엇인가?

어느 정도 스윙이 만들어지고 익숙해지면 자신만의 고유한 스윙을 완성해야 하는데 이때 필요한 것이 리듬, 템포, 타이밍이다.

리듬은 '일정한 규칙에 따라 반복되는 움직임'으로, 여기에는 강약, 고저 그리고 빠름과 느림이 포함되어 있다. 템포는 속도 또는 전체 스윙에 걸리는 시간을 말한다. **타이밍**은 스윙이 순서대로 이루어진 것을 의미하기도 하고, 임팩트 순간 클럽페이스가 공과 스퀘어하게 만나는 것이라고 정의할 수 있다. 그런데 사실 타이밍은 감각에 가까운 것으로, 내가 임의로 만들 수 있는 것은 아니다. 오랜 연습의 결과로 자연스럽게 만들어지는 것으로, 리듬과 템포가 일정해지면 공을 맞추는 타이밍은 당연히 좋아질 수 있으니 일부러 만들려고 하지 말자. (간혹 타이밍 감각이 뛰어나 스윙 폼이나 원리와 상관없이 공을 잘 치는 사람들이 있는데 그 사람들을 억지로 따라가려고 무리하지는 말자.)

리듬을 잘 타는 비결이 콧노래로 스윙하는 것이라면 템포는 어떻게 연습할 수 있을까? 템포를 익힐 때는 천천히 스윙하는 것이 좋다. 처음부터 빠른 템포로 스윙을 익히면 필드에 나가서는 더 빨라진다. 스윙을 천천히 하는 연습을 해 두면 필드에 나가 스윙이 빨라지더라도 원래 스윙을 회복하기 쉽다. 여기서 '천천히'라는 말은 백스윙하는 순간과 다운스윙의 출발 순간에 '슬로우, 슬로우 퀵' 템포를 말한다. 특히 백스윙 때의 템포는 아무리 천천히 해도 지나치지 않다. 공을 치는 임팩트 순간은 말 그대로 눈 깜짝할 사이다. 그 짧은 찰나의 순간에 내가 할 수 있는 일은 아무것도 없다. 그저 빠른 속도로 지나가면 그만이다. 평소 스윙할 때보다 빠르다고 말하는 것은 백스윙의 템포가 빠르다는 의미다. 아예 처음부터 급하게 백스윙을 하거나, 백스윙을 시작할 때는 천천히 하다가 그 후에 백스윙 탑^{Back swing top}까지 급하게 올리는 것도 스윙이 엉켜 공을 치는 타이밍을 잃게 하는 원인이다. 자주 거울을 보면서 슬로모션으로 백스윙을 하고 다운스윙을 거쳐 임팩트 순간까지 만드는 연습을 하는 것도 매우 효과적이다.

2008년 미국 예일대학교에서 가속도 측정 장치로 유명한 투어 프로의 스윙을 측정한 결과에 따르면, 클럽의 길이와 상관없이 항상 템포가 일정하며, 백스윙과 다운스윙의 시간 비율 또한 3 : 1 정도로 똑같다고 한다. 이는 모든 프로의 템포가 똑같다는 것이 아니라, 개개인마다 지닌 고유한 템포가 몇 번의 스윙을 하든지 거의 같다는 것이다. 특히 3 : 1의 시간 비율이 일정하다는 점에 주목할 필요가 있다. 만약 백스윙이 빨라지면 그에 비례해서 다운스윙을 해야 하기 때문에 이 시간 비율이 틀어질 것이다. 당연히 리듬이 달라지면서 미스 샷이 날 가능성이 커진다. 따라서 무엇보다 일정하게 해야 하는 것이 바로 백스윙 템포이다.

거리를 내려면 리듬의 강약을 조절하라

필드든 스크린골프든 미스 샷이 나면 가장 일차적으로 눈에 띄는

스윙 리듬에 강약 넣기

현상이 리듬이 깨진 것이다. 그 이유가 긴장 탓이든 의욕 탓이든, 현상적으로는 리듬이 깨진 결과 스윙의 밸런스가 뒤엉켜 버린다. 특히 거리를 내려고 할 때 세게 치려다 보니 리듬이 빨라진다. 이럴 때 콧노래를 하면서 스윙을 하면 많은 문제가 해결되는 것은 분명하다. 내 귀에 잔잔하게 들릴 정도로만 하면 되니 다른 사람들에게도 그다지 방해되지 않는다.

문제는, 리듬을 잘 타는 것만으로는 골프가 요구하는 거리를 보낼 수 없다. 먼 거리를 보내려면 힘을 써야 하는데 스윙할 때 힘을 주면 오히려 리듬이 빨라지거나 흐트러져 공이 정확하게 맞지 않는다. 보다 먼 거리를 보내려면 똑같은 리듬에 강약을 넣을 수 있

비거리를 잘 내는 비결은 스윙 리듬에 강약을 넣는 것이다. 또한 손이 아니라 하체에 리듬과 강약을 맞추어야 한다.

어야 한다. 평소 스트레칭하듯이 동작을 하면 리듬을 '중 약 약 약 약 약'의 강약으로 타게 되지만 이 리듬을 '중 약 약 강 약 약'의 강약으로 리듬을 바꾸어 주면 훨씬 빠른 스피드를 낼 수 있다. 당연히 리듬의 강약은 손이 아니라 하체로 만드는 것이다. 어느 정도 경지에 이른 프로들의 스윙은 정말 아름답다. 군더더기가 없고 리드미컬하다. 물론 이것은 수없이 많은 반복을 통해 불필요한 동작은 완전히 제거하고 가장 적절한 타이밍에 강약을 썼기 때문일 것이다. 우리 아마추어들은 그들의 연습량을 10분의 1도 따라가지 못했으니 프로들이 보여 주는 퍼포먼스 또한 당연히 따라하지 못할 것이다. 그래도 좋은 리듬의 스윙을 할 수 있다면 필드에서도 얼마든지 멋진 샷을 할 수 있다. 항상 리듬을 염두에 두고 콧노래를 하면서 스윙 연습을 하는 습관을 만들자.

GOLF LESSON 3

초보자를 위한 골프클럽의 구성

나의 기술을 의심할 때는 있어도 나의 클럽을 의심할 때는 없다.
_ 잭 니클라우스

골프클럽 다 쓰지도 않는데 전부 사야 하나요?

"네, 다 사야 합니다. 낱개로 팔지 않아요."

골프를 시작하는 많은 분들이 클럽을 꼭 다 사야 하느냐고 물어본다. 몇 개 쓰지도 않는데 굳이 다 사야 할 필요가 있느냐는 의미지만 선택의 여지는 없다. 골프클럽을 만드는 회사에서 낱개로 팔지 않는다. 골프클럽은 크게 드라이버Driver, 우드Wood, 아이언Iron 그리고 퍼터Putter로 구성된다. 1번 우드W1라고도 하는 드라이버와 그린에서 공을 굴릴 때 쓰는 퍼터는 각 1개씩이고, 우드는 페어웨이 우드Fairway wood와 유틸리티 우드Utility, 아이언은 아이언과 웨지Wedge 등 여러 개의 클럽으로 구성되어 있다. 요즘 인기 있는 유틸리티 우드는 페어웨이 우드와 아이언의 장점만을 모아 놓은 것으로, 클럽 헤드가 페어웨이 우드보다는 작지만 아이언보다는 커서 초보자도 쉽게 다룰 수 있게 한 것이다. 3번이나 4번과 같은 롱 아이언 대용으로 많이 사용한다. 또한 경사나 러프에서도 쉽게 사용

아마추어 골퍼가 구성하는 골프클럽 풀세트. 드라이버에서 퍼터까지 12~13개의 클럽을 갖춘 것을 말하며, 프로의 경기에서는 총 14개까지 소지할 수 있다(골프 규칙 4-4).

클럽별 비거리

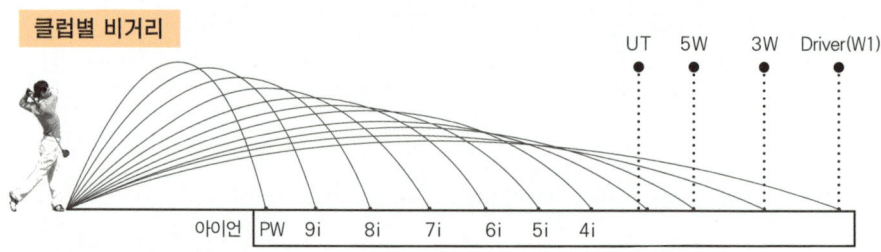

아마추어 남자 골퍼의 클럽별 평균 비거리(단위 : m)

클럽	입문자	100타대	90타대
드라이버	150	180	220
3번 우드			190
5번 우드		150	180
4번 유틸리티	120	140	170
3번 아이언			170
4번 아이언			160
5번 아이언		140	150
6번 아이언		130	140
7번 아이언	100	120	130
8번 아이언		110	130
9번 아이언		100	120
피칭웨지	90	100	

할 수 있어 활용 빈도가 높은 클럽 중의 하나이다.

이러한 클럽을 모두 합하면 최소 12개에서 14개가 되고, 이것을 '풀세트Full set'라고 표현한다. 클럽의 길이는 드라이버가 가장 길고 퍼터가 가장 짧다. 골프 코스가 워낙 길고 형태도 다양하기 때문에 클럽 한 개를 가지고 다양한 거리를 보내기가 쉽지 않고 정확도도 떨어진다. 게다가 골프는 한 타 한 타 치는 것이 아주 민감한 영향을 주기 때문에 용도에 맞는 클럽을 구성하여 사용하는 것이 당연하다. 결국 골프 게임의 핵심은 특정한 상황에서 어떤 클럽을 써야 할지 알고 적용하는 것이다. 골프를 잘하는 사람들은 자신의 클럽으로 보낼 수 있는 거리를 정확하게 알고 있고 어떤 순간에 어떤 클럽을 뽑아내야 하는지도 잘 안다. 그러나 초보 골퍼는 자신이 지닌 아이언으로 낼 수 있는 비거리를 알지 못하고, 클럽마다 거리 차이가 나도록 정확하게 스윙하지 못한다. 1년 이상 꾸준히 골프를 하다 보면 클럽별로 거리 차이가 나고 각 상황에 맞게 클럽을 다양하게 이용할 줄 알게 된다.

클럽을 많이 사용하지 않는다고 해서 필요한 클럽만 구매할 수 없다. 특히 아이언은 7개 혹은 8개의 클럽을 세트로 판매하므로 당분간 사용하지 않더라도 한꺼번에 구매해야 한다. 이것저것 낱개로 구입을 하더라도 골프가 익숙해지면서 용도가 맞지 않아 버리게 되는 경우가 많으므로 처음부터 골프클럽을 제대로 구성하는 것이 좋다. 예산 범위에 따라 선택할 수 있는 클럽이 달라지지만 몇 년 이상 쓸 생각으로 현재 가장 인기 있는 브랜드를 구매하는 것이 현명한 방법이다.

골프클럽 개수와 관련된 재미있는 기록

아마추어는 상관이 없지만 프로의 게임에서는 골프클럽의 개수가 제한되어 있다. 종류는 상관없고 14개라는 제한 규정이 있다. 만약 시합에 참가했는데 연습용으로 쓰던 퍼터가 1개 더 들어 있어 15개라면 늘어난 수만큼 홀마다 2벌타를 부과, 총 4벌타까지 부과하는 것이 현재의 규정이다. 클럽을 적게 가져가는 것은 제한이 없다. 1936년에 제정된 이 규칙에는 배경이 있다. 1936년 이전에는 골프클럽의 개수에 제한이 없어 미국 골퍼들은 보통 20~30개의 클럽을 가지고 다녔다고 한다. 드라이버 여러 개에 웨지도 거리와 러프 등 상황에 맞게 갖추다 보니 캐디들이 엄청 힘들어 했다고 한다. 1934년에는 로손리틀이라는 선수가 23개의 클럽을 가지고 시합에 나가 2년 연속 아마추어 골프 대회를 휩쓸었다고 하니 골프클럽을 많이 지닌 선수가 우승할 확률이 컸던 것으로 보인다. 얼마나 무겁고 힘들었는지 캐디가 특별 요금을 청구했다는 기록도 있다. 대부분의 프로들이 24개 이상의 클럽을 휴대했다고 하며, 재력을 과시하는 아마추어 골퍼들도 기본 20개 정도의 클럽을 가지고 다녔다고 한다.

이를 계기로 USGA^{United States Golf Association; 미국골프협회}에서 협의와 절충 끝에 1936년부터 시합에 가지고 나올 수 있는 골프클럽의 수를 14개로 제한하였고, R&A^{Royal and Ancient; 영국골프협회}에서도 1939년부터 시행에 들어가 지금에 이른 것이라고 한다. R&A에서는 다음과 같은 에피소드가 전해진다.

R&A가 만장일치로 결정했다. "사용 클럽은 1다스 더하기 퍼터

초기에는 클럽 개수에 제한이 없다가 1936년부터 클럽 수를 14개로 제한했다. 스코틀랜드의 화가 찰스 리스(Charles Lees)의 작품 「골퍼」(1847)에 클럽을 많이 든 캐디가 보인다.

1개, 총 13개로 제한한다." 회의를 마치고 이사들이 퇴장하려 할 때 한 사람이 이의를 제기했다. "내 생각에는 골퍼처럼 징크스에 민감한 사람은 없습니다. 그런 사람들에게 사용할 클럽을 불길한 숫자인 13개로 제한한다고 말하기는 어렵지 않겠습니까?"

결국 논의는 원점으로 돌아갔고 다시 토의한 끝에 13개에서 14개로 늘리게 되었다는 것이다.

아마추어는 규정에 의한 제한을 받지 않지만 규정을 따르는 것이 상대방에 대한 예의라 할 수 있다. 그리고 사실 아마추어 세계에서 14개의 클럽을 다 쓸 일은 거의 없다고 보아도 된다. 90타대를 치는 골퍼도 사용하는 클럽은 7개 미만이라고 한다.

나에게 맞는 골프클럽의 구성

골프를 처음 시작하는 시기에는 클럽을 어떻게 갖추는 것이 좋을까? 골프클럽은 샤프트의 재질에 따라 남성과 여성용으로 분류되고 헤드의 모양에 따라 초급자와 상급자용으로 나누기도 한다. 각자의 신체 조건, 힘 그리고 스윙 스피드에 따라 조금씩 클럽의 스펙이 달라지지만 기본적으로 클럽의 길이와 로프트에 따라 일정한 간격으로 구성되어 있어야 클럽별로 적정한 비거리가 나온다. '로프트Loft'란 클럽을 똑바로 세웠을 때 클럽 헤드가 기울어져 있는 각도로, 각도가 작을수록 공을 낮게 뜨면서 멀리 날아간다. 실력별 적정한 클럽 구성은 다음과 같다. 단 개인에 따라 편차가 있으므로 어떻게 구성하든지 자신만의 클럽별 거리를 숙지하고 있어야 한다.

골프클럽의 선택 기준

샤프트의 재질	경량 스틸(남성용)
	그라파이트(여성용)
샤프트의 강도	S, SR(힘센 남성)
	R(보통 남성)
	L(여성)
헤드의 모양	머슬백(상급자용)
	캐비티(초급자용)
신체 조건	브랜드 클럽
	피팅 클럽

골프클럽의 구성 - 로프트

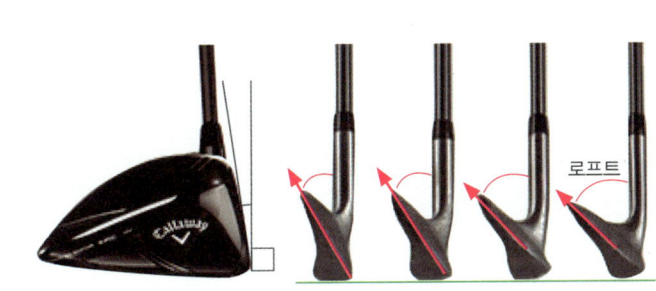

※ 드라이버와 우드는 헤드에 번호와 로프트가 적혀 있다.
※ 로프트는 클럽마다 3~4도씩 차이 나도록 구성한다.
※ 드라이버의 로프트는 보통 10~12도 사이이다.

클럽별 적정 비거리는 내가 가장 잘 쳤을 때의 거리가 아니라 각자의 연습량과 수준에 따라 정해지는 평균 비거리를 의미한다. 실제 필드에서도 가장 잘 쳤을 때의 거리가 아니라 평균 비거리를 기준으로 클럽을 선택하는 것이 좋으므로 자신만의 적정한 평균 거리를 알고 있어야 한다.

GOLF LESSON 4

초보 골퍼 괴롭히는 슬라이스 완전 정복

강하게 치려고 하지 마라. 정확하게 칠 것에만 집중하라. _ 폴 레니언

슬라이스만 없으면 골프할 만하다

골프 유머 중에 '숙제 없으면 공부할 만하고, 보초 서지 않으면 군대 생활 할 만하고, 슬라이스가 나지 않으면 골프할 만하다'라는 말이 있다. 그만큼 슬라이스라는 것은 초보 골퍼를 괴롭히는 미스 샷 중의 하나이다. '슬라이스Slice'는 골프에서 공이 정확하게 맞지 않고 빗겨 맞으면서 오른쪽으로 휘어져 나가는 구질이다. 이렇게 공이 오른쪽으로 심하게 휘어지면 코스를 벗어나는 경우가 많다. 스윙의 기본 원리가 몸에 익지 않은 상태에서 공을 치려고 힘을 줄 때 많이 발생한다. 초보 골퍼의 90퍼센트가 슬라이스 때문에 고민한다. 반대로 왼쪽으로 공이 심하게 휘는 구질도 생기는데 이것을 '훅Hook'이라고 한다. 훅은 초보자보다는 경력자에게서 자주 나타나는 미스 샷이다. 물리적으로, 공과 클럽 헤드가 정확하게 직각으로 만나지 않으면 '사이드스핀Side spin'이라는 것이 생긴다. 공이 시계 방향이든 시계 반대 방향이든 옆으로 강하게 회전하는

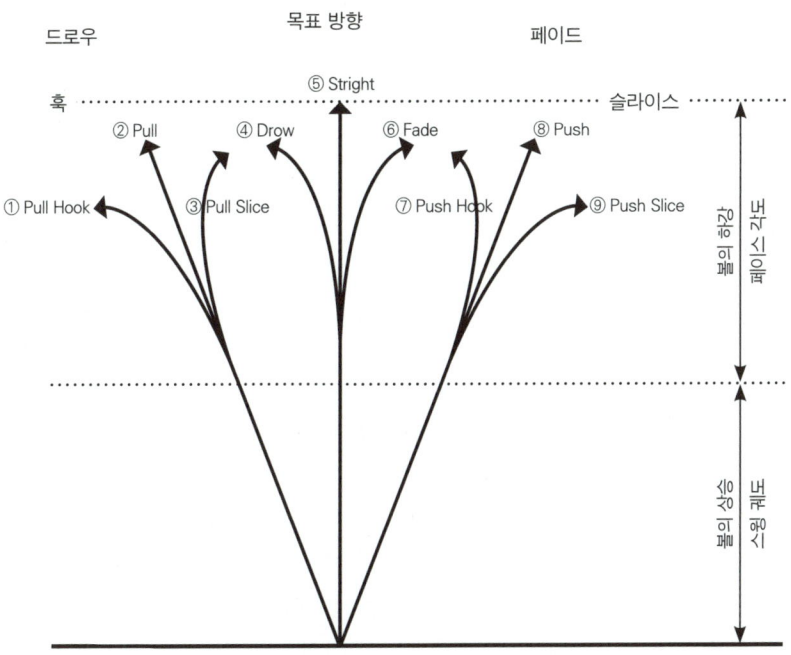

하나의 공을 치면 9개의 구질 중 하나가 나온다.

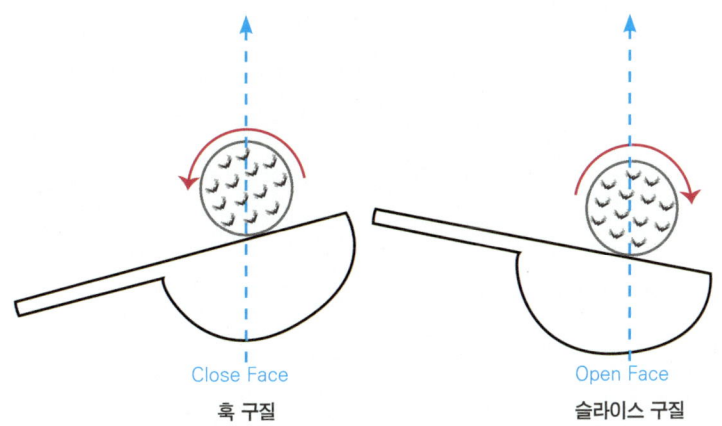

슬라이스가 발생하는 것은 공과 헤드가 만나는 순간 오픈 페이스(열려 있는 상태)가 되기 때문이다.

현상이다. 사실 이 스핀이라는 특성 때문에 공이 멀리 가기도 하고 높이 뜨기도 하는 것인데 그 스핀이 앞뒤가 아닌 옆으로 발생하게 되면 좌우로 과도하게 휘는 현상이 생긴다. 아무리 공을 잘치는 사람도 그 짧은 시간에 공을 정확하게 쳐서 스핀이 0rpm(분당 회전 속도)이 되게 하는 것은 불가능하다. 그러니 골프공을 치면 어느 방향이든 휘어져 가는 것은 자연스러운 현상이고, 골프에서는 대략 9가지의 구질이 나온다고 하니 공이 똑바로 가지 않는다고 짜증 낼 필요가 없다. 확률적으로 항상 똑바로 날아가는 구질이 나오지 않는다는 의미다. 10개를 쳐서 그중 5개 이상이 45도 이상 오른쪽으로 휘어서 날아가고 있다면 이는 고쳐야 할 미스 샷인 슬라이스이다.

처음에는 공이 과도하게 휘어져 날아가더라도 스윙 궤도가 일정해지고 샷을 하는 감각이 생기면 휘는 정도가 점점 줄어들어 일정한 방향과 거리가 만들어진다. 문제는 그 시기인데 금방 문제를 해결하는 사람도 있지만 오랜 시간 슬라이스 구질 때문에 고민하는 골퍼들도 많다. 나름 구력이 쌓여 초보 딱지를 벗어난 시기인데도 슬라이스 구질이 자주 발생하여 잘하던 게임을 망치곤 하니 어쩌면 슬라이스는 골퍼의 영원한 숙제 중의 하나일지도 모른다. 슬라이스를 고치는 가장 확실한 처방 중의 하나는 빈 스윙의 연습량을 꾸준히 늘려 나가는 것이다. 양이 늘면 웬만한 슬라이스는 다 해결된다. 초보자는 클럽을 잡는 것 자체가 긴장일 수밖에 없고 익숙하지 않은 스윙 동작으로 공을 치려는 시도 자체가 궤도를 엉망으로 만들기 때문에 슬라이스를 해결할 어떤 기술적인 조언도 소용없을 가능성이 크다. 우선 빈 스윙의 양을 꾸준히 늘려 나간다. 꽤 익숙한 양이 채워 진 상태에서 말해 주는 기술적인 조언은 날개를 달아 주는 것과 같은 효과가 있다. 그만큼 기본기를 탄탄히 갖추는 것이 중요하다는 말이다.

손목의 힘을 빼는 것이 아니라 유연하게 만들자

슬라이스 현상이 발생하는 원인은 한두 가지가 아니다. 그립이나 궤도의 문제, 잘못된 자세, 과도한 몸의 회전 등 여러 가지가 있으며, 이것들이 복합적으로 나타난다. 특히 슬라이스의 근원적인 문제가 있다면 바로 신체에서 가장 작은 근육 중의 하나인 손목 동작의 불안정성이라고 할 수 있다. 작은 근육을 쓰는 것은 쉽지만 잘못 쓰면 통제하기가 어렵다. 클럽을 놓칠까 봐 꽉 쥐어도 손목에 힘이 들어가고, 약간만 긴장해도 손목에 힘이 들어가고, '때려야지' 하고 마음먹는 순간 여지없이 손목에 힘이 들어간다. 손목에 힘이 들어간 상태에서 스윙을 하면 클럽 헤드가 제때 회전하지 못해 클럽이 공에 닿는 순간 클럽 헤드가 오른쪽을 향하기 때문에 슬라이스가 나는 것이다.

골프를 할 때 손목의 과도한 힘을 줄이고 유연하게 만드는 것이 매우 중요하다. 무엇보다 먼저, 손목에 힘이 들어가게 하는 원인이 무엇인지 알고 아예 싹을 잘라 버려야 한다. 공을 칠 때 누구나 공과 클럽 헤드가 직각으로 만나 공이 똑바로 날아가기를 희망한다. 즉 클럽 헤드가 공에 다다르는 순간 직각이 되어야 한다고 여기고 무의식적으로 직각으로 만들려는 시도를 한다. 이 때문에 클럽 헤드의 속도가 줄어든다. 또한 원을 그리는 회전운동 속에 무리한 직진 운동을 만들어 내려고 하다 보니 공도 정확하게 맞지 않고 손목과 팔에 엄청난 무리가 따른다. 사실 이런 설명을 하는 것 자체가 말이 안 된다. 다운스윙부터 공이 맞는 순간까지 0.2초도 안 걸리는데 어떻게 이 순간에 사람이 무언가를 할 수 있단 말인가. 고성능 카메라로 찍은 그 순간을 보고 할 수 있는 것처럼 착각하여 문제가 생기는 것이다. 그저 휘두르고 지나가면 될 것을 스스로 문제를 자초하는 것이다.

손목이 유연한 상태란 무엇일까? 사실 어떤 도구를 잡느냐에 따라 잡는 힘과 동작을 하는 힘이 달라진다. 무게와 용도 때문이다. 클럽을 휘두르는 것은 채찍을 휘두르는 것과 비슷하다. 채찍은 무겁지 않지만 리듬과 타이밍을 잘 맞추어 손목 스냅 동작을 잘하면 엄청난 힘을 발휘할 수 있다. 채찍을 세게 잡으면 손목 스냅 동작을 제대로 할 수 없다. 마치 채찍처럼 골프클럽을 휘두를 수 있어야 하는데 클럽을 잡는 순간 꽤 무겁게 느껴지다 보니 힘을 많이 주게 되어 효과적으로 휘두르지 못한다. 채찍을 휘두르는 것과 같은 효과가 있는 동작이 '빨래 털기'이다. 수건이나 장갑을 들어 골프 스윙을 하면서 터는 동작을 해 보라. 잘 털리는 느낌이 들면 손목이 유연한 상태로, 이때는 절대 빨래를 놓치지 않는다. 즉 놓치지 않을 만큼만 잡고 터는 것이다. 이 동작은 팔만 써서 할 수도 있지만 반드시 하체를 같이 쓰는 습관을 들여야 한다.

초간단 슬라이스 방지 요령

슬라이스를 방지할 수 있는 요령을 몇 가지 소개하고자 한다.

그립

클럽은 가볍게 잡는 것이 매우 중요하지만 스스로 어느 정도의 스피드를 내고자 계획했다면 스피드를 낼 수 있을 만큼은 잡아 주어야 한다. 여기서 중요한 것은, 스윙하는 내내 손이나 손목의 힘의 변화가 생기면 안 된다는 점이다. 대부분이 클럽을 살살 잡고 있다가 다운스윙을 할 때 힘을 주는데, 처음부터 견고하게 잡고 동일한 힘으로 휘둘러 보자.(그립을 잡을 때는 3장에서 언급한 대로 그립 잡는 연습을 한다.) 왼손을 잡을 때 내려다보는 나의 눈에 왼손 바닥이 보이지 않도록 오른쪽으로 돌려서 잡도록 한다. 이를 '스트롱 그립Strong grip'이라고 하는데 아마추어에게 적당한 그립이다. 손을 돌려 조금 강하게 잡는다고 해서 힘을 더 주라는 의미는 아니다. 엄지와 검지의 모양으로 만들어지는 V자 홈이 오른쪽 어깨를 가리키도록 그립을 하는 것이 포인트다.

야구 배팅 이미지를 상상한다

또 하나 확실하게 슬라이스를 고치는 방법은 다음과 같다. 자신이 야구장에 타자로 서 있다고 상상한다. 당연히 나는 2루 베이스 방향으로 서 있을 것이다. 이렇게 2루 베이스를 조준한 다음 공을 유격수 방향으로 치는 것이다. 이 연습은 긴 클럽이 아닌 7번 아이언으로 해 본다. 비록 몸은 2루 베이스를 향해 있지만 유격수

초간단 슬라이스 방지 요령

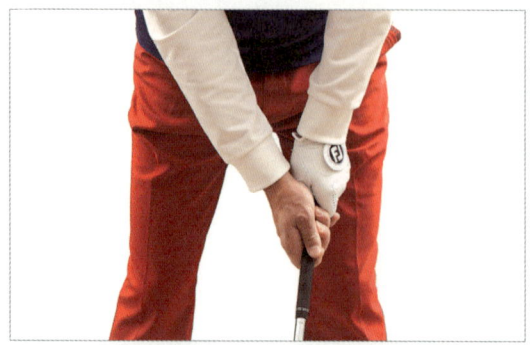

양손이 마주 본 상태에서 엄지와 검지 사이의 V자 모양이 오른쪽 어깨를 가리키도록 오른쪽으로 돌려 잡는다.

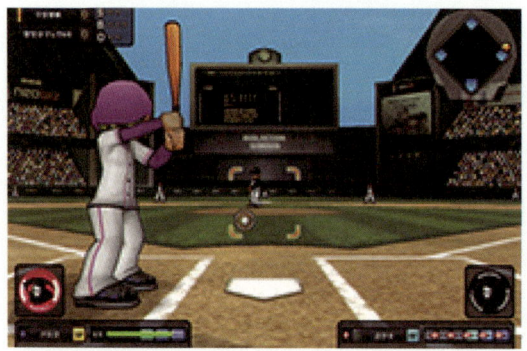

야구에서 2루수 방향으로 선 상태에서 실제 공은 유격수 방향으로 배팅하는 이미지를 그린다.

슬라이스가 심할수록 클럽 헤드를 더 오른쪽으로 이동하여 로테이션 포인트의 위치를 바꾼다.

키를 넘기는 공을 치겠다는 강력한 의지로 스윙을 연습한다. 이런 이미지를 그리면서 연습하면 슬라이스는 금방 잡을 수 있다.

로테이션 포인트 조절

드라이버는 슬라이스가 주는 여파가 그 어떤 클럽보다 크다. 워낙 멀리 날아가다 보니 코스 밖으로 벗어나는 일이 비일비재하다. 기본적으로 드라이버는 내려오는 각도에서 공을 치는 것이 아니라 올라가는 각도에서 공을 쳐야 멀리 날아간다. 즉 공과 상관없이 원의 최저점이 티 위에 있는 공보다는 오른쪽 아래이다. 그래서 공의 위치도 왼발 뒤꿈치 라인상에 두어 올라가는 궤도를 만들 수 있도록 조치하는 것이다. 이제 셋업을 하고 클럽을 바닥에서 살짝 띄운 후 공의 오른쪽 최저점으로 헤드를 옮긴다. 슬라이스가 심할수록 더 오른쪽으로 헤드를 이동한다. 그리고 앞에 있는 공을 무시하고 가상의 최저점(지면보다 1센티미터 정도 떠 있는 부분)에 공이 있다고 생각하고 그 점에 시선을 둔 채로 클럽을 휘두른다. 물론 빨래의 물기를 터는 것과 같은 유연한 손목 동작이 이루어져야 한다. 이 지점을 '로테이션 포인트$^{Rotation\ point}$'라고 한다. 이 로테이션 포인트의 위치를 조금씩 바꾸면 공의 구질도 바꿀 수 있다.

CHAPTER 3

7주 만에 라운드

**이것만 알면
필드 준비는
끝났다**

1주차 몰라도 아는 척, 초보 티 안 내는 라운드 준비하기

코스에서는 연습하지 않은 클럽은 쓰지 말고 연습하지 않은 샷은 하지 말라.

저 다음 달에 필드에 나가야 해요

"저 골프 처음인데 다음 달에 필드에 나가기로 약속했어요. 어떻게 하죠?"

골프 등록 상담을 하다 보면 이런 고민을 많이 듣는다.

"아니, 무슨 마음으로 그런 약속을 하셨어요?"

"하도 주변에서 골프, 골프 하니까 이제 더 이상 피할 수가 없네요. 가능할까요?"

"한 달이면 충분하죠. 걱정하지 마세요. 당당하게 필드에 나갈 수 있도록 해 드릴게요."

골프를 이렇게 시작하는 분들이 많다. 수심이 가득한 얼굴로 와서 조심스럽게 이런 말씀을 꺼내면 나는 너무 좋다. 왜냐하면 바로 내 전공이니까. 그래서 자신 있게 말씀드린다. "다음 주에 필드에 나가신다고 해도 할 수 있어요. 한 달은 충분한 시간입니다."

이렇게 빨리 골프를 가르칠 수 있게 된 것은 발상의 전환이 있기 때문이다. 먼저 골프 하는 데 필요한 과목을 간단하게 분류하여 각 과목의 특성에 맞게 공부하는 방법을 알려 주고, 공이 없는 상태에서의 스윙이란 줄넘기보다 쉬운 동작이라는 개념의 변화가 스윙을 쉽게 만들어 주며, 필드에 나가는 방법은 한 시간가량 진중하게 설명하면 된다. 실제 처음 필드에 가서 공을 잘 치고 못 치고는 별로 중요하지 않다. 그보다는 초보자 티 안 내는 행동을 하고 상대방의 페이스에 맞추어 적당히 따라가기만 하면 동반자로부터 '정말 골프를 잘 배웠다'라는 칭찬을 들을 수 있다.

조금이라도 골프를 해 본 경험이 있는 분들은 스윙이 대단히 어렵고 배우기 쉽지 않은 운동이며, 골프라는 게임은 스윙만 할 줄 알면 대충 적응해서 놀면 되는 운동쯤으로 생각한다. 그래서 필드에 나가 공이 잘 맞지 않으면 그 모든 이유를 스윙에서 찾으려고 한다. 스윙만 좀 개선해서 공이 맞으면 골프가 잘될 것이라는 착각을 하는 것이다. 그러다 보니 짧게는 2개월에서 길게는 6개월 이상을 스윙 하나에 매달린다. 어느 정도 공이 맞는다 싶어서 필드에 가면 공은 맞지 않고 도대체 이 상황을 어떻게 해야 할지 모르는 답답한 경험을 하게 된다. 사실 스윙은 단 10분이면 할 수 있다. 몸치라 해도 30분 이상 넘지 않는다. 그리고 하루에 한 시간씩 일주일만 반복하면 꽤 공을 치게 된다. 그런데 왜 많은 사람들이 스윙은 어렵고 잘 안 되는 것이라고 고민할까?

이 책에서 스윙이 쉽다고 하는 것은 골프를 바라보는 관점의 차이와 발상의 전환에서 나오는 것이다. 무엇을 원하는가? 당장 다음 주에 필드에 나갈 약속을 잡았는가? 아니면 누군가 옆에서 계속 골프 좀 하라고 독촉하는가? 어떤 계기로 골프를 시작하든 제대로 골프를 알고 필드에 나가기를 원한다면 지금부터 「7주 만에 라운드 플랜」을 잘 따라오기 바란다.

7주 만에 라운드 플랜

주차	제목	비고	연습법
1주차	골프의 기본	골프 게임 바로 알기, 스윙 원리 이해하기	소리 내기
2주차	풀스윙 완성	드라이버와 우드 샷 배우기	비비탄 치기
3주차	숏 게임 완성	70미터 이내 숏 게임 거리 조절하기	농구공 던지기
4주차	칩앤펏 게임	그린 주변 20미터 이내 플레이 요령 배우기	3타 만에 넣기
5주차	그립과 셋업	풀스윙 가다듬기, 올바른 그립과 셋업 방법	3빈(스윙) 1타
6주차	프리 샷 루틴	흔들리지 않는 골프 멘탈 배우기	20초 내 끝내기
7주차	코스 공략법	나만의 스코어 전략 세우기	3-1-2 전략

몰라도 아는 척, 초보 티 안 내는 라운드 준비하기

라운드 약속을 하면 반드시 기억하고 있어야 하는 것 세 가지가 있다. 골프장 이름과 예약 시간 그리고 예약자 이름이다. 라운드를 하기 위해 골프장을 예약하는 행위를 '부킹'이라 하는데, 누군가 한 명이 대표로 예약하고 예약자명을 등록한다. 예약 시간은 라운드를 시작하는 시간으로, '티오프 시간Tee-off time'이라고 하며 분 단위까지 정확하게 알고 있어야 한다. 회원제 골프장은 대부분 소속 회원만 예약이 가능하기 때문에 예약자명이 같이 라운드를 하는 멤버가 아닌 경우가 많다. 그래서 골프장 안내 데스크에 도착하면 먼저 예약 시간과 예약자명을 말해야 나를 등록해 준다. 이런 절차를 거쳐야 정확하게 플레이하는 팀을 배정하고 락커도 제공해 준다. 락커는 열쇠로 열거나 비밀번호를 입력하는 것이 있는데, 비밀번호 입력인 경우 락커 번호와 위치를 숙지하는 것이 좋다. 스마트폰으로 사진을 찍어 두는 것도 요령이다. 이곳에서 옷을 갈아입고 썬크림을 바르고 화장실에도 다녀오는 등 라운드 준비를 한다. 자동차를 가지고 왔다면 자동차 키를 챙겨 나가는 것이 좋다. 라운드를 마치면 캐디가 카트를 끌고 자동차가 있는 곳으로 이동하여 골프백을 실어 주는데, 키가 없으면 내 골프백을 현관 앞에 따로 보관하게 되어 불편할 수 있다.

직접 자동차를 운전하여 골프장에 갈 경우, 클럽하우스 현관에 정차하여 트렁크를 열어 주면 진행 요원이 골프백과 보스턴백(옷가방)을 내려 준다. 그린 뒤에 주차장에 주차를 하고 현관으로 돌아와서 보스턴백을 들고 클럽하우스에 들어서면 바로 안내 데스크가 보인다. 골프백은 진행 요원이 카트가 대기하는 창고로 보내므로 따로 챙길 필요는 없으나 반드시 자신의 이름표를 달아 놓아야 한다. 그래야 플레이를 같이 하는 팀 카트에 백을 실어 준다.

골프장에서 사용하는 비용은 그린피, 카트비, 식사 및 음료 구입비, 그늘집 이용료 등이 있다. 그늘집은 홀 중간 중간에 마련한 간단한 휴게실로 식음료를 파는 곳이다. 대부분 후불 정산하므로

골프 코스의 구성과 명칭

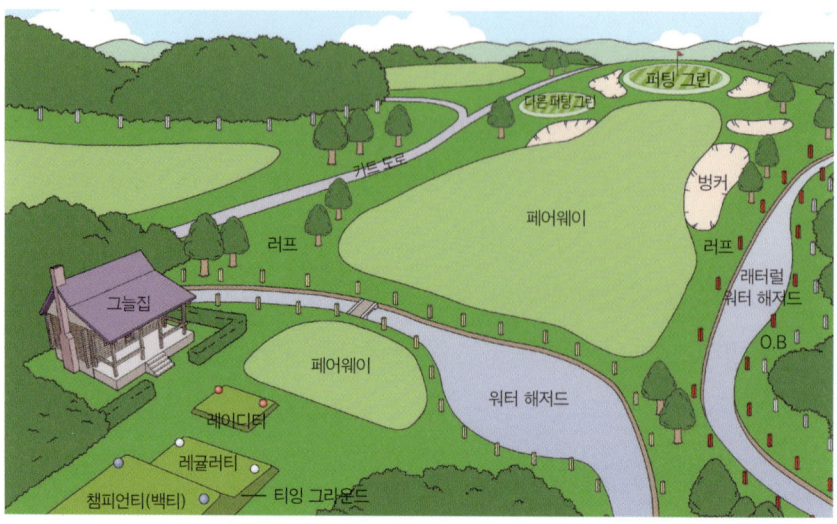

실제 골프 코스(오션비치 골프&리조트 비치 코스 1번홀)

자료 제공 : https://www.oceanbeachcc.com

필요한 것을 구매할 때는 티오프 시간과 본인의 이름을 말하면 된다. 캐디피는 현장에서 팀 단위로 현금 지급하므로 현금을 미리 챙겨서 나가는 것이 좋다. 현금이 없으면 얼마 되지도 않은 돈을 동반자에게 신세져야 하니 이 또한 준비성이 부족하다는 인상을 줄 수 있다. 한편 골프장에 입장할 때의 복장은 신경 써야 한다. 대부분 골프장이 회원제 중심이다 보니 내부 규정에 맞게 다소 격식 있는 복장을 요구한다. 반드시 재킷까지 입어야 하는 것은 아니지만, 슬리퍼, 트레이닝복, 등산복, 라운드 티셔츠, 민소매 셔츠 그리고 남성이 반바지를 입은 경우에 제재를 당할 수도 있다.

드디어 골프장 입장 준비가 끝났다. 락커룸에서 나오면 들어왔던 현관 반대편 '스타트 홀Start hole'이라는 표시가 있는 곳으로 나간다. 문을 나서는 순간 넓은 골프장이 그림처럼 다가온다. 게임을 준비하는 사람들과, 대기 중인 카트가 보인다. 티오프 시간보다 20분 이상 일찍 나왔다면 아직 내 골프백이 실린 카트는 보이지 않을 것이다. 좀더 자세히 살펴보면 퍼팅을 연습할 수 있는 천연 잔디 연습 그린이 눈에 띈다. 주로 이 근처에서 몸을 풀고 가볍게 퍼팅 연습을 하게 된다. 일단 카트가 보관되어 있는 창고에 가서 자신의 골프백을 확인하고 퍼터와 공 3개를 꺼내 온다. 연습 그린은 실제 그린과 유사한데, 만일 생각보다 크기가 작고 관리가 부실하다면 그 골프장은 그리 수준 있는 골프장이 아니다. 그만큼 골프장은 얼굴과도 같은 연습 그린에 공을 많이 들인다. 연습 그린에서 가볍게 그린 스피드와 퍼팅 리듬감을 익히는 연습을 한다. 우리나라에서는 이런 천연 잔디에서 퍼팅 연습할 기회가 거의 없으므로 골프장 연습 그린을 최대한 활용하는 것이 퍼팅 실력 향상에 많은 도움이 된다.

티오프 시간 10분 전, 이제 골프 백이 실린 카트가 나오고 플레이를 도와줄 캐디가 부지런히 준비한다. 카트에 다가가서 캐디에게 인사하고 이름을 확인한 뒤 자신의 백에 준비해 두었던 골프 용품을 챙긴다. 티샷 때 사용하는 롱 티와 숏 티, 게임에 사용할 공 그리고 장갑을 꺼내 장갑은 미리 끼고 공은 2개 정도 티와 같이 주머니에 넣는다. 캐디의 안내에 따라 스타트 홀로 이동하여 가볍게 몸풀기 운동을 한 뒤 제비뽑기를 통해 첫 홀 타순을 정하면 본격적인 게임을 시작하게 된다. 이 과정을 순서대로 잘 따라갔다면 이미 당신은 반은 성공한 것이다.

라운드 시작 전 꿀 팁

골프장이 처음이라면 캐디의 도움이 절대적이다. 라운드 시작 전에 미리 팁을 1~2만 원 준비하여 캐디에게 주고 "오늘 처음 나왔으니 잘 부탁드립니다"라고 하면 그때부터 캐디는 내 편이 된다. 물론 가끔 레슨까지 해 주는 오버형 캐디도 있지만 나의 플레이가 민폐가 되지 않고 매끄럽게 이루어지도록 전적으로 도와줄 것이다. 골프장에 와야 알 수 있는 많은 꿀팁을 알려 주기도 한다.

골프장에서의 거리는 미터^{meter}와 야드^{yard}를 혼재해서 쓴다. 아직까지 전 세계 모든 프로의 대회는 야드로 표시하지만 우리나라의 경우 미터법이 표준으로 제정되면서 골프장의 거리가 야드에서 미터로 바뀌었다. 물론 야드를 쓰는 골프장도 여전히 있기는 하다. 1야드는 0.9144미터, 100야드는 91.44미터로 계산하면 된다.

자, 이제부터 본격적인 '골프 게임의 세계'로 들어가 보자.

일주일 만에 드라이버와 우드 샷 도전

스윙은 하나다. 클럽의 길이와 용도에 따라 공의 위치가 달라지고 결과적으로 얻는 느낌이 달라질 뿐이다.

그래도 스윙은 다 똑같다

스윙의 목적은 하나다. '소리내기'다. 소리를 잘 내면 된다. 그런데 공을 칠 때는 사용하는 클럽의 길이와 용도가 다르다 보니 공을 놓는 위치가 달라지고 결과적으로 다른 느낌이 난다. 대부분 이 다른 느낌 때문에 스윙이 다른 것이라고 생각하게 된다.

공을 치는 단계에서 부딪히는 두 가지의 문제가 있다. 하나는 앞서 언급한 대로 클럽의 용도에 따라 결과적으로 얻는 느낌이 달라지다 보니 느낌 그 자체를 운동으로 착각하게 되는 것이다. 아이언은 바닥을 쳐야 하므로 마치 바닥을 찍는 느낌이 든다. 그래서 바닥을 찍는 동작을 하게 된다. 우드는 쓸어 치는 느낌, 그리고 드라이버는 던지는 느낌이 나기 때문에 그에 맞는 동작으로 바꾸게 되는 것이다. 그러면 처음 연습했던 빈 스윙과는 완전히 다른 운동이 된다.

또 다른 문제는 클럽마다 다른 운동이라고 생각하여 다르게 동작하고 또 다른 방법으로 문제를 해결하려고 한다는 점이다. 흔히들 드라이버가 잘 맞으면 아이언이 맞지 않고, 아이언이 잘 맞으면 또 드라이버가 흐트러진다고 한다. 이렇게 클럽마다 스윙이 다르다고 생각하는 것이 스윙을 어렵게 하고 골프를 힘들게 한다.

어떤 클럽을 사용하든지 스윙은 하나다. 이 하나라는 관점에서 보면 많은 것이 편해진다. 문제가 생겨도 해결이 빨라지고 연습량도 줄어든다. 또한 하나라고 생각해야 빈 스윙할 때와 실제 샷을 할 때의 동작이 같아진다. 스윙은 정말 멋있게 하는데 막상 공을 치면 전혀 다른 사람처럼 동작을 하는 경우가 너무 많다. 빈 스윙을 할 때와 실제 공을 칠 때의 동작이 같아야 한다.

아이언 샷과 드라이버 샷의 가장 다른 점은 아이언은 잔디에 놓인 공을 내리치듯이 쳐야 하고 드라이버는 티를 땅에 꽂고 공을 올려놓은 상태에서 올려 쳐야 한다는 점이다. 즉 아이언은 헤드가 땅에 닿아야 하고 드라이버는 헤드가 땅에 닿아서는 안 된다. 이를 골프 용어로 말하면 아이언은 '다운 블로 샷Down blow shot'이라 하고 드라이버는 '어퍼 블로 샷Upper blow shot'이라고 한다. 아이언은 공을 칠 때 공을 먼저 맞추고 그 다음 바닥을 치는 하향 타격이고 드라이버는 스윙의 최저점을 지나 올라가면서 공을 치는 상향 타격이다. 이렇게 내리쳐라 또는 올려 쳐라 하다 보니 마치 다른 동작을 해야 하는 것처럼 들려 실제로도 그런 동작을 하게 된다. 표현의 문제다. 아이언은 내리치는 것이 아니라 내리치는 느낌을 가지고 스윙을 하는 것이다. 드라이버는 바닥을 치지 말고 스윙의 최저점을 지나면서 올라가는 궤도로 스윙을 하는 것이다. 이 때문

클럽별 스윙 궤도

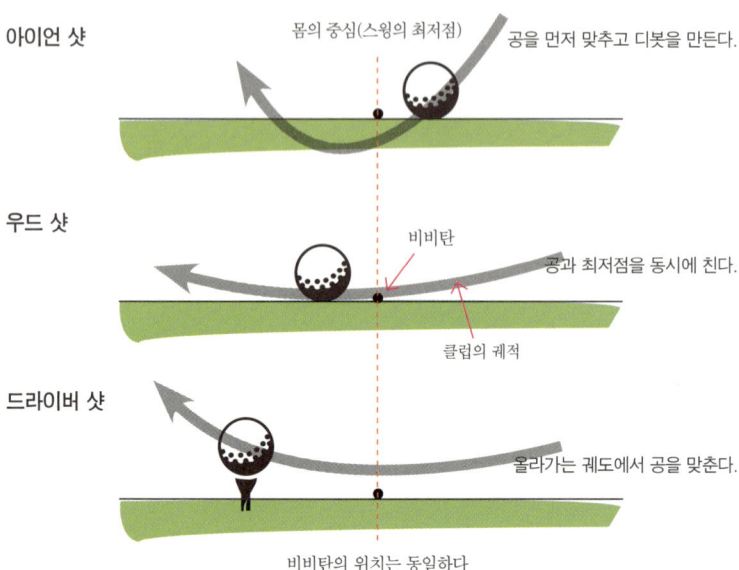

아이언은 공을 칠 때 공을 먼저 맞추고 그 다음 바닥을 치는 하향 타격이고 드라이버는 스윙의 최저점을 지나 올라가면서 공을 치는 상향 타격이다.

클럽별 공의 위치

왼발 뒤꿈치 안쪽 선상에 공 위치

왼발 뒤꿈치 기준 공1개 오른쪽에 공 위치

왼발 뒤꿈치 기준 10cm 오른쪽에 공 위치

아이언은 내리치는 궤도에서 공이 맞으므로 공의 위치를 가운데 또는 가운데보다는 약간 왼쪽에 두는 것이고, 드라이버는 올라가는 궤도에서 공이 맞으므로 공의 위치를 왼발 뒤꿈치 안쪽 선상에 두게 된다.

에 공의 위치가 달라진다. 아이언은 내리치는 궤도에서 공이 맞으므로 공의 위치를 가운데 또는 가운데보다는 약간 왼쪽에 두는 것이고 드라이버는 올라가는 궤도에서 공이 맞으므로 공의 위치를 왼발 뒤꿈치 안쪽 라인 선상에 두게 된다. 그래야 필요한 궤도를 만들 수 있다. 혹시 공이 잘 맞지 않거든 스윙을 뜯어고치려 하지 말고 스윙은 하나라는 관점에서 공의 위치를 잘못 둔 것은 아닌지 결과적으로 얻는 느낌이 달라진 것은 아닌지에 집중하면 문제는 훨씬 빨리 해결된다.

드라이버로 공을 치면 얼마나 날아갈까?

드라이버는 클럽 중에서 가장 긴 클럽으로, 가장 멀리 공을 날릴 수 있는 반면 클럽의 무게는 가장 가볍다. 클럽은 길이가 길어질수록 더 가벼워지면서 로프트도 낮아진다. 로프트가 낮을수록 당연히 공은 멀리 날아간다. 드라이버의 로프트는 보통 9도에서 12도 사이다. 클럽 헤드에 로프트 각도가 적혀 있다.

각 홀의 길이에 따라 달라지겠지만 Par3홀을 제외하고 대부분 첫 번째 샷을 드라이버로 한다. 그것도 땅에 티를 꽂은 뒤 공을 올려놓고 친다. 공을 최대한 멀리 보내기 위해서다. '티Tee'는 공을 좀 더 쉽게 치기 위해 공을 올려놓을 수

티(Tee)

있도록 나무나 플라스틱으로 만든 대못처럼 생긴 골프 용품이다. 드라이버 샷을 할 때는 8센티미터 전후의 롱 티를 사용하고, 아이언이나 우드로 첫 번째 샷을 할 때는 3센티미터 미만의 숏 티를 사용한다. 한편 첫 번째 샷이므로 잘해야 한다는 부담감도 항상 존재한다. 이 샷을 망치면 계속 망칠 가능성도 매우 크다. 그래서 많은 아마추어들이 드라이버를 잘 치기 위한 노력을 많이 한다.

　드라이버 샷은 올려 치는 샷이라고는 하지만 일부러 올려 치

올바른 드라이버 셋업

올려 치는 드라이버 샷을 위한 셋업은 공을 왼쪽 발뒤꿈치 선상에 두고 오른쪽으로 상체를 살짝 기울여 준다.

는 동작을 하는 것이 아니다. 스윙을 할 때 올라가는 궤도에서 공이 맞도록 하는 것이다. 결과적으로 올려 치는 느낌이 드는 것뿐이다. 그래서 공의 위치도 왼발 뒤꿈치 안쪽 선상에 둔다. 이때 왼발에 체중이 실리지 않도록 주의해야 한다. 왼발에 체중이 실려 있으면 스윙이 지나치게 가파르게 진행되면서 공을 내리치게 된다. 특히 아이언 샷 연습을 많이 하다 보면 드라이버 샷을 할 때도 아이언처럼 할 때가 많다. 셋업도 올바른 셋업이 아닌 왼쪽으로 기울어진 셋업으로 변하기도 한다. 자주 거울을 보면서 올바른 셋업을 하고 있는지 체크해 보아야 한다. 시선을 어디에 두는지도 중요하다. 올라가는 궤도를 그리는 것이므로 티 위에 있는 공보다 오른쪽 바닥 어느 한곳이 스윙의 최저점이 될 것이다. 최저점만 지나가면 공은 올라가는 궤도에서 맞는다. 그 최저점을 클럽 헤드가 잘 지나가야 하므로 시선을 최저점에 두고 스윙하는 것이 좋다. 이렇게 해야 스윙 궤도가 일정해지면서 공을 정확하게 맞출 수 있고 결과적으로 공을 던지는 것과 같은 느낌이 든다. 처음 골프를 접하는 초보자의 경우 어느 정도 스윙 궤도가 일정해지면 남성은 150미터, 여성은 120미터 정도의 비거리를 보낼 수 있다. 이 정도면 거리는 충분하다. 다른 사람들 진행에 맞추어 게임을 하는 데 전혀 문제가 없다. 이보다 거리를 조금 더 보내려고 하는 욕심에 오히려 거리가 줄고 빗맞는 것이다. 참고로 아마추어 남성의 드라이버 평균 비거리는 180미터, 여성은 130미터 정도라고 하니 터무니없는 거리 욕심을 낼 필요가 없다.

여성을 위한 팁, 페어웨이 우드 잘 다루기

드라이버 샷을 하고 나면 그 다음 샷은 우드 또는 아이언으로 샷을 하게 된다. 주로 페어웨이Fairway나 러프Rough에 공이 떨어질 테니 이때부터는 공을 만지면 안 되고 있는 그대로 쳐야 한다. 바닥에 있는 공을 치는 것이므로 당연히 내리쳐야 한다. 내리쳐야 클럽 헤드 가운데인 스윗 스팟Sweet spot에 공을 맞출 수 있다. 어느 정도 경력이 있는 골퍼는 클럽마다 보낼 수 있는 거리가 정해져 있어서 목표 지점까지의 거리를 보고 필요한 클럽을 사용하면 된다. 하지만 초보자의 경우 보낼 수 있는 거리가 정확하지 않기 때문에 아이언을 쓰든 우드를 쓰든 둘 중에 하나 그나마 잘 맞출 수 있는 클럽을 써야 한다. 여성은 거리 때문에 아이언보다는 주로 우드를 사용한다. 우드는 페어웨이 우드Fairway wood와 유틸리티 우드Utility wood로 나눈다. 요즘은 페어웨이 우드와 아이언의 장점을 모아 만든 유틸리티 우드를 많이 사용한다. 이 유틸리티 우드를 사용하면 꽤 먼 거리를 보낼 수 있다. 처음에는 클럽 하나로 일정한 거리를 실수 없이 보내는 것이 중요하기 때문에 굳이 거리가 달라진다고 다른 클럽을 사용할 필요가 없다. 오히려 익숙하지 않은 클럽을 쓰다가 실수하는 경우가 훨씬 더 많다. 어떻게 해야 큰 실수 없이 우드를 잘 다룰 수 있을까?

첫째, 짧고 간결한 백스윙을 하는 것이다. 거리 욕심을 내다 보면 백스윙을 크게 하게 되고 상체를 과도하게 움직이는 경향이 생긴다. 오히려 공이 부정확하게 맞을 가능성이 크다. 스윙을 크게 하기보다는 간결하게 하여 정확하게 공을 맞추는 데 집중해야 한다. 특히 러프나 경사가 있는 곳에서는 페어웨이 우드를 쓰지 말고 유틸리티 우드나 아이언 클럽을 쓰는 것이 좋다. 평지에서는 잘 맞을지 몰라도 경사가 있거나 풀이 깊으면 정상적인 스윙을 하기 어렵기 때문이다.

둘째, 아이언처럼 반드시 내리치는 스윙을 해야 한다. 즉 클럽 헤드가 잔디에 닿아야 정확하게 맞고 그로 인해 공이 떠서 날아간다. 우드 샷은 쓸어 치라는 말을 많이 하는데 쓸어 치는 것 또한

페어웨이 우드 샷

① 짧고 간결한 백스윙

숙인 상태를 유지하는 것이 중요하다.

② 내리치는 스윙 궤도

③ 가볍게 휘두르면서 팔로스루를 길게 한다.

느낌일 뿐이다. 클럽 헤드 구조상 찍히는 느낌보다 쓸고 지나가는 느낌이 더 강하게 든다. 그러니 일부러 쓸어 치려고 애쓰지 말고 아이언 클럽이라고 생각하고 자신 있게 잔디를 내리치는 것이 좋다.

셋째, 가볍게 휘두르라는 것이다. 페어웨이 우드 길이는 아이언보다 더 길지만 무게는 더 가볍다. 그러니 아이언보다 더 가볍게 잡고 가볍게 휘두르면 되는데 거리를 멀리 보내야 한다는 생각 때문에 더 힘을 주고 더 세게 치려는 경향이 많다. 클럽의 길이가 거리를 보내 줄 것이라는 믿음을 가지고 너무 세게 치려고 하지 마라. 클럽이 길어졌으므로 당연히 셋업할 때 아이언보다는 더 뒤로 물러나야 한다. 단, 가볍게 잡는다고 그립을 헐렁하게 잡으면 안 된다. 가볍게 휘두르든 힘차게 휘두르든 그립은 견고하게 잡을 수 있어야 한다. 또한 가볍게 휘둘러야 팔로스루를 좀 더 길게 가져갈 수 있다.

3주차 숏 게임은 던지기이다.
하루 만에 익히는 숏 게임 요령

롱 게임 중심주의를 버리고 숏 게임 중심주의의 골프를 하라.

숏 게임은 스코어를 줄여 주는 전략적인 과목이다

숏 게임Short game은 프로의 경우 그린 중앙을 기준으로 100미터 이내, 아마추어 남성의 경우 70미터 이내의 거리에서 목표를 향해 정확하게 공을 보내는 기술로, 타수를 줄이는 데 결정적인 역할을 한다. 그래서 숏 게임은 타수를 줄이는 전략적인 과목이다. 세계적인 골프 선수 벤 호건Ben Hogan은 "골프 스코어는 그린 주위 70야드에서 결정된다"라고 했다. 그 밖의 수많은 유명 골퍼들도 "모든 수준의 골퍼에게 가장 중요한 샷은 어프로치다"라고 입을 모아 말한다. 숏 게임 샷, 어프로치 샷, 웨지 컨트롤 샷, 피칭 샷 등 비슷한 용어가 많은데 여기에서는 '숏 게임'이라고 줄여서 언급하겠다.

많은 골퍼들이 숏 게임은 그리 어려운 운동이 아니라고 생각하고 연습을 소홀히 한다. 또한 '숏 게임은 풀스윙의 반만 하면 원래 거리의 반 정도 가겠지'라고 생각하는 경우가 많다. 하지만 스윙을 반만 한다고 거리도 반만 가는 것은 결코 아니다. 숏 게임은 풀 스윙의 축소판이 아니다. 외견상 모양은 비슷해도 본질이 다르다. 운동으로 표현하면 풀스윙은 공을 멀리 보내는 것이므로 '휘두르는 것'이고, 숏 게임은 짧은 거리를 정확하게 보내는 것이므로 '던지는 것'이다. 던지는 동작을 하지 않고 휘두르는 동작을 작게 하려니 터무니없는 동작을 하게 되고 실수가 나온다. 숏 게임은 단순한 던지기이다. 어딘가 목표를 정해 놓고 그 목표에 정확하게 공을 던져야겠다는 생각 말고는 아무 생각이 없어야 한다. 그래서 손으로 던지는 감각을 충분히 익히고 똑같은 감각으로 클럽을 잡아 보면 쉽다. 농구공 같은 것을 들고 던지는 연습을 하는 것도 좋은 방법이다.

숏 게임은 정확한 거리를 보내는 것이 중요한데, 스윙 크기에 따라 세 가지 거리로 구분할 수 있다. 50미터에서 70미터 사이를 보내는 웨지 샷, 30미터에서 50미터 사이를 보내는 피칭 샷 그리고 그린 주변 20미터 내외의 거리를 보내는 칩 샷으로 나눈다. 이 세 가지 숏 게임은 무엇보다 사용할 클럽 하나를 정해 거리에 따른 정확한 동작을 익히는 것이 중요하다. 숏 게임이 특기가 되면 그린을 목표로 하는 샷을 무리하게 하지 않아도 된다. 자신 있는 클럽으로 다음 숏 게임을 하기 쉬운 안전한 곳을 목표로 공을 보내게 된다. 그러면 당연히 숏 게임도 쉽게 할 수 있다. 이제 숏 게임의 핵심 도구 세 가지를 보자.

50미터에서 70미터 사이의 거리를 보내는 웨지 샷

숏 게임을 할 때는 주로 어프로치 웨지(AW)를 사용한다. 완전 초보자라면 우선 피칭 웨지(PW)로 시작하고 조금 익숙해지면 어프로치 웨지로 바꿔서 하면 된다. 우선 숏 게임의 핵심은 거리감이므로 여러 종류의 클럽을 쓰지 말고 기본 클럽인 어프로치 웨지로 거리감을 연습하는 것이 좋다.

웨지 샷 백스윙 — 왼팔 기준 9시까지
웨지 샷 피니시 — 왼팔 기준 1시까지
공의 위치는 가운데보다 약간 오른쪽에 둔다.
거의 제자리에서 몸통을 회전한다.

첫 번째 50미터에서 70미터 사이의 거리를 보내는 샷을 '웨지 샷Wedge shot'이라고 한다. 백스윙 크기를 풀스윙의 반 정도만 하는데 양손이 어깨 높이쯤 오도록 하고 클럽은 양팔과 직각이 되도록 세우면 된다. 그런 다음 던지는 느낌으로 스윙을 하고 피니시는 양팔을 만세 모양으로 높이 든다. 시계로 보면 왼팔을 기준으로 오른쪽으로는 9시 방향까지, 왼쪽으로는 1시 방향까지 동작을 하는 것이다. 이때도 클럽은 여전히 양손과 직각이 되어 있어야 한다. 공을 높이 던져 주는 느낌이므로 하이 피니시를 유지하는 것이 중요하다.

30미터에서 50미터 사이의 거리를 보내는 피칭 샷

두 번째 30미터에서 50미터 사이의 거리를 보내는 샷을 '피칭 샷Pitching shot'이라고 한다. 마치 야구에서 투수가 피칭하는 것과 비슷한 느낌이다. 동일한 높이에 있는 누군가에게 공을 던져 주듯이 하는 기술이다. 백스윙은 양손이 옆구리 높이에 올 때까지만 하는데 이때 클럽은 지면과 수평이면 된다. 클럽 헤드가 공 바로 아래 바닥을 스치면서 던지는 스윙을 하고 피니시는 양손이 어깨 높이에 다다를 때까지만 한다. 시계로 보면 오른쪽으로는 왼팔을 기준으로 7시 30분까지, 왼쪽으로는 3시 방향까지 동작을 하는 것이다. 이때 클럽은 양손과 직각이 되어 있어야 한다. 즉 가슴 높이쯤에 피니시를 유지하는 것이다.

그린 주변 20미터 내외의 거리를 보내는 칩 샷

세 번째 20미터 내외 거리를 조절해서 보내는 '칩 샷Chip shot'이다. 칩 샷은 가능하면 공을 굴리는 러닝 어프로치와 어느 정도 공을 띄워 굴러가게 하는 기본 칩 샷이 있는데 우선 기본 칩 샷을 살펴보자. 칩 샷은 다른 숏 게임이나 풀스윙처럼 공을 멀리 보내는 것이 아니다. 20미터 내외의 거리, 길어야 30미터 이내의 짧은 거리를 정확하게 보내는 기술이기 때문에 정교한 동작을 하기 위해 하

피칭 샷 백스윙

피칭 샷 피니시

왼팔 기준 7시 반까지

왼팔 기준 3시까지

공의 위치는 가운데보다 약간 오른쪽에 둔다.

거의 제자리에서 몸통을 회전한다.

체를 쓰지 않는다. 즉 하체를 쓰지 않기 위해 발을 최대한 모으고 양 무릎을 모으면서 체중이 왼발에 90퍼센트 이상 실리도록 하는 자세를 취하는 것이다. 물론 손목의 움직임도 최대로 줄이고 정확한 스윙 동작을 통해 공이 목표 방향으로 똑바로 굴러가도록 해야 한다. 공의 위치도 최대한 오른발 앞쪽으로 오게 하여 뒤땅과 같은 치명적인 실수가 나오지 않도록 하는 것이 중요하다. 마치 동전을 행운의 분수대에 던지는 행위와 비슷하다. 동작의 크기를 보면 클럽 헤드가 허리 높이 이상 올라오지 않는다. 오른쪽으로 45

칩 샷

● 왼발 90퍼센트 체중 유지

공의 위치는 오른쪽 엄지발가락 앞
양손의 위치는 왼쪽 허벅지 앞

도 올리고 왼쪽으로 45도 올리는 정도의 크기로 어느 정도 거리가 가는지 측정해 보고 백스윙 크기를 조절하여 5미터 단위의 다양한 거리를 보내는 연습을 한다.

이 각각의 숏 게임 무기는 동작 자체는 그렇게 어렵지 않지만 정교함을 요구하기 때문에 대충 해서는 절대 안 된다. 몸의 과도한 움직임보다는 정확한 스윙 크기와 동작으로 공을 칠 수 있어야 하고 무엇보다 공을 치기 위해 가격하는 것보다 리듬감과 클럽 헤

숙인 상태를 유지하는 것이 중요하다.

임팩트 순간까지
손목을 쓰지 않는다.

클럽 페이스가 하늘을
보도록 자세 유지

드 무게감으로 스윙할 수 있어야 한다. 이 세 가지 기본적인 숏 게임 기술을 부지런히 연마하여 최대한 빨리 스코어를 낮추어야 골프라는 게임이 재미있어진다. 이 세 가지 스윙만으로 자신 만의 숏 게임 거리 기준표를 만들어 보자. 먼저 어프로치 웨지^{AW}를 집중 연마하여 정확한 거리 기준을 만들어 놓은 다음에 피칭 웨지 Pitching wedge 또는 샌드 웨지 Sand wedge로 추가적인 거리 기준을 만든다. 이렇게 하면 거의 5미터 간격으로 숏 게임 거리를 조절할 수 있다. 무엇보다 초반에 바짝 시간을 내어 숏 게임 연습을 통해 자신만의 숏 게임 거리를 만들어 두면 누구나 숏 게임의 달인이 될 수 있다.

실전에서 필요한 숏 게임 팁

숏 게임에서 가장 중요한 원칙은 무조건 굴리는 쪽을 먼저 고려하는 것이다. 많은 아마추어들이 프로들이 하는 것처럼 샌드 웨지로 공을 높이 띄워 그린에 올라가면 바로 공이 서는 화려한 기술을 시도하지만 결과는 90퍼센트 이상 실패다. 공은 띄우면 띄울수록 실패할 확률이 높아진다. 그만큼 공의 산포도가 커져 정확성이 떨어진다는 것이다. 기왕이면 퍼터를 이용해서 그냥 굴리는 것이 가장 좋고 그럴 만한 상황이 아니라면 최대한 조금 뜨고 많이 굴러가는 형태의 칩 샷을 하는 것이 좋다. 띄우면 띄울수록 클럽 헤드에 공이 정확하게 맞지 않고 거리 맞추기도 어렵다는 사실을 잊지 않도록 한다.

또 한 가지는 풀스윙을 해야 하는 영역에서 숏 게임 스윙을 해야 하는 경우가 많다는 것이다. 숏 게임 스윙을 해도 자신이 보내는 풀스윙 거리의 70~80퍼센트 정도는 거리가 날아가기 때문에 얼마든지 코스에서 유용하게 활용할 수 있다. 바로 경사면에서 샷을 할 때다. 샷을 하려고 셋업을 할 때 경사가 느껴지면 풀스윙을 하지 말고 숏 게임 스윙을 하는 것이 좋다.

한편 그린 가까이 접근할수록 정확한 동작으로 거리를 맞추는 것이 중요하기 때문에 평소보다 더 긴장하고 흥분하기 쉽다. 조금이라도 흥분하면 당연히 정확도는 떨어진다. 이렇게 아드레날린이 분비되는 긴장된 상황에서 손목으로 스윙을 하면 말도 안 되는 실수가 나올 수 있다. 그래서 손목의 움직임은 최대한 줄이고 몸통을 같이 움직여 정확한 동작이 나오도록 연습해야 한다. 처음에 언급했듯이 숏 게임은 암기 과목이고 무조건 점수를 따고 들어가야 하는 전략적인 무기이다. 동작이 작고 시시해 보인다고 대충 해서는 절대로 안 된다. 초기에 바짝 연습해 두면 꽤 오랫동안 써먹을 수 있는 효자 과목이다. 숏 게임을 잘하는 것이야말로 상급자로 가는 지름길이다.

4주차 퍼트는 거리감이다. 거리감 익히는 핵심 노하우

퍼트는 방향보다 거리감이다. 거리감을 맞추는 데 집중해야 한다.

퍼트는 굴리기이다

퍼트는 골프라는 게임을 특징하는 핵심 중의 하나로, 전체 점수의 40퍼센트의 비중을 차지하는 중요한 기술이다. 운동적으로는 별로 어렵지 않다. 어르신들이 즐기는 게이트볼과 별반 다르지 않다. 그러나 점수 비중이 워낙 커서 퍼트를 잘해야 타수를 까먹지 않는다. 드라이버 샷으로 200미터를 보내는 것이나 1미터도 채 안 되는 짧은 거리의 퍼트를 하는 것이나 같은 1타이다. 멀리 보냈다고 가중치를 주지 않는다. 1미터 거리를 여러 번 퍼트하면 그만큼 타수는 올라가는 것이다.

퍼트는 무조건 굴리기이다. 그냥 굴리면 된다. 그냥 굴리면 되는 일을 엄청 불편하게 자세를 잡고 스윙 크기를 정하고 동작을 똑바로 하는 것에 집중한다. 퍼트하는 것이 얼마나 힘들기에 식은땀이 나고 손에 물집이 잡힌다는 농담도 있을까.

공을 잘 굴리기 위한 조치는 간단하다. 최대한 상체를 숙여 직

선으로 움직이는 동작을 하면 되고, 공의 위치를 가운데보다는 약간 왼쪽에 두면 된다. 그리고 백스윙 크기보다 팔로스루 크기를 조금 더 크게 하면 굴리기 위한 조건은 모두 갖춘 것이다. 운동적으로는 그렇게 어려운 동작이 아니므로 틈나는 대로 거울을 보며 안정된 퍼트 자세를 만들어 보자. 이제 거리에 맞춰 공을 똑바로 쳐서 굴리는 일만 남았다.

간단하게 퍼트 거리를 조절하는 핵심 비법

실제 골프장에 가서 그린을 보면 조그만 평지가 아니다. 생각보다 넓고 마치 포테이토처럼 구겨져 있는 것을 보고 놀란다. 공을 굴려 보면 똑바로 가지 않고 이리저리 경사를 따라 휘어진다. 그런데 아무리 봐도 경사가 보이지 않는다. 초보자가 처음 필드에 가서 퍼트를 한 번도 제대로 못하는 것이 이 때문이다. 퍼트를 잘하려면 필드에 많이 나와 봐야 한다. 자주 나와야 그린의 모양도 눈에 들어오고 경사가 어떻게 되어 있는지 보이기 시작한다. 실제 그린 위에서 공을 많이 굴려 봐야 속도가 얼마나 빠른지 느린지 하는 그린 스피드도 알게 된다. 그렇다면 경험이 쌓일 때까지는 경사를 전혀 모른 채 퍼트를 망쳐야 하는 것일까? 그렇지 않다. 퍼트할 때 경사를 고려한 방향은 캐디를 믿으면 된다. 캐디가 놓아 주는 방향으로 똑바로 치는 퍼트만 할 줄 알면 된다. 물론 연습 라운드라고 하면 스스로 먼저 방향을 보고 공을 그 방향에 맞추어 놓는 연습도 부지런히 해야 한다. 캐디에게만 의존하면 캐디 실력이 늘 뿐 내 실력은 항상 제자리걸음이다.

우선적으로 퍼트에서 익혀야 하는 것은 방향보다는 거리감이다. 그런데 경험이 없는 사람은 이 정도 거리에서 어느 정도 힘을 줘서 퍼트를 해야 하는지에 대한 감이 없다. 그래서 감보다는 공식에 따라 기계적인 퍼트를 하는 것이 퍼트를 잘하는 방법이다.

퍼트에서 거리를 조절하는 핵심 비법은 공에서부터 홀까지의 걸음 수에 3을 곱하는 것이다. 그 수는 센티미터^{cm} 단위로, 백스윙의 크기이다. 백스윙 크기가 정해지면 팔로 스루는 백스윙 크기보다 약간 크게 하면 그만이다. 10걸음이면 곱하기 3을 해서 30센티미터, 15걸음이면 45센티미터 그리고 20걸음이면 60센티미터 이런 식으로 백스윙 크기를 정하고 그 크기에 맞는 리듬으로 퍼트하면 대부분 그 거리는 신기할 정도로 맞아떨어진다. 이런 거리 조절 방법은 보험에 가깝다. 말 그대로 만약에 대비하는 것이다. 거리감을 잘 맞춘다고 퍼트가 땡그랑 하고 홀에 들어가는 것은 아니지만 최소한 말도 안 되는 실수는 줄일 수 있다. 거리감이 좋으면 퍼트 숫자가 현저하게 줄어든다. 매 홀마다 두 번의 퍼트로 게임을 끝낼 수만 있다면 그는 정말 골프를 잘하는 사람이다.

이것은 평지일 때의 기준이고 가는 길이 오르막 또는 내리막이면 어떻게 할 것인가? 오르막이면 조금 세게 치고 내리막이면 살살 치면 될까? 퍼트 리듬은 절대로 바꾸어서는 안 된다. 어떤 상황이든 일정한 리듬감을 유지하는 것이 중요하므로 살살 치거나 세게 치는 것이 아니라 모든 상황을 걸음 수로 환산하는 것이다. 오르막이면 걸음 수를 더 보고, 내리막이면 걸음 수를 덜 보면 된다.

퍼트 스트로크 - 올라가는 궤도

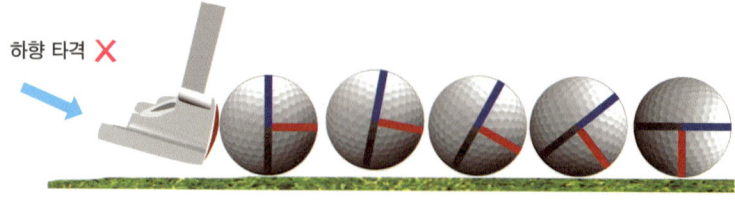

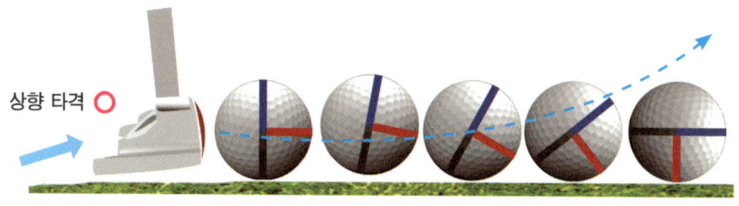

퍼트할 때 잘 굴리려면 비행기가 이륙하는 듯 올라가는 궤도를 그릴 수 있어야 한다.

퍼트 거리 조절법

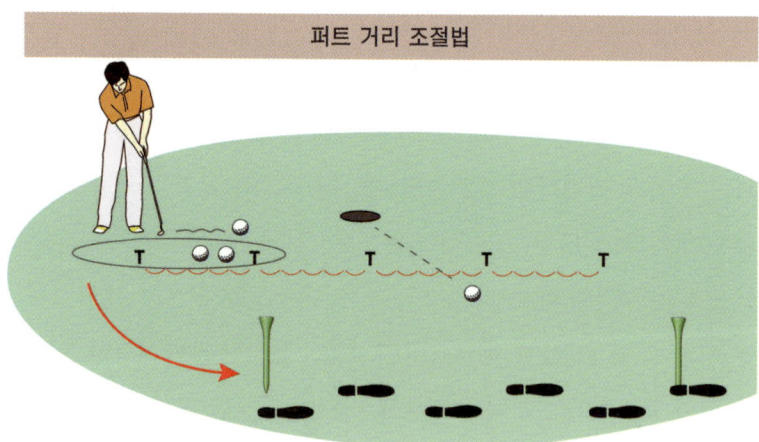

퍼트 거리 조절의 핵심은 걸음 수에 3을 곱하여 백스윙의 크기를 정하고 일정한 리듬으로 퍼트를 하는 것이다. 5걸음이면 걸음 수에 3을 곱하여 백스윙 크기를 15센티미터 정도 하는 것이다. 연습 그린에서 5걸음 단위로 티를 꽂은 뒤 5걸음, 10걸음, 15걸음, 20걸음 단위로 거리 조절 연습을 하여 그린 스피드를 익힌다.

어느 정도 빼고 더할 것인지는 경험이다. 필드에 나올 때마다 모든 상황을 걸음 수로 환산하여 퍼트하는 노력을 꾸준히 하다 보면 오르막과 내리막 상황에 따라 정확하게 거리 조절을 할 수 있다.

퍼트의 중요성 그리고 뜻밖에 터득한 퍼트 노하우

골프 게임에 필요한 과목의 40퍼센트가 퍼트이다. 그것도 한 개의 도구만으로 해야 한다. 풀스윙의 비중도 똑같이 40퍼센트지만 사용하는 도구는 드라이버, 우드, 아이언까지 10개가 넘는다. 묘한 대조가 아닐 수 없다. 미국 특허청에는 2,500개가 넘는 퍼터 모델이 등록되어 있다고 한다. 아마 골퍼 1인당 최소 5개 이상의 퍼터를 가지고 있거나 교체했을 것이다. 그만큼 퍼트가 중요하고 잘해야 한다는 의미일 것이다. 잘하고 싶어서 계속 퍼터를 바꾸는 마음도 이해가 된다. 이렇게 퍼터는 사용 빈도가 가장 높은 클럽이고, 헤드 형태나 중량, 길이 등에 따라 치는 방법과 터치감이 달라지므로 신중하게 선택해야 한다. 그런데 많은 아마추어가 사전 지식이 없다 보니 대충 겉보기나 평판으로 퍼터를 고른다.

퍼터를 구분하는 방법은 의외로 간단하다. 손 위에 올려놓고 중심을 잡은 뒤 가만히 두면 된다. 어떤 퍼터는 헤드가 한쪽으로 기울어지고 어떤 퍼터는 하늘을 똑바로 보고 있는 형태로 구분된다. 이렇게 한쪽으로 기울어진 퍼터를 블레이드형 퍼터, 하늘을 똑바로 보고 있는 퍼터를 말렛형 퍼터라고 한다.

블레이드형 퍼터는 퍼터 헤드의 한쪽을 무겁게 만들었기 때문

퍼터 고르는 법

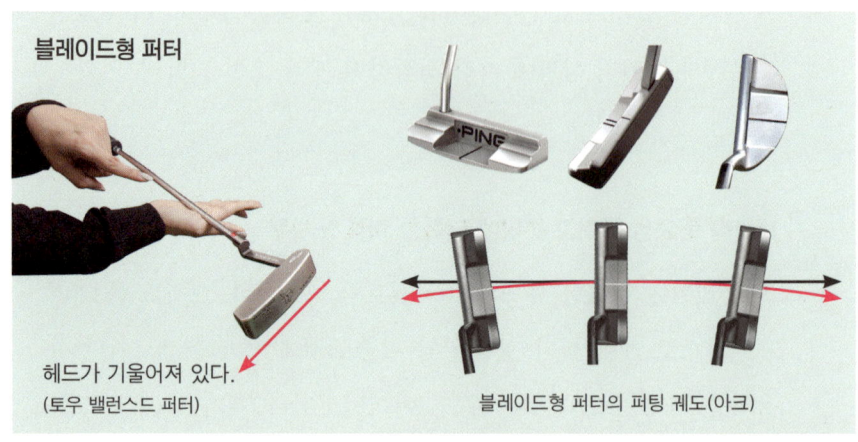

블레이드형 퍼터

헤드가 기울어져 있다.
(토우 밸런스드 퍼터)

블레이드형 퍼터의 퍼팅 궤도(아크)

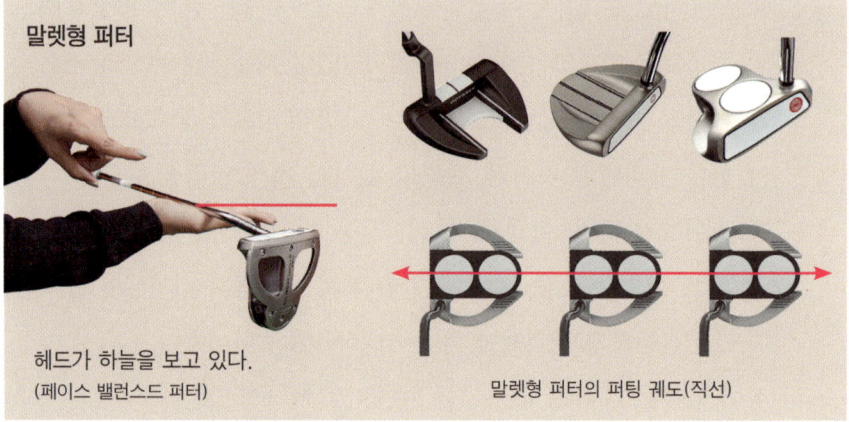

말렛형 퍼터

헤드가 하늘을 보고 있다.
(페이스 밸런스드 퍼터)

말렛형 퍼터의 퍼팅 궤도(직선)

에 똑바로 공을 굴리려면 페이스를 여닫는 타법을 쓰게 된다. 즉 클럽 헤드를 직선으로 움직이는 시계추 스윙에는 적합하지 않다. 반면 페이스의 무게 중심이 균등한 말렛형 퍼터는 헤드를 똑바로 빼서 똑바로 미는 시계추 스윙에 잘 맞는다. 게다가 무게 중심이 뒤에 있어 공이 중심을 조금 벗어나도 헤드가 크게 흔들리지 않는 장점도 있다. 보통 초보자에게 많이 권하는 퍼터이다. 시계추 같은 동작만 똑바로 해 주면 되기 때문이다.

퍼트는 자신이 치는 방식에 맞는 퍼터를 써야 한다. 자신이 치는 방식을 모르면 퍼터를 고를 수 없다. 그냥 퍼터를 똑바로 빼서 똑바로 굴리려고 노력하는 스타일이라면 말렛형 퍼터를 써야 한다. 블레이드형 퍼터는 아무리 똑바로 빼서 똑바로 치려고 해도 되지 않는다. 페이스가 열렸다 닫히는 형태여서 스퀘어가 되는 것은 한순간이다. 그 순간을 포착하여 정확하게 치려면 꽤 연습을 해야 하고 기본적인 터치 감각이 있어야 한다. 어떤 퍼트 동작을 하는 것이 편한지 부지런히 해 보고 자신이 치는 방식에 맞는 퍼터를 빨리 찾도록 한다.

5주차 멋진 샷을 하기 위해 필요한 그립과 셋업

하루 스윙 연습 200회, 그것만이 살길이다.

언제부터 그립과 셋업을 연습하는 것이 좋을까?

스윙을 처음 배우는 시기에는 클럽을 어떻게 잡는 것이 좋은지 골프 자세는 어떻게 하는 것이 좋은지가 별로 중요하지 않다. 이런 부분적인 동작보다는 전체적인 스윙의 모양을 자연스럽게 만드는 것이 더 중요하다. 이는 마치 사람 얼굴을 스케치하는 과정과도 비슷하다. 사람 얼굴을 그리는 데 당연히 눈이 중요하다. 눈은 사람의 인상을 결정짓는 가장 중요한 요소 중의 하나이기 때문이다. 그런데 눈만 잘 그린다고 그림이 완성되는 것은 아니다. 눈을 먼저 그리는 것이 아니라 전체적인 얼굴 윤곽을 그리고 조금씩 모양을 잡아 가면서 하나의 얼굴을 그려 가는 것이 필요하고 가장 마지막에 눈을 그려 얼굴을 완성한다. 스윙 역시 어떤 특정한 디테일한 동작을 먼저 완성시키기보다는 휘두르는 동작에 좀 더 익숙해지고 어느 정도 스윙을 만들어 놓은 상태에서 디테일한 부분을 잡아 나가는 것이 필요하다. 즉 휘두르기가 익숙하지 않은 상태에서는 그립의 중요성을 아무리 강조해 봐야 도움이 되지 않는다는 것이다. 열심히 휘두르다 보면 어느 정도의 강도로 클럽을 잡는 것이 좋은지 저절로 깨닫게 된다. 또 휘두를 줄 알아야 그립의 종류에 따른 샷의 차이도 느끼게 된다.

그냥 스윙 연습을 할 때는 클럽을 어떻게 잡고 자세를 어떻게 하는 것이 별 중요하지 않았지만 이제 공을 치는 단계에서는 그립과 셋업이 중요하다. 클럽을 어떻게 잡느냐에 따라 공과 클럽 헤드가 어떻게 만나게 되는지가 결정되고, 무엇보다 공을 정확하게 치기 위해서는 클럽을 잘 잡아야 하기 때문이다. 또 어떻게 서 있느냐에 따라서도 공이 맞는 순간 궤도가 달라지기 때문에 정확하게 서 있는 자세를 유지할 수 있어야 한다. 이 그립과 셋업은 한번 제대로 만들었다고 해서 완성되는 것은 아니다. 나의 몸 상태에 따라서 끊임없이 변하기 때문에 평생 다듬어 가면서 유지해야 한다.

올바른 그립으로 스윙을 완성한다

'그립Grip'이란 클럽을 구성하는 요소 중에 고무 재질로 만든 손으로 잡는 부분이면서 한편으로는 클럽을 잡는 방법을 말한다. 그립을 어떻게 잡느냐에 따라 공과 클럽 헤드가 만나는 순간이 달라지기 때문에 공을 치기 전에 그립을 제대로 잡을 수 있어야 한다. 무엇보다 스윙하는 동안 그립이 풀리거나 변형되면 안 된다. "그립을 살살 잡아야 할까? 아니면 세게 잡아야 할까?" 이 논쟁은 옛날이나 지금이나 계속 있어 왔다. 어떤 이는 세게 잡으라고 하고 또 어떤 이는 살아 있는 새를 잡듯이 부드럽게 잡으라고 한다. 둘 다 틀린 말은 아니지만 둘 다 좋은 표현도 아니다. 그립은 자신이 휘두를 만큼 자연스럽게 잡을 수 있어야 한다. 그네 탈 때 그넷줄을 잡는 힘이 다를 것이고 테니스 라켓을 휘두를 때 잡는 힘이 다를 것이다. 그것도 공을 가볍게 칠 것인지, 아니면 강하게 스매싱을 할 것인지에 따라서도 잡는 힘은 달라질 것이다. 골프의 그립도 마찬가지다. 내가 어느 정도의 스피드로 휘두를지 결정했으면 그 스피드를 낼 만큼 잡으면 된다. 스피드를 꽤 내려면 그만큼 그립을 견고하게 잡으면 된다. 그런데 유독 골프는 다른 도구에 비해 공을 멀리 보내야 한다는 생각 때문에 그립을 꽉 잡게 되고 그로 인해 어깨가 경직되거나 온몸에 잔뜩 힘을 주게 되어 오히려 공을 정확하게 맞추지 못한다. 이제부터 견고한 그립을 잡는 법을 연습하도록 하자.

그립을 견고하게 잡으려면 반드시 손가락으로 잡아야 한다. 손바닥 전체로 잡으면 큰 힘을 쓰지 못한다. 왼손은 중지, 약지 그리고 새끼손가락으로 잡고 오른손은 중지와 약지로 잡는다. 어떤 종류의 그립을 하든지 상관없이 위에서 언급한 손가락은 그립을 잡고 있어야 한다. 나머지 손가락은 방아쇠 당기는 모양으로 클럽에 갖다 대기만 하면 된다. 이때 엄지손가락의 위치가 중요하다. 왼손 엄지는 그립 위가 아니라 약간 오른쪽 부위에 비스듬히 대고 있어야 한다. 이는 오른손도 마찬가지다. 양손의 엄지손가락은 클럽 위에 대는 것이 아니라 반대쪽 사이드에 비스듬히 댈 수 있어야 한다. 왼손 엄지는 그립의 오른쪽 사이드에, 오른손 엄지는 그립의 왼쪽 사이드에 살짝 대고 집게손가락과 함께 방아쇠 모양을 그대로 유지해 주고 최대한 밀착한다. 스윙하는 순간 손이 그립에서 떨어지거나 헐렁하게 벌어져서는 안 된다. 중요한 것은 처음 잡았던 힘과 모양을 스윙하는 끝까지 유지할 수 있어야 한다는 것이다. 양손의 힘은 균등하게 주는 것이 좋다. 어느 한손이 강해지면 그 손은 원래 역할을 하지 못하고 다르게 동작을 할 가능성이 매우 크고 이로 인해 부상당하기도 쉽다. 그립은 스윙을 완성하는 마지막 단계이다. 무엇보다 올바른 그립을 자연스러워질 때까지 잡는 연습을 부단히 해야 한다.

올바른 그립

왼손 그립 잡기 : 중지, 약지, 새끼손가락으로 잡는다.

왼손 엄지 손가락이 그립 오른쪽 사이드에 위치

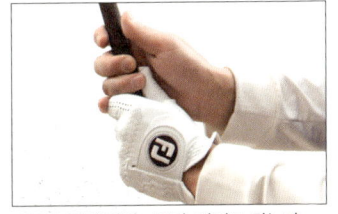

오른손 그립 잡기 : 중지, 약지로 잡는다.

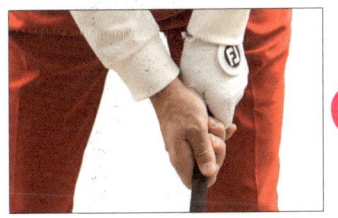

오른손 엄지가 그립 왼쪽 사이드에 위치 O

엄지를 클럽 위에 대는 것은 좋지 않다. X

셋업을 보면 그의 샷을 알 수 있다

골프 속담에 '셋업이 반이다'라는 말이 있다. 그만큼 골프 자세가 샷에 미치는 영향이 크다는 의미다. PGA 투어 20승을 한 데이비드 러브3세는 셋업에 관해 이렇게 말했다. "40년 넘게 골프를 해왔지만 아직도 셋업을 지속적으로 잘하기는 어렵다." 결국 셋업도 한 번 만들었다고 계속 유지되는 것이 아니라 계속 변하기 때문에 정기적으로 점검하고 연습해야 한다. 그립과 함께 멋진 샷을 하기 위해 제대로 만들어야 할 마지막 관문이라 할 수 있다.

셋업할 때 가장 먼저 체크할 것은 '등판이 어느 정도 펴져 있는가?'이다. 공손히 인사하듯이 상체를 숙인 상태에서 등판을 펼 수 있어야 한다. 대부분 등이 굽어 있기 때문에 등을 펴기 위해 일어

셋업

등판을 펴고 어깨를 정렬한다.

올바른 척추 각

무릎을 살짝 구부리고 무릎 안쪽을 조이는 느낌으로 힘을 준다.

백스윙 탑까지 올바른 척추 각 유지

체중을 발바닥 앞 안쪽에 싣는다.

나거나 허리에 잔뜩 힘을 주는 경우가 많은데 이는 좋지 않다. 스윙할 때 허리에 많은 부담을 주어 통증이 생길 수도 있기 때문이다. 숙인 상태에서 등판을 펴려면 허리에 힘을 주는 것이 아니라 가슴을 펴야 한다. 이렇게 등을 펴서 올바른 셋업을 하면 지면에 대해 상체가 얼마나 숙여졌는지를 알 수 있는 '척추 각'이 생긴다. 이 척추 각을 처음 숙인 셋업에서부터 백스윙 탑까지 스윙하는 동안 유지하는 것이 핵심이다.

또 한 가지 체크할 항목은 정면에서 보았을 때 상체가 오른쪽으로 약간 기울어져 있는 상태여야 한다. 상체가 오른쪽으로 기울어져 있어야 하는 것은 그립 때문이다. 왼손보다 오른손이 더 아래쪽에 있기 때문에 그만큼 상체가 기울어지는 것이 정상이다. 공

셋업 시
상체를
오른쪽으로
기울이기

백스윙 탑까지 상체 기울기 유지

상체를 오른쪽으로 기울여
오른쪽 어깨가
내려가도록 한다.

을 치다 보면 상체가 오른쪽이 아닌 오히려 왼쪽으로 기울어져 있는 경우가 많다. 공을 치겠다는 마음에 체중이 왼쪽으로 쏠리고 오른쪽 어깨가 앞으로 튀어나오기도 한다. 이렇게 셋업을 하면 백스윙이 너무 가파르게 올라가기 때문에 릴리즈가 나빠져 정확한 타격을 하기 쉽지 않고 당연히 리듬도 빨라지게 마련이다. 양발에 체중이 균등하게 있더라도 상체가 오른쪽으로 약간 기울어져 있는 셋업이 되는지 자주 거울을 보며 체크해야 한다. 또한 이렇게 상체를 기울인 상태를 척추 각과 함께 임팩트 순간까지 계속 유지할 수 있어야 한다. 이는 하체 중심의 스윙을 해야 가능한 동작이다. 자주 거울을 보면서 셋업을 체크하고 슬로모션 동작으로 셋업을 유지한 채 백스윙에서 임팩트 순간까지 가는 것을 연습한다. 상체의 유연성이 떨어지면 몸이 들리거나 앞으로 더 쏠리거나 하는 현상이 생기므로 다양한 스트레칭 동작을 통해 상체를 유연하게 만들어 주는 것이 좋다.

결론적으로 그립과 셋업은 이미 만들어져 있어야 하는 기본 중의 기본이다. 공을 치기 위해 자세를 잡을 때 그립과 셋업에 대해 고민하는 것은 오히려 샷을 방해한다. 평소에 거울을 보며 그립과 셋업을 습관적으로 공부하며 연습하는 것이 좋다. 미리 완벽하게 준비를 해 놓으라는 것이다. 필드에 나가 공을 치러 들어간 자리에서 어떻게 잡는 것이 좋은지 어떻게 서는 것이 좋은지 고민하면 안 된다. 고민하는 순간 이미 샷은 끝난 것이다. 그립과 셋업은 이미 완성시켜 놓은 상태에서 공을 치러 들어갈 수 있어야 한다.

6주차 — 프로들이 잘 가르쳐 주지 않는 프리 샷 루틴

한 타 한 타에 최선을 다하라. 골프는 실수를 최소한으로 줄이는 게임이다.

한 번의 샷을 하기까지

골프에 있어 매번의 샷은 온갖 스윙 메커니즘을 동원해서 정확한 동작으로 공을 치는 것만으로 이루어지는 것이 아니다. 아주 순간적이기는 하지만 매번의 샷은 조건과 상황에 대한 여러 가지 고려와 그에 따른 선택이라는 과정 속에 있는 것이다. 그래서 골프는 선택의 게임이다.

골프를 잘하는 사람들은 한 번의 샷을 하기까지 어떤 생각을 할까? 최소한 여덟 가지의 상황을 고려한다고 한다. 우선 홀의 거리와 지형을 살피고 오르막과 내리막의 정도를 계산하고 바람의 세기를 가늠한다. 또한 공이 놓여 있는 잔디의 상태와 경사를 살피고 공이 도착할 예상 지점의 상태와 경사도 따져 본다. 그런 다음 최종적으로 사용할 클럽을 결정하고 방향을 잡고 샷을 한다. 사실 스윙 동작의 완성도보다 이런 사항을 고려하는 것이 더 몸에 배어 있어야 하고 내 몸에 자동화된 패턴으로 돌아가야 한다.

특히 클럽을 선택한다는 것은 모든 고려 사항을 종합한 후 어떤 전략으로 어떻게 목표 지점을 공략할 것인가를 판단하고 행동하는 고도의 지적인 활동이다. 대부분의 미스 샷은 이 선택을 잘못한 데서 비롯된다. 모든 샷, 심지어 아무리 짧은 거리를 보내는 퍼트도 여러 요소들을 고려한 뒤에 행해지는 것이다. 그리고 선택을 했으면 믿어야 한다. 비록 잘못된 선택으로 잘못된 결과가 나왔다 하더라도 선택한 뒤에는 굳게 믿고 확신에 찬 샷을 하려고 노력하는 것이 중요하다. 이렇게 클럽을 선택한 뒤 방향을 잡고 그에 맞추어 이동하여 셋업하는 것부터 샷을 하기까지의 모든 과정을 '프리 샷 루틴Pre-shot routine'이라고 한다. 하나의 공을 치기까지 이루어지는 일련의 반복되는 행위이다.

모든 프로들이 하나의 공을 칠 때마다 이 프리 샷 루틴을 실행한다. 이 과정을 제대로 하지 않고 공을 잘 칠 수 없다. TV에서 프로들이 시합하는 장면을 유심히 보면 언제나 일정한 패턴 속에서 움직인다. 이 과정에서 소요되는 시간이 항상 일정하다. 결국 골프의 완성이란 일관성을 얼마나 향상시키느냐가 관건인데 이 일관성의 향상은 바로 '몰입의 깊이'에 따라 달라진다. 이 몰입의 깊이는 프리 샷 루틴으로 만들어진다. 그래서 아무리 아마추어라고 해도 자기만의 일정한 프리 샷 루틴을 만드는 것이 중요하다.

프리 샷 루틴으로 마음의 평정을 유지한다

스윙은 변하는 것이다. 전날 술을 한 잔 해도, 부부싸움을 하거나 친구와 말다툼을 해도 변하는 것이 스윙이다. 이렇게 변하는 것을 마치 고정되어 있는 것처럼 생각하니 어려운 것이다. 다른 운동은 한 번 일정한 수준에 이르면 좀처럼 실력이 후퇴하지 않는 법인데 골프는 그렇지 않다. 어제 아무리 공을 잘 쳤어도 오늘 똑같은 코스에 가서 전혀 엉뚱하게 하고 오는 것이 골프다. 나도 모르게 스윙이 바뀌는데다 불안감, 욕심, 산만함 등의 운동 외 요인으로 일정하게 샷을 하기가 쉽지 않다.

여러 가지 방해 요인으로부터 나의 스윙을 지키는 방법은 샷을 하는 전 과정을 하나의 루틴으로 만드는 것이다. 또한 루틴은 몸과 마음의 컨디션을 조절하는 데도 중요한 역할을 한다. 이런 루틴을 무의식적으로 할 수 있을 때까지 꾸준히 연습해야 환경의 변화나 마음의 동요가 생기는 상황에서도 흔들리지 않을 수 있다. 루틴을 생략하면 어처구니없는 샷이 나오기도 한다. 갑자기 비가 내려 옷이 젖을까 봐 루틴을 생략한다거나 급한 마음에 일부 루틴을 빼먹으면 꼭 미스 샷이 나온다. 평상시뿐만 아니라 비상 상황이 생겼을 때도 루틴을 정확하게 해서 마음의 동요를 진정시키는 것이 좋다.

골프는 '원 타임 원 샷!', 한 번 샷을 하면 그 한 번으로 끝이다. 잘 맞든 잘 맞지 않든 그 공으로 플레이해야 하므로 한 번의 샷이 매우 중요하다. 이 말은 매번 샷을 할 때마다 루틴을 제대로 지키면서 연습해야 한다는 것이다. 불행히도 우리나라 대부분의 골프 연습장은 자동 티업 시스템이어서 매트 밑에서 계속 공이 올라온다. 이 공을 다 치지 않으면 왠지 손해인 것 같은 생각이 들어 정신없이 공을 치는 사람들이 많다. 그 중요한 루틴을 생략하게 되니 연습 환경으로서는 정말 좋지 않다고 볼 수 있다. 연습할 때부터 꾸준히 루틴 연습을 해야 실제 코스에 나가서도 루틴을 수행할 수 있다. 어려운 홀일수록 담담하게 루틴을 지키면 마음도 안정되고 몸도 부드럽게 움직인다. 이런 곳에서야말로 평소에 해 둔 루틴 연습 효과가 발휘된다고 볼 수 있다. 루틴을 연습할 때 주의해야 할 점은 결과에 연연하지 말라는 것이다. 루틴이 신경 쓰여 공이 잘 맞지 않을 수도 있고 방향도 엉망일 수 있다. 결과에 연연하다 보면 루틴을 제대로 지키지 않게 된다. 무엇보다 마음을 비우고 루틴 연습 자체에 집중하는 것이 좋다.

20초를 넘기지 않는 프리 샷 루틴을 디자인하라

루틴 과정을 구체적으로 살펴보자. 여러 가지 상황을 고려하고 나서 최종적으로 클럽을 선택하고 방향을 잡는다. 그리고 심호흡을 하면서 이동한다. 공 뒤에 서서 그립과 셋업을 하고 목표를 보면서 웨글Waggle을 하고 빈 스윙을 한 번 한다. 그런 다음 천천히 공 앞으로 다가서서 처음 했던 것처럼 다시 그립과 셋업을 하고 웨글을 하고 시선은 바닥을 그대로 본 상태에서 마지막 샷을 한다. 여기까지가 하나의 루틴이다. 가능하면 20초 이상 걸리지 않도록 한다. 슬로 플레이를 한다는 것은 이 프리 샷 루틴이 불필요하게 길다는 것이다. 대부분 근심이나 걱정으로 망설이다가 샷을 제대로 하지 못하는 경우도 많다. 프로들도 시합에서 40초 이상의 시간을

20초를 넘기지 않는 나만의 프리 샷 루틴을 디자인한다.

소요하면 '벌타Penalty, 페널티'를 받는다. 그렇다고 아마추어에게 똑같이 40초를 적용하면 안 된다. 그 시간의 반 정도로 샷을 끝낼 수 있어야 한다. 그래야 누구에게든 골프 잘 치는 사람으로 인정받고 게임 진행에 지장을 주지 않는다. 연습장에서 프리 샷 루틴 실습 요령은 다음과 같다.

① 공을 놓고 두세 걸음 뒤로 물러서서 목표와 방향을 정한다.
② 공 앞으로 다가서서 심호흡을 한다. 심호흡을 하면 어깨와 몸의 긴장이 풀어짐이 느껴진다. 조금이라도 리듬이 빨라지는 느낌이 들면 심호흡을 통해 가다듬는 것이 중요하다.

③ 그립과 셋업을 한다. 루틴에서의 클럽 잡는 것과 자세를 만드는 것은 이미 만들어져 있어야 한다. 이 단계에서 어떻게 잡아야 할지 어떻게 서야 할지를 고민하면 안 된다.

④ 웨글을 하면서 목표를 한번 쳐다본다. 웨글은 스윙을 하기 전에 손목을 가볍게 흔들어 클럽의 무게를 느끼면서 손목의 긴장을 풀고 리듬감을 찾는 데 목적이 있다.

⑤ 빈 스윙을 한다. 이때는 정말 공을 치겠다는 마음으로 빈 스윙을 해야 한다. 공연을 하기 전 최종 리허설이라고 보면 된다. 소리를 들으며 공이 멋지게 날아가는 것을 상상한다.

⑥ 실제 공을 치기 위해 공 앞으로 다가 서서 다시 셋업하고 웨글을 한다.

⑦ 바닥에 시선을 둔다.

⑧ 샷을 한다. 그리고 잠시 피니시에서 멈추고 속으로 칭찬한다. "잘했어!"

이 과정을 기준으로 자신만의 프리 샷 루틴을 디자인하고 꾸준히 반복 연습하되 ③번부터 ⑧번까지 소요되는 시간을 측정해 본다. 대략 20초 전후 걸리는 것이 가장 좋다. 너무 빠르거나 너무 느리지 않도록 전체적인 흐름을 잘 조정한다. 그리고 내 몸에서 완전 자동화될 때까지 꾸준히 연습한다. 첫 번째 드라이버 샷에서부터 마지막 퍼팅까지 자신만의 동일한 루틴을 만들고 유지할 수 있어야 한다. 결국 멋진 샷은 바로 이 루틴의 완성으로 얻어지는 것이다.

7주차 코스를 설계하는 자, 필드를 지배한다

상황을 고려하지 않는 샷의 연습은 무의미하다.

골프는 코스 설계자와의 한판 싸움

모든 골프장에는 코스 설계자가 있다. 코스 설계만을 전문으로 하는 사람도 있고, 세계적으로 골프를 잘하는 프로 선수들이 자신의 경험을 살려 코스를 설계한 경우도 많다. 코스마다 설계자의 감성이 그대로 표현되어 고유한 특징이 나타나는데, 골퍼의 성향에 따라 코스가 편안하게 느껴지는가 하면 유난히 불편하여 스코어가 잘 나오지 않는 골프장도 있다. 그래서 골프장에 갈 때 그 코스를 설계한 사람을 알아두는 것도 필요하다. 코스 설계자는 자신의 의도대로 공을 치지 않으면 여러 가지 형태로 불이익이 가도록 코스를 디자인한다. 즉 코스에 나간다는 것은 자연이라는 환경과 더불어 코스를 만든 코스 설계자와의 한판 싸움이기도 하다.

또 하나 골프가 어려운 점은 공격과 수비의 경계가 명확하지 않다는 것이다. 공격과 수비의 경계가 명확한 여타 스포츠와 달리 공격을 할지 수비를 할지 스스로 결정하고 실행해야 한다. 이 공격과 수비를 제대로 못하면 설계자의 의도대로 끌려다니면서 실패를 거듭하게 된다. 이렇게 코스 설계자가 의도하는 함정에 빠지지 않고 정확하게 코스를 파악한 다음 그에 맞는 선택과 최선의 방법을 실행하는 능력 즉 코스 매니지먼트 능력을 키워야 한다.

골프는 전략 시뮬레이션 게임이다. 스코어 전략이면서 동시에 코스 매니지먼트 전략 게임인 것이다. 코스를 이해하는 수준에서 나아가 완전히 숙지하고 있어야 한다. 대회에 출전하는 프로 선수들은 무작정 코스에 나가는 것이 아니다. 연습 라운드를 통해 각 홀의 지형지물을 숙지하고, 어떻게 공략할 것인지 시나리오를 짠다. 그리고 최종 시합 전에 18홀 라운드를 수없이 이미지화하고 코스에 나간다. 예상하지 못한 결과에 대해서만 임기응변으로 대응한다. 골프를 오로지 스윙의 문제로만 바라보는 것이 아니라, 설계자의 의도를 분석하고 그에 맞는 공략 작전을 세우고 작전대로 되지 않았다면 어떻게 보완할지를 연구하는 것이 골프 게임의 묘미이기도 하다.

"아직 공도 제대로 맞추지 못하는데 무슨 전략을 세우느냐"고 반문하는 초보자들도 많다. 공을 잘 치는 사람은 굳이 전략을 세우지 않아도 공을 잘 친다. 오히려 공을 못 치니까 작전을 짜야 한다. 무조건 "앞으로 전진!"이 아니라 공격과 수비를 동시에 할 줄 알아야 한다. 한 번도 경험해 보지 못한 경사지에 공이 있다면 절대 우드를 잡지 않겠다는 것이 초보자의 중요한 전략이다. 거리를 손해 보더라도 위험한 곳으로는 공을 보내지 않겠다는 것이 기본 코스 공략법이다. 벙커가 있으면 벙커를 피해서, 해저드가 있으면

| 골프장 홈페이지에 소개되어 있는 코스 공략도 |

오션비치 골프&리조트의 오션 코스 1번홀 공략도. https://www.oceanbeachcc.com

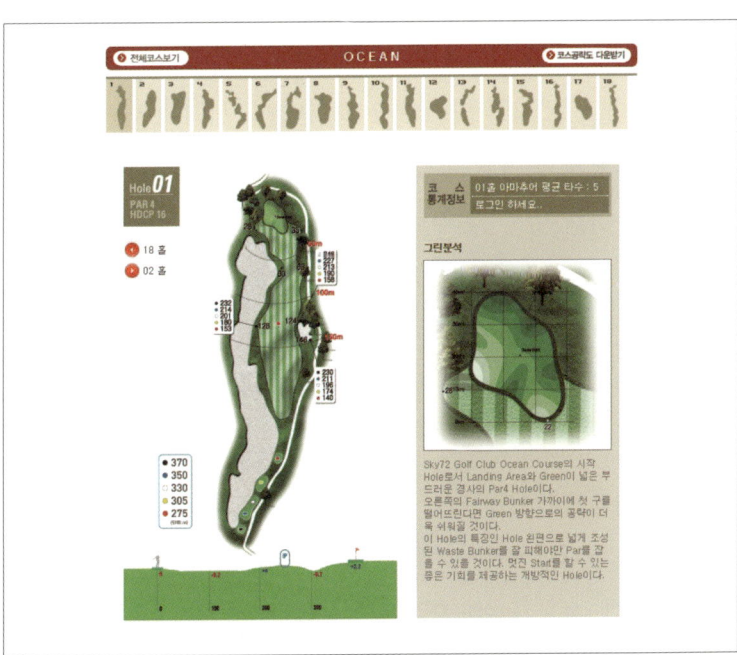

스카이72 오션 코스 공략도. http://www.sky72.com

해저드를 피해서 방향을 잡을 줄 알아야 한다. 공을 치고 나서 "해저드가 있었네", "벙커에 빠졌네" 하는 것은 스코어를 늘릴 뿐만 아니라 동반자에게도 민폐라는 사실을 알아야 한다. 물론 당장 공이 맞지 않아 전전긍긍하는데 코스를 살피기는 쉽지 않다. 그렇더라도 처음부터 코스를 볼 수 있는 능력을 같이 키우는 것이 좋다. 필드를 나갈 수 있는 기회가 자주 있는 것이 아니기 때문에 필드에 나갈 때 반드시 코스 공부를 병행해야 한다. 요즘은 골프장 홈페이지에 있는 코스 공략도를 참고하거나 실제 코스에서는 거리 측정기를 이용하여 거리에 대한 판단은 직접 하는 경우가 많다.

게임 전략의 기본은 스코어를 적게 만드는 것이다

골프장에 가면 '스코어 카드'라는 것이 있다. 거기에 보면 각 홀마다 기준 타수가 몇이고 거리는 얼마이고 홀은 어느 정도 어려운지 숫자로 적혀 있다. 친절하게 코스의 특징을 그림으로 표시한 스코어 카드도 있다. 이 스코어 카드에 동반 플레이어들의 홀별 스코어를 기록한다. 스코어 카드를 한번 열어 보자.

홀Hole 숫자가 표시되어 있고 그 홀의 거리가 얼마인지 블루 티, 화이트 티, 레드 티 순으로 적혀 있다. 그 다음 기록되어 있는 것은 기준 타수Par로, 3이나 4, 5가 적혀 있다. 또 하나 주목해야 하는 정보는 '핸디캡HDCP; Handicap'으로, 그 홀의 난이도를 숫자로 표현한 것이다. 보통 1부터 9, 또는 1부터 18로 표시하는데 숫자가 작을수록 공략하기 어렵다는 것이고, 숫자가 클수록 쉽다는 의미

스코어 카드

다양한 골프장의 스코어 카드. 정직하게 기록한 스코어 카드를 모아 놓으면 나의 골프 역사 기록이 된다.

스코어 카드에는 각 홀의 기준 타수와 거리 그리고 홀의 난이도가 숫자로 적혀 있다. 이 스코어 카드에 동반 플레이어들의 홀별 스코어를 기록한다.

〔 스코어 카드 〕

코스명 : 라데나CC (가든, 레이크 코스)　　　일자 :　　　　이름 :

홀 정보			나의 기준 타수	롱 게임 (60M 이상)	숏 게임 (60M 이내)	퍼팅 게임 (그린 위)	타수	스코어
홀	PAR	HDCP	거리					
1H	4	8	320		3	1	2	6	+2
2H	4	1							
3H	5	8							
4H	3	5							
5H	4	9							
6H	4	6							

나만의 스코어 카드를 만들어 보자.

다. 핸디캡이 낮은 홀은 무언가 공략하기 어렵게 조성하여 평소 나오던 타수보다 더 나올 가능성이 크다. 초보자 때는 잘 구분이 안 되지만 경력이 쌓일수록 핸디캡에 따른 스코어 차이가 커진다.

　코스에 대해 반드시 알아야 할 것은, 난이도·기준 타수·거리 세팅 등의 모든 것을 공을 매우 잘 치는 프로 선수를 기준으로 만들었다는 것이다. 아마추어는 절대 이런 기준 타수만큼 공을 칠 수 없다. 대부분 코스에 나가면 기준 타수만 보고 '왜 나는 기준 타수만큼 공을 치지 못하고 더 많이 치지?' 하는 고민을 한다. 이는 너무 당연한 것을 쓸데없이 고민하는 것이다. 코스는 나의 실력에 따라 기준 타수가 달라진다. 아예 다르다고 생각하고 자신만의 스코어를 만들어야 한다. 기준 타수가 아닌 현재 나의 실력에 맞게 자신만의 홀별 목표 타수를 기준 타수로 정하는 것이다.

이제 갓 필드에 나오기 시작한 초보자라면 매 홀마다 정확하게 스코어를 세기 어렵다. 대부분 홀에서 게임을 끝내지 못하고 강제로 다음 홀로 넘어가야 한다. 진행 시간 때문에 게임을 생략하는 것이다. 일명 '언카운터블 스코어 Uncountable score'이다. 이것이 '카운터블 스코어 Countable score'가 되려면 어느 정도 공을 칠 줄 알아야 하고 일정량의 필드 경험도 있어야 한다. 최소한 몇 타를 치든지 스코어를 카운트하여 기록할 정도가 되어야 그 누구와도 동반 라운드가 가능하고 정상적인 시간 안에 게임을 끝낼 수 있다.

'100타 깨기'가 목표인 골퍼의 스코어 전략은 3-1-2 전략이다

골프 게임의 기준 타수는 72타이다. 이 72타를 기준으로 9타까지 오버한다면 한 자리 숫자의 오버파를 기록한다고 해서 '싱글 플레이어'라고 한다. 매 홀마다 1개씩 오버해서 골프를 쳤다면 18홀이니 18개 오버가 되고 72타를 더하면 90타가 된다. 이 정도의 스코어를 기록하는 골퍼를 '보기 플레이어 Bogey player'라고 한다. 아마추어의 꽃이라 할 만큼 누구나 도전하고 싶어 하고 또 달성 가능한 스코어이다. 만약 매 홀마다 2개씩 오버하여 더블 보기를 기록한다면 총 36타를 더 친 셈이고 72타를 더하면 총 108타가 된다. 100타가 넘는 스코어지만 정확하게 카운트해서 달성할 수 있다면 이 또한 상당히 골프를 잘하는 것이다. 100타를 깨는 것이 목표인 골퍼가 첫 번째 달성해야 하는 스코어이다. 꾸준히 매 홀을 더블

보기로 마무리한다면 100타를 깨는 것은 시간문제다.

  매 홀마다 더블보기를 기록하기 위한 전략이 바로 Par4홀을 기준으로 한 '3-1-2' 전략이다. 즉 풀스윙을 세 번 해서 70미터 이내 숏 게임을 할 수 있는 영역으로 진입하고, 70미터 이내에서는 숏 게임 한 번으로 그린에 공을 올리고 나머지 2 퍼팅으로 게임을 마무리하면 더블 보기가 된다. 물론 Par3는 '2-1-2', Par5는 '4-1-2'가 되어 풀스윙 숫자에서 차이가 난다. 이것이 바로 기본적인 스코어 전략이다. 과연 자신이 이 홀에서 3-1-2 숫자대로 게임을 풀어 가고 있는지 확인하면서 게임을 한다. 꾸준히 이런 스코어 전략으로 게임을 하다 보면 자신이 가장 못하는 과목이 드러나고 그 과목에 연습을 집중하다 보면 점점 스코어는 좋아진다. 공을 남보다 멀리 보내고 남보다 더 정확하게 보낼 수 있는 실력을 갖춘다면 더할 나위 없이 좋겠지만, 무엇보다 현재 나의 실력에 맞는 스코어 목표를 설정하고 그 목표에 어떻게 근접하느냐에 중점을 두고 게임을 하는 것이 중요하다. 틈날 때마다 자신의 스코어를 '3-1-2' 전략을 기준으로 작성을 해 보라. 금세 골프 실력이 향상될 것이다.

골프의 신이 알려 주는
족집게 레슨
2

GOLF LESSON 5

아마추어 골퍼의 로망, 비거리 늘리기

어쩌다 우연히 맞은 회심의 장타는 누구나 경험하게 되지만 그것을 지속시키는 방법은 아무도 모른다. _ 보비 존스

"비거리 욕심 없는 골퍼 있으면 나와 보라고 해"

골프 하면 녹색 잔디와 파란 하늘 사이로 쭉쭉 뻗어 가는 하얀 공이 가장 먼저 떠오를 것이다. 그 공을 바라보노라면 막힌 가슴이 뻥 뚫리는 듯 시원해진다. 처음 골프를 배우는 사람들 대부분이 상대방이 날리는 엄청난 비거리에 "나는 언제쯤 저렇게 공을 칠 수 있을까?" 하면서 거리에 대한 로망을 숨기지 않는다. 골퍼라면 누구나 거리에 욕심을 내고, 거리를 늘리기 위해 많은 시간과 비용을 투자한다. 골프 레슨의 대부분이 거리 늘리기에 대한 것이라고 해도 과언이 아니다. "거리가 짧게 가는 것은 자세가 나빠서 그런 것 아닌가요?", "레슨 받으면 거리가 늘겠죠?", "왜 나는 저 친구보다 키도 크고 힘도 있는데 거리가 안 나가죠?" 등등 거리 늘리기에 관한 질문을 끊임없이 한다. 그래서 나는 반대로 묻는다.

"도대체 드라이버로 거리를 얼마나 보내고 싶으세요?"

남자 왈, "250미터는 보내야 하는 것 아닌가요?"

여자 왈, "저는 180미터만 가면 소원이 없겠어요."

"좋아요, 그렇게 거리를 보낼 수 있는 방법을 알려 드리죠. 우선 생업을 포기하세요. 하루에 10시간은 연습하실 수 있으시죠?"

"아, 그렇게까지 해야 하는 건가요? 그럼 다시 생각해야죠. 프로 될 것도 아닌데."

그러나 여전히 거리에 대한 로망은 끝나지 않는다. 적어도 옆 친구보다는 거리를 더 보내고 싶고, 골프장에 갔을 때 멀리 시원하게 날아가는 공을 바라보고 싶은 것이 사람의 마음일진대 억누르기만 해서야 골프가 재미있겠는가? 그렇다면 내가 어느 정도까지 비거리를 낼 수 있는지 그 기준을 정하고 그만큼 거리를 늘릴 수 있는 방법을 찾는 것이 바람직하다.

최근 여러 매체에서 아마추어 골퍼의 비거리에 대한 통계 자료를 기사로 실었는데 그중 미국 골프 다이제스트는 "골프 게임의 리얼타임 샷 트래킹 시스템을 통해 비거리를 측정했다"며 2016년 4월부터 9월까지 자료를 수집한 결과를 발표했다. 그 결과 남자 아마추어 골퍼의 평균 드라이버 샷 비거리는 219.55야드였다. 영국골프협회에서도 비슷한 조사를 했는데 영국 남자 아마추어의 경우 평균 213야드라고 한다. 200미터가 채 안 되는 거리다. 물론 핸디캡이 12 이하인 상급자의 평균 비거리는 225~245야드로 꽤 멀리 보내지만, 보기 플레이어는 드라이버로 220야드, 즉 200미터 이상 치기 힘들다는 뜻이다. 또 한 가지 의미 있는 보고는, 처음 조사를 한 1996년 이후 20년 동안 겨우 13야드밖에 늘지 않았다는 것이다. 신체 조건이 좋아지고 첨단 기술이 적용된

클럽이 속속 출시됨에도 불구하고 프로 선수가 아닌 아마추어에게는 별다른 효과가 없다는 것이다. 여자 아마추어 골퍼의 평균 드라이버 샷 비거리는 146야드로 남자보다 67야드, 대략 60미터 정도 짧았다.

아마추어 골퍼가 하루 한 시간 정도 꾸준히 골프 연습을 하면 평균 비거리 정도는 보낼 수 있다. 혹시 그 정도 시간 투자하지 않고 평균 이상의 비거리를 희망한다면 그 꿈은 일찌감치 버리는 것이 좋다. 오히려 골프 스트레스만 더 쌓일 것이다. 그럼 골프 상급자가 보내는 꿈의 비거리 220미터는 불가능한 것일까? 가능하다. 정답은 딱 하나, 이것이라고 해도 과언이 아니다. 힘만 쓰지 않으면 된다. 즉 힘으로 안 되는 일도 있다는 것이다.

거리는 힘으로 내는 것이 아니다

무엇보다 꽤 먼 거리를 보내려면 공을 정확하게 맞출 수 있어야 한다. 정확하게 공을 맞추지 못하는 이유는 많다. 클럽이 몸에 맞지 않거나 환경 변화에 따른 어색함과 같은 외형적인 문제뿐만 아니라 근력 부족, 심리적인 압박감 그리고 스윙에 대한 이해 부족 등 한 가지 원인을 꼭 집어서 말하기는 어렵다. 무엇보다 가장 큰 이유는 100퍼센트의 힘을 있는 힘껏 써서 공을 치려 하기 때문이다. 게다가 100퍼센트의 힘을 쓸 수 있는 스윙이 되어 있지 않다 보니 불필요한 힘을 많이 쓰게 되고 과도한 몸동작을 하게 된다.

한 기자가 미국 PGA 프로인 어니 엘스에게 "9번 아이언으로 거리가 얼마나 납니까?"라고 물었다. 어니 엘스가 135야드라고 대답하자 갤러리들이 "우!" 하고 야유했다. 그때 어니 엘스가 "아, 최대 거리를 물어보신 거예요?"라며 "190야드 정도는 보낼 수 있을 거예요."라고 대답했다.

이 이야기를 보면 프로 선수는 보통 때 최대 거리의 70퍼센트 정도로 스윙을 한다는 사실을 알 수 있다.

자신의 힘을 100퍼센트 이상 발휘하는 샷은 거리와 방향에서 모두 일관성을 유지하기 어렵다. 일관성이 확보되지 않은 샷은 재앙이다. 무엇보다 일관성을 유지하는 범위 내에서 평균 거리가 만들어지도록 70 내지 80퍼센트 정도의 스윙을 만들어 놓고 그 다음에 거리를 조금씩 늘려 가도 전혀 문제가 없다. 골프에서의 힘자랑은 아무 의미가 없다. 어차피 힘으로는 안 되는 것이 골프다. 힘보다는 오히려 스윙의 기초를 더 튼튼히 해야 한다. 항상 강조하는 사항인데 가장 중요한 기초 중의 하나가 '그립과 셋업'이다. 어떤 모양으로 그립을 하든 손가락으로 잡되 클럽에 힘이 전달될 수 있도록 견고히 잡는 것이 중요하다. 사세를 외식적으로 만들려고 해서는 안 된다. 조금이라도 어색하면 숨을 길게 내쉬면서 긴장된 곳을 확인하고 경직되지 않도록 해야 한다. 먼저 자연스러운 스윙을 완성한 후에 거리를 늘리는 연습을 하자.

비거리를 늘려 주는 숨은 1인치 '레이트 히트'

비거리는 마음과 달리 잘 늘지 않는다. 어느 순간까지는 열심히 연습한 만큼 거리가 느는 효과도 있지만 평균 이상으로 거리를 늘리는 것은 꼭 연습량과 비례하는 것은 아니다. 아마추어 평균 거리를 넘어 200미터에서 220미터로 거리를 늘리는 것은 거리의 증가 폭처럼 10퍼센트 더 시간을 할애해서 연습한다고 되는 것이 아니다. 10퍼센트의 시간이 아니라 2배의 시간을 투자해야 한다. 250미터까지 거리를 늘리려면 지금 연습 시간보다 4배 이상 시간을 투자해야 한다. 프로 선수들이 하루 10시간 골프 연습을 하면서 만든 거리가 평균 250미터이다. 사실 비거리는 스윙 연습만으로 모든 것이 해결되는 것은 아니다. 스윙의 토대인 하체 단련이

레히트 히트

다운스윙 시 참을 수 있을 만큼 손목의 꺾임을 풀지 않는다면 헤드를 가속시킬 수 있다. 이것이 바로 레이트 히트이다.

필수로 들어가야 한다. 하체를 강하게 단련하는 것만으로도 충분히 비거리를 늘릴 수 있으나 여기에서는 같은 힘을 주고도 훨씬 더 스피드를 낼 수 있는 요령에 대해 언급하고자 한다. 바로 '레이트 히트Late hit'이다. 레이트 히트는 다운스윙을 할 때 오른쪽 손목의 코킹이 풀리지 않은 상태를 최대한 유지하여 클럽 헤드의 리턴 동작을 늦춤으로 순발력을 증가시키는 타법을 말한다. 즉 오른쪽 팔을 떨어뜨리면서 오른쪽 팔이 겨드랑이에 붙을 때까지 손목의 움직임을 참을 수 있을 때까지 참는 것이다. 이렇게 하면 다운스윙하는 동안 오른쪽 손바닥이 정면을 향하게 된다. 그러나 많은 아마추어들은 다운스윙을 할 때 공을 치려고 하는 마음이 앞선 나머지 오른쪽 손바닥이 공을 향하면서 엎어 치는 동작을 하게 된다.

레이트 히트를 잘하게 되면 같은 힘을 주고도 2배 이상의 스피드를 낼 수 있다. 작은 힘으로도 클럽 헤드를 힘껏 가속시킬 수 있는 것이다. 여기에서 중요한 것 중의 하나는 팔 동작만으로는 레이트 히트를 만들 수 없다. 반드시 하체의 몸통을 충분히 비틀어 하체의 강한 리드가 나오도록 해야 한다. 이런 레이트 히트는 골프뿐만 아니라 야구나 배구, 테니스 같은 운동에서도 찾아 볼 수 있다. 2장에서도 언급했듯이 일상생활에서 하는 빨래 털기와 같은 동작도 레이트 히트라고 보면 된다. 거울 앞에서 다운스윙 동작을 하면서 오른손을 떨어뜨릴 때 오른손 손바닥이 정면을 향해 있는지 체크하면서 연습한다.

GOLF LESSON 6
자유자재 나만의 컨트롤 샷 만들기

좋지 않은 스코어로 라운드를 했다면 잊어버려라. 다음 라운드도 그렇다면 기본으로 돌아가라. 그래도 마찬가지라면 프로에게 도움을 청하라.
_ 스코틀랜드 골프 명언

하프 스윙으로 헤드 중심에 공을 맞추는 방법

연습장에서 한 가지 연습에 5분 이상 집중하지 못하고 이것저것 욕심내다가 아무 성과도 얻지 못하는 경우가 많다. 따라서 포인트를 하나 정해 놓고 몰입하는 연습이 필요하다. 그중 하나가 헤드 중심에 공을 맞추는 연습이다. 7번 아이언으로 좌우 대칭이 되도록 하프 스윙을 하는 것인데, 먼저 공을 치기 전에 몸 풀 듯이 몇 번 하프 스윙을 해 본다. 궤도가 일정해지면 공을 내 몸의 가운데에 놓고 하프 스윙만으로 정확하게 공을 치는 연습을 한다. 이때 공의 거리나 방향에는 신경 쓰지 않아도 된다. 세게 치지 말고 클럽 헤드의 중심으로 정확하게 맞추는 것에만 집중한다. 처음에는 빈번히 땅볼을 치거나 빗맞겠지만 20분 정도 집중하다 보면 점점 헤드 가운데 공이 닿는 느낌을 알게 된다. 일정한 방향으로 나갈 때까지 계속해서 연습한다. 이 연습이 익숙해지면 나중에는 5번 이상의 롱 아이언으로도 충분히 연습할 수 있다. 롱 아이언의 하프 스윙으로도 공을 정확하게 맞추는 감각을 익히는 데 주력한다. 이때 주의할 점은 하프 스윙 같은 작은 동작을 할 때도 팔로만 하지 말고 몸통이 리드하는 스윙이 되도록 해야 한다는 것이다. 아마추어 골퍼는 항상 연습이 부족하다. 연습이 부족한 상황에서 골프 실력 향상이 멀게만 느껴지겠지만 이와 같은 기본 기술을 착실하게 반복 연습하면 좋은 스윙 감각을 유지할 수 있다.

자유자재 컨트롤 샷 만들기

연습장에서 풀스윙을 엄청나게 연습했어도 막상 필드에 가면 풀스윙을 하기 힘든 상황에 부딪힌다. 공이 놓인 자리가 경사면일 때, 바람이 많이 불 때 또는 벙커를 넘겨 정확하게 공을 쳐야 할 때 등등 풀스윙을 하기에는 다소 부담스러운 상황에서 사용할 수 있는 샷이 필요한데 이것이 바로 컨트롤 샷이다. 일명 '펀치 샷 Punch shot'이라고 한다. 펀치 샷은 거리는 다소 짧아지더라도 공을 정확하게 맞추어 직선으로 날아가도록 하는 기술이다. 펀치 샷의 정의를 보면 '임팩트 시 손목의 움직임을 최대한 이용해서 펀치를 하는 샷'이라고 되어 있다. 무슨 말인지 꽤 어려워 보인다. 그래서 어떻게 하라는 것인가? 용어의 의미 그대로 마치 펀칭하듯이 공을 쳐서 낮게 날아가도록 하는 샷인 것 같다. 무엇보다 공의 방향성이 중요하기 때문에 당연히 공을 끝까지 보고 정확하게 쳐야 할 것이다. 일단 한번 시도해 보자. 여기에서는 펀치 샷이라는 용어 대신 컨트롤 샷이라고 통일하고자 한다.

앞에서 언급한 하프 스윙으로 헤드 중심에 맞추는 연습을 하고 난 후 본격적으로 컨트롤 샷을 시작하는데 사용할 클럽은 7번 아이언, 공의 위치는 가운데보다는 약간 오른쪽에 두고 클럽을 조금 짧게 잡는다. 백스윙은 하프 스윙보다 조금 크게 하고 다운스윙 시 반드시 하체를 확실하게 사용한다. 클럽 헤드가 공에 닿을 때까지 시선을 고정한다. 팔로스루는 공이 정확하게 맞는 느낌이 들 때까지는 생략해도 된다. 잘 맞는 느낌이 나면 그때부터는 백스윙과 팔로스루의 크기를 좌우 대칭이 되도록 같게 하거나 팔로스루를 조금 크게 한다. 스윙 크기는 작지만 단단한 하체의 힘을 이용하면 공이 낮게 가면서 정확하게 날아가고 또 생각보다 거리도 많이 난다. 풀스윙 거리의 70~80퍼센트 정도의 거리를 보낼 수 있다. 그러나 이렇게 절제된 스윙을 하다 보면 자칫 팔로만 공을 치기 쉽다. 팔로만 치게 되면 우선 방향성이 일정하지 않게 되는데 생각보다 훨씬 더 많이 왼쪽으로 휘어지는 공이 나오기 쉽다. 이런 컨트롤 샷은 바람이 많이 불어 공을 낮게 치고자 할 때 유용하며, 나무와 같은 장애물이 있어 높이 뜨는 샷으로는 공략이 어려울 때 꼭 필요한 샷이다. 뿐만 아니라 경사면에 공이 있을 때나 긴 러프에 있어 정확한 탈출이 필요할 때도 유용하게 써먹을 수 있다. 컴팩트한 스윙이기 때문에 거리는 한 클럽 짧아져도 흔들림이 적어 확실한 스코어를 만들고 싶어 하는 골퍼들이 익혀 두면 매우 유용하다. 우선은 7번 아이언 하나로 집중해서 컨트롤 샷을 연습하다가 아이언을 다루는 것이 익숙해지면 8번 아이언으로 바꿔서 연습한다. 컨트롤 샷을 익히기에는 7번보다는 8번 아이언이 더 좋다. 길이가 더 짧아 치기 쉬워서 폭넓게 활용할 수 있기 때문이다. 이 8번 아이언 하나로 거리를 조절해 본다. 스윙 크기에 따라 남성 기준으로 80미터에서 120미터 사이의 거리를 조절한다. 여성의 경우 좋아하는 유틸리티 우드로 컨트롤 샷을 연습하는 것도 매우 효과적이다. 컨트롤 샷을 잘하면 코스에서도 쓸데없이 크게 클럽을 휘두르지 않아 정확한 샷을 하기 쉽다. 정확하게 공을 맞출

컨트롤 샷

백스윙은 쓰리쿼터까지만 하고 탑에서 반 템포 쉰다. 손목의 움직임은 최대한 억제한다.

그립은 조금 짧게 잡고 공의 위치는 가운데보다는 약간 오른쪽에 둔다. 다운스윙 시 반드시 하체를 사용해야 한다.

클럽 헤드가 공에 닿을 때까지 시선을 유지한다.

팔로스루는 목표 방향으로 낮고 길게 양손을 뻗어 준다. 피니시는 백스윙 크기와 같거나 약간 크게 한다.

수 있다면 방향뿐만 아니라 비거리도 늘릴 수 있는 효과를 기대할 수도 있다. 크게 휘두르면 아무래도 몸의 움직임이 흐트러져 공이 휘기 쉽다. 그래서 백스윙 크기를 정확하게 하는 데 집중을 해야 하고 피니시 역시 위치를 정해 놓고 정확하게 그 위치까지 스윙하는 것을 의식하면서 연습을 해야 한다. 전체적으로 서두르지 말고 매끄러운 리듬을 타는 것에 주력하는 것이 좋다. 공을 멀리 보내려고 자꾸 힘을 주지 말고 어떤 클럽으로든 항상 같은 감각으로 스윙하려고 노력하면 거리감은 더욱 안정될 것이다. 이 기회에 자신만의 자신 있는 컨트롤 샷 무기를 하나 장만해 본다. 이렇게 클럽 하나를 이용해서 거리를 자유롭게 조절할 수 있다면 코스에서 정말 유용한 무기가 된다.

야외 연습장에서도 샷의 방향과 거리를 확인한다

이것은 효과가 매우 좋은 야외 연습장 이용 방법이기도 하다. 우선 2층 높이 이상의 타석보다는 1층 높이에 타석이 있고 공이 떨어지는 자리가 평평한 연습장을 하나 물색해 둔다. 또한 오토 티업기를 쓰는 곳보다는 공 바구니에 공을 담아 사용할 수 있는 연습장이면 더욱 좋다. 오토 티업기가 있는 연습장은 공이 계속 자동으로 올라오기 때문에 최대한 많이 쳐야 할 것 같은 심리적 기저가 생겨 공만 치게 된다. 안내 데스크에 가서 타석을 배정 받을 때는 가운데 타석보다는 가급적 자신의 구질에 따라 오른쪽 또는 왼쪽 끝 타석을 잡으려고 노력한다. 구질이 주로 왼쪽으로 가는 타입이라면 왼쪽 타석, 오른쪽이면 오른쪽 타석을 선택한다. 그래야 셋업이 어색하지 않게 된다. 타석에 따라 구질을 정확하게 체크하고 개선할 수 있는 효과도 있다. 또한 가장자리 타석에서 연습하면 비스듬하게 공을 치기 때문에 마치 코스에 나와 페어웨이를 넓게 쓰는 것과 같은 효과가 있어 코스 공략이 편해진다.

이제 8번 아이언으로 컨트롤 샷을 연습하는 데 집중한다. 80미터에서 120미터 사이의 다양한 거리를 보내는 연습을 한다. 매 샷마다 거리와 목표를 다르게 설정하여 거리 조절하는 연습을 하되 비록 짧은 거리를 보내는 샷이라도 반드시 하체를 써서 스윙한다. 이때 중요한 것은 비록 미스 샷을 하더라도 같은 목표를 향해 다시 치지 않도록 한다. 실패하면 다시 쳐 보고 싶은 것이 당연하지만 실전에서는 절대 다시 칠 수 없다. 계속 목표와 거리를 바꿔 가면서 연습에 주력한다. 이렇게 실수하더라도 다시 치지 않은 연습을 자신의 실수를 있는 그대로 받아들이는 훈련이 되기도 한다. 실수도 골프의 한 부분이므로 그 순간 있는 그대로 받아들이고 다음 샷에 집중하는 것이 중요하다. 이 컨트롤 샷을 잘 익혀 두면 유용하게 쓸 수 있을 때가 많다. 경사면에서의 샷을 크게 실수하지 않고 정확하게 할 수 있는 것은 말할 것도 없고, 페어웨이 벙커에 공이 들어갔을 때도 거리를 크게 손해 보지 않고 원하는 목표에 공을 보낼 수 있다. 페어웨이 벙커에서도 요령은 동일하다. 아이언 또는 유틸리티 우드를 조금 짧게 잡고 백스윙을 간결하게 함으로써 몸의 움직임을 최소화한 상태에서 클럽 헤드로 정확하게 공을 가격하면 원하는 거리만큼 보낼 수 있다.

GOLF LESSON 7

평지가 아닌 경사에서의 샷 완전 정복

골프 코스를 비판하는 사람은 남의 집 만찬에서 돌아와 "형편없는 저녁이었다"라고 말하는 사람이다. _ 게리 플레이어

경사면에서의 샷은 왜 어려운가?

처음 골프장에 나가면 가장 당황하게 만드는 것 중의 하나가 대부분 코스에 평지가 없다는 것이다. 자연을 소재로 코스를 만들다 보니 축구장처럼 평평하고 규격화된 게임 공간을 만든 것이 아니라 가는 길이 오르막이기도 하고 내리막이기도 하고 산등성이와 계곡도 엄청 많은 자연에 가까운 공간이라는 것이다. 이렇게 코스를 울퉁불퉁하게 만들어 놓은 것을 '언듈레이션undulation'이라고 한다. 자연 그대로의 지형을 최대한 살려 게임을 밋밋하지 않게 해주는 맛깔스러운 장치이기는 하나 연습장의 평지에서만 스윙을 해 본 사람은 경사 때문에 정상적인 스윙을 제대로 하지 못해 막상 필드에 가면 공이 잘 맞지 않는다.

경사면에서의 샷이 얼마나 어려울까? 공이 있는 곳에서 그린까지 대략 120미터 정도 남았다고 가정하면 남자의 경우 7번 또는 8번 아이언으로 공략하는 것이 일반적이다. 평균적으로 90타대를

칠 줄 아는 보기 플레이어Bogey player라면 평지에서 10개의 공을 쳐서 7~8개는 그린에 올릴 수 있다. 그런데 어느 쪽으로 기울었든 약간 경사가 느껴지는 곳에서는 확률이 반으로 줄어든다. 즉 평지보다 난이도가 2배 정도 된다. 근처에서 봐도 경사가 확연하게 느껴지는 곳이어서 서는 것이 불편하게 느껴지는 경사라면 샷의 난이도는 4배로 커진다. 10개를 치면 2개 이상 그린에 올리기 쉽지 않다. 아예 서는 것 자체가 쉽지 않은 심한 경사도 많다. 이런 경사에서는 정확하게 맞지도 않고 공이 엄청 휘어진다. 잘못 치다가는 그린은커녕 산으로 보내기 십상이다. 즉 심한 경사가 있는 곳에서는 10개의 공을 쳐도 그린에 올릴 가능성이 아예 없다고 보면 된다. 이런 경사에서는 긴 클럽과 풀스윙을 하는 것은 금물이다. 그렇다고 스윙을 작게 하거나 달래서 치는 것도 절대 안 된다. 결국 필드에 가서 다양하게 겪게 되는 상황에 대응하기 위해서는 경사면 샷 연습이 필요하다. 경사면 샷을 잘하려면 풀스윙을 빨리 포기해야 한다. 스크린골프방에 가면 대부분 경사면 플레이트라는 것이 있어 게임을 할 때 경사면 샷을 할 수 있도록 구현해 놓았는데 연습장 모드에서도 그런 경사면 연습이 가능한지는 확인해 보아야 한다. 그래서 여기에서는 연습장에서 경사면 샷을 연습할 수 있는 방법을 소개하고자 한다. 비록 바닥이 평지이기는 하지만 셋업을 할 때 경사가 있는 것처럼 하여 불편한 상태에서 경사면 샷을 연습하는 것이다. 그 이전에 경사면 샷의 종류와 각 경사면 별로 샷을 하는 요령을 먼저 살펴보자.

4가지 경사면 샷을 하는 요령

① 발끝 오르막 경사

내가 서 있는 자리보다 공이 놓인 자리가 높은 경우이다. 이런 경사는 공이 지면보다 높이 있으므로 원래대로 스윙을 하면 뒤땅이 발생한다. 그래서 경사가 높아진 만큼 클럽을 짧게 잡고 공의 위치도 가운데보다 오른쪽으로 옮겨야 뒤땅을 방지할 수 있다. 또한 공을 치면 주로 왼쪽으로 공이 휘어지므로 방향을 잡을 때는 목표보다 조금 더 오른쪽을 겨냥해야 한다. 어느 정도 거리를 고려할 수 있는 수준이라면 당연히 예상한 클럽보다 하나 긴 클럽(7번 아이언을 쓸 거리였다면 6번 아이언 선택)을 사용한다. 경사에서는 몸

발끝 오르막 경사

발끝 오르막
티를 가장 높이 하고 가운데보다 오른쪽에 공을 놓고 몸의 상하 움직임이 없도록 주의한다.

동작을 과도하게 쓰는 풀스윙을 하지 말고 거리는 손해 보더라도 정확하게 공을 칠 수 있는 간결한 스윙을 해야 한다.

② 발끝 내리막 경사

내가 서 있는 자리보다 공이 놓인 자리가 낮은 경우이다. 발끝 오르막과 반대인 상황으로 공이 지면보다 낮게 있기 때문에 공과 몸이 멀어져 탑핑이 나기 쉽다. 클럽을 조금 길게 잡고 평소보다 조금 더 다가서서 자세를 낮춘 상태로 셋업을 하고 스윙하는 동안 몸이 들리지 않도록 무릎 구부린 상태를 끝까지 유지하는 것이 중요하다. 특히 타깃과 공을 잇는 타깃 라인을 의식하면서 평행하게 헤드를 들어 올려야 하고 확실하게 코킹을 해야 한다.

발끝 내리막 경사

발끝 내리막
볼 바구니에 올라서서 자세를 최대한 낮추고 하체를 확실하게 잡고 간결하게 친다. 백스윙 시 목표 라인과 평행하게 헤드를 올려야 한다.

③ 왼발 오르막 경사

오른발보다 왼발이 높은 경우이다. 오른쪽으로 몸이 기울어지다 보니 백스윙은 별로 어렵지 않으나 피니시가 잘 안 된다. 즉 체중 이동이 쉽지 않다는 뜻이다. 체중 이동이 잘 안 되니 뒤땅이 잘 나고 공이 왼쪽으로 휘어진다. 그리고 클럽 헤드가 더 눕기 때문에 원래 보내는 거리보다 짧아진다. 무엇보다 이런 경사에서는 오른발에 체중을 싣고 경사와 평행하게 셋업을 한 후 스윙 궤도를 경사면에 평행하게 만들어야 한다. 공의 위치는 오른발 가까이 놓고 오른발을 바닥에 붙인 채 간결하게 공을 친다.

왼발 오르막 경사

왼발 오르막
볼바구니에 왼발을 올려놓고 공을 친다. 오른발 발꿈치를 들지 말고 정확하게 친다.

④ 왼발 내리막 경사

오른발보다 왼발이 낮은 경우이다. 이번에는 왼쪽으로 몸이 기울어져 있으므로 다운스윙이나 체중이동은 저절로 되지만 백스윙이 다소 불편하다. 스윙이 급해지기 쉬우므로 충분히 백스윙을 한다고 생각해야 한다. 공이 원래 스윙할 때보다는 낮게 있으므로 탑핑이 발생하기 쉽다. 체중은 왼발에 둔 상태에서 백스윙시 최대한 코킹을 빨리 하되 다운스윙 때는 클럽이 지면의 경사를 따라 쭉 내려간다는 이미지를 갖는 것이 중요하다. 오른쪽으로 휘는 구질이 많이 나오므로 목표보다 약간 왼쪽을 겨냥하고 하나 짧은 클럽을 선택한다. 탑핑이 나면 의외로 거리가 많이 나기 때문에 그린

왼발 내리막 경사

왼발 내리막
볼바구니에 오른발을 올려놓고 왼발에 체중을 둔 상태에서 코킹을 빨리 하되 정확하게 친다.

을 지나쳐 낭패를 보는 경우가 종종 있다. 공의 위치는 가운데보다 오른쪽, 즉 높은 쪽에 두도록 한다.

이런 다양한 경사에서의 샷은 그 방법을 아무리 외우려고 해도 막상 필드에 가면 잘되지 않는다. 무엇보다 경사에서 하는 샷 요령이 몸에 체득되어 있어야 하고 필드에서는 본능적으로 상황에 대처할 수 있어야 한다. 평소 한두 시간 정도 집중적으로 경사면 샷을 연습해야 한다.

연습장에서도 경사면 샷을 연습할 수 있다

코스를 도는 것만으로는 좀처럼 경사면 샷 요령을 터득하기 쉽지 않다. 동반자에게 양해를 구하고 경사면에 있는 공을 한 번 더 쳐볼 수는 있겠지만 연습량으로 턱없이 부족하다. 그러니 연습장에서라도 '경사'라는 가상의 상황을 만들어 놓고 연습하는 수밖에 없다. 먼저 가장 쉬운 연습은 티 위에 공을 올려놓고 아이언으로 공을 치는 것이다. 티 위에 공이 있다는 것 자체가 공이 발보다 위에 놓인 상황으로 발끝 오르막 경사라고 보면 된다. 공을 가운데보다는 오른쪽에 오도록 셋업을 하고 공만 정확하게 치는 연습을 한다. 당연히 풀스윙보다는 좀 더 간결하게 스윙해야 할 것이다. 처음에는 정확하게 맞추기 쉽지 않고 왼쪽으로 많이 휠 것이다. 우선 아이언으로 높게 티업한 공을 슬라이스를 치는 느낌으로 맞추는 연습을 하다 보면 생각보다 멀리 보낼 수 있다. 정상적인 스윙을 했을 때 거리의 80퍼센트 정도는 날아간다. 아이언이 익숙해지면 페어웨이 우드로도 도전해 보자.

　발끝 내리막 경사 연습은 소도구가 필요하다. 목욕탕에서 사용하는 낮은 의자받침이나 쇠로 된 볼 바구니를 이용하면 된다. 이렇게 발판 2개를 만들어 그 위에 올라가 셋업을 한 후 바닥에 있는 공을 치는 것이다. 당연히 높이 올라 서 있기 때문에 하체를 확실하게 잡고 간결하게 공을 쳐야 한다. 발끝 내리막 경사에서는 평소보다 더 구부린 무릎 높이를 끝까지 유지함과 동시에 테이크백 방향에 주의한다. 목표 라인과 평행하게 헤드를 올리는 것이 좋다. 자칫 목표 라인을 벗어나 백스윙을 하면 미스 샷이 나온다.

　왼발 오르막이나 왼발 내리막은 받침대 하나를 놓고 한 발만 걸쳐 놓은 채 공을 치는 것이다. 당연히 바닥에 있는 발에 체중이 실려 있을 것이고 셋업을 할 때 비스듬해진 경사에 평행하게 자세를 잡고 공을 정확하게 맞추는 연습을 꾸준히 하다 보면 경사면 샷에 대한 두려움을 상당 부분 극복할 수 있다. 무엇보다 경사에서는 큰 스윙을 하는 것이 아니라 백스윙을 짧게 하고 간결한 스윙을 하는 것이 중요하다. 어느 정도 필드에 적응하고 실수를 줄임과 동시에 본격적으로 스코어를 낮추기 위해서는 경사면을 공략하는 기술이 필수적이다. 뜻이 있는 곳에 길이 있듯이 어떻게 해서든지 경사면 샷을 연습할 수 있는 환경과 조건을 만들어 시도해 보고 나만의 무기로 확실하게 만들어 놓아야 한다.

GOLF LESSON 8

소리와 종이를 이용한 어프로치 연습법

> 어프로치에서 볼이 홀인되는 것은 요행이며, 홀에 딱 붙이는 것이 진짜 굿 샷이다. _ 월터 헤이건

어프로치 샷 실력이 뛰어나지 않은 고수는 없다

어프로치 샷, 즉 짧은 거리를 보내는 숏 게임 스윙의 경우 동작 자체는 크게 어렵지 않다. 일주일 정도만 집중해서 연습하면 얼마든지 잘할 수 있다. 그런데 연습장에서는 꽤 잘 맞다가도 코스에 나가면 방향도 잡기 어렵지만 정확해야 할 거리가 들쑥날쑥해진다. 이것은 매트와 잔디의 차이 때문이다. 특히 어프로치 샷은 연습장 매트를 100퍼센트 믿으면 안 된다. 연습장 매트는 고무로 되어 있어서 뒤땅을 쳐도 클럽 헤드가 매트 위로 미끄러지면서 타구감이 꽤 좋게 느껴지지만 코스에 나가 잔디에서 뒤땅을 치면 결과가 처참하다. 정확히 맞지도 않고 특히 거리가 나지 않아 그린에 미치지 못하거나 벙커에 빠지는 일도 생긴다. 이런 난감한 상황을 방지하려면 어프로치 샷을 연습할 때부터 공을 깨끗하게 치는 연습을 해야 한다. 이렇게 어프로치 샷이 특기가 되면 그린을 노리는 세컨 샷은 결코 무리하지 않는다. 풀스윙을 할 때부터 자신 있는

클럽으로 다음 어프로치를 하기 쉽고 안전한 곳을 노린다.

필드에 가면 풀스윙 실력에 비해 어프로치 실력이 떨어지는 사람들이 많다. 화려한 샷으로 쉽게 그린 근처까지는 오지만, 그 이후로는 그린을 이리저리 헤맨다. 어프로치 실력이 뛰어나지 않은 상급자는 없다. 상급자라면 누구나 숏 게임의 중요성을 자각하고 어프로치 연습에 매진하기 때문이다.

풀스윙을 얼마나 잘하는지를 알 수 있는 통계 중에 'GIR$^{Green\ in\ regulation}$'이라는 것이 있다. 이는 공을 쳐서 기준 타수 내에 그린에 올린 것으로 '그린 적중률'이라고도 한다. Par3홀에서는 한 번, Par4홀에서는 두 번 그리고 Par5홀에서는 세 번 만에 그린에 공을 올린 확률이다. 프로 선수는 GIR을 매우 중요하게 생각하고 확률을 높이기 위한 노력을 많이 한다. PGA사이트를 보면 세계에서 공을 가장 잘 치는 프로 선수 100명의 GIR이 나와 있다. 프로 선수라고 모든 홀에서 기준 타수 내에 그린에 공을 올리는 것은 아니다. 평균 60퍼센트대이다. 즉 18홀 중 6개의 홀에서는 그린을 놓치고 어프로치 샷으로 그린을 공략한다는 의미다. 하물며 아마추어는 어떻겠는가? 싱글 플레이어라 하더라도 스코어를 분석해 보면 대부분 기준 타수 내에 그린에 올리는 확률이 30퍼센트대이다. 10개의 홀 이상 그린을 벗어난다는 것이다. 이때 상급자들은 정확한 어프로치 샷을 통해 그린을 벗어난 10개 홀 중에서 50퍼센트 이상을 원 퍼트 거리에 붙여 한 번의 퍼트로 게임을 끝낸다. 그만큼 어프로치 샷에 숙달되어 있다는 것이다. 결국 어프로치 샷은 골프 게임에서 결코 피할 수 없는 부분으로, 비거리를 늘리거나 정확한 풀스윙 기술을 연마하는 것과 별개로 상당한 수준으로 숙달시켜야 한다. 이는 프로 선수이든 초보이든 모든 수준의 골퍼에게 가장 중요한 샷이기도 하다는 것을 아무리 강조해도 부족함이 없다.

어프로치 샷은 랜덤형 연습이 좋다

어프로치 샷은 막연히 공만 많이 쳐 봐야 연습 효과가 향상되지 않는다. 어프로치 샷은 컵에 넣거나 깃대에 붙이는 샷이므로 항상 목표를 정하고 연습해야 한다. 한 타를 칠 때마다 본 게임을 한다는 마음가짐으로 목표를 똑바로 마주하고 공을 떨어뜨릴 지점을 확인한 후에 공을 친다. 가까운 거리에서는 공이 홀 쪽으로 굴러가서 목표 지점에 닿은 장면을 이미지로 떠올리면 효과적이다. 이런 연습 방법을 랜덤형 연습이라고 하는데 첫 번째 샷은 10미터, 다음 샷은 20미터, 그 다음 샷은 30미터를 치는 식으로 공 하나마다 다른 목표를 향하는 연습을 한다. 물론 처음 골프를 배우는 초보자라면 아직 숏 게임 스윙이 익숙하지 않기 때문에 하나의 목표를 향해 집중적으로 반복 연습하는 블록형 연습이 적합할 것이다. 그러나 어느 정도 블록형 연습이 익숙해지면 가능한 한 빨리 랜덤형 연습으로 바꾸는 것이 좋다. 랜덤형 연습은 공 하나마다 방향과 거리를 바꾸기 때문에 목표를 확실하게 보고 거리감을 맞추려는 의식이 강하게 작용하여 실전용으로도 적합하다. 이렇게 목표를 노리는 어프로치 연습을 꾸준히 하다 보면 소뇌 안에 '내부 모델'이라고 불리는 신경회로가 만들어진다. 그러면 눈으로 보는 것만으로도 무의식적으로 거리에 맞는 스윙을 할 수 있는 것이다.

어프로치 샷을 연습할 때는 기본 클럽을 하나 정해 놓는다. 적당히 띄워서 적당히 굴러가게 하려면 어프로치 웨지를 쓰는 것이 좋다. 여러 가지 클럽을 다 사용하는 것은 아마추어에게는 도움이 되지 않는다. 특히 중급 수준의 골퍼라도 샌드 웨지는 쓰지 않는 것이 좋다. 샌드 웨지로 공을 높이 띄워 그린에 바로 세울 수 있을 것이라고 생각하지만, 높이 띄우면 띄울수록 실수할 확률도 그만큼 커진다. 페이스가 56도 이상 누워 있는 샌드 웨지는 웬만큼 연습하지 않고서는 다루기 어려운 클럽이다. 게다가 그립의 강도와 스피드에 따라 굴러가는 정도가 달라지므로 거리를 맞추기가 어렵다. 그보다는 기본 클럽으로 늘 같은 동작을 하는 방법을 권한다. 늘 같은 클럽으로 어프로치를 하면 공이 떨어지는 위치도 일정하게 맞출 수 있다. 어프로치 샷의 핵심은 거리감이다. 무엇보다 기본 클럽의 거리감을 익히는 데 집중하도록 한다.

소리와 종이로 뒤땅 여부를 확인한다

앞에서도 언급했듯이 연습장 매트에서는 어느 정도 뒤땅이 나도 클럽이 미끄러지기 때문에 어프로치 샷이 제법 잘된 것처럼 느껴진다. 그러나 코스 잔디에서 뒤땅을 치면 거리가 반도 날아가지 않아 당황하게 된다. 연습장에서는 잘되는데 코스에서 계속해서 뒤땅을 친다면 이런 사람들은 연습장의 매트 때문에 자신이 뒤땅을 치고 있다는 것을 알아차리지 못하고 있을 가능성이 크다. 그래서 아예 연습장에서의 매트에서부터 깨끗하게 공을 치는 연습을 하는 것이 좋다. 공을 깨끗하게 친 경우와 그렇지 않은 경우를 어떻게 구분할 수 있을까? 우선 그것은 공을 쳤을 때의 타구 소리로 판단할 수 있다. 연습장 매트라 하더라도 뒤땅을 내지 않고 깨끗하게 공을 치면 상당히 맑은 소리가 나고 뒤땅이 나면 둔탁한 소리가 난다. 게다가 손에 전달되는 느낌도 뒤땅일 때와 아닐 때가 확연하게 구분된다. 짧지만 상쾌하게 들리는 '착' 하는 소리에 귀를 기울여 본다. 굳이 스윙을 보지 않고 공이 맞는 순간의 소리

종이를 놓고 하는 뒤땅 방지 연습

'찰칵' 하는 소리

종이가 그대로 있어야 한다.

만 들어도 그것이 나이스 샷인지 아닌지를 알 수 있다.

그렇게 어려운 동작이 아닌데도 결정적인 순간에 뒤땅이 나는 이유는 뭘까? 기술적으로 보면 셋업 자세보다 다운스윙 자세가 낮아졌거나 백스윙 동작을 과도하게 했거나 혹은 몸통을 쓰지 않고 팔로만 스윙했거나 등 풀스윙 때의 실수와 별반 다르지 않다. 특히 조절력이 부족한 상태이므로 멈칫하다가 어이없는 실수를 하기도 한다. 동작 자체는 별로 어렵지 않으므로 동작에 대해 너무 고민하지 말고 짧은 거리일수록 느긋하게 스윙한다. 2~3회 동작을 반복하여 공이 날아가는 이미지를 그려 보고 공을 치는 순간만큼은 자신 있게 한다면 충분히 원하는 거리를 조절할 수 있다.

또 한 가지는, 뒤땅을 내지 않고 공을 정확하게 치는 감각을 향상시킬 수 있는 연습 방법이다. 공의 뒤쪽 10센티미터 정도 부근에 명함 정도 크기의 작은 종이를 놓고 그 상태에서 공을 친다. 종이가 날아가 버리면 뒤땅을 쳤다는 증거이다. 스윙을 한 후에도 종이가 그 자리에 남아 있다면 깨끗하게 공을 치는 데 성공한 것이다. 이는 들리는 소리로도 확인이 가능하다. 가끔 헤드가 일으키는 바람 때문에 종이가 날아가는 경우가 있는데 이것은 괜찮다. 클럽의 날로 종이를 치지만 않으면 된다. 이 연습을 통해 깨끗하게 공을 칠 때의 감각을 몸으로 익혀 나가게 되면 코스에서도 뒤땅을 칠 걱정을 덜 수 있을 것이다. 종이 때문에 신경 쓰여 탑핑이 나는 것 같은 구질이 나오기도 하지만 상관이 없다. 처음에는 10센티미터 이상 여유 있게 놓고 시작하지만 익숙해지면 종이를 공의 뒤쪽 5센티미터까지 가까이 놓은 상태에서도 연습을 한다.

CHAPTER 4
실전 필드

골프는
실수를 줄이는
게임이다

아무리 연습해도 골프가 늘지 않는 이유

모두가 110퍼센트의 노력을 쏟지만 그보다 더 중요한 것은 얼마나 즐기고 있느냐는 것이다. 그게 진짜 '열심히'의 의미이다. _ 박세리

골프 연습에서 가장 큰 지출은 공을 많이 치는 것이다

많은 골퍼들이 골프연습장에 오면 골프백을 열자마자 아이언을 꺼내 스윙 몇 번 하고는 바로 공을 친다. 정말 쉬지 않고 공을 친다. 공을 많이 쳐야 스윙도 좋아지고 공이 더 잘 맞으면서 실력이 늘 것 같기 때문이다. 그렇지 않다. 단언컨대, 골프 연습장에서 가장 하지 말아야 할 연습이 공을 많이 치는 것이다. 공을 많이 치면 스윙이 좋아지기는커녕 오히려 망가진다. 왜냐하면 공을 친다는 것은 힘을 주고 있는 것이기 때문이다. 스윙만 망가지면 차라리 다행이지만, 몸이 망가져서 온갖 부상에 시달리게 된다. 그럼 연습장에 와서 공을 치지 않으면 어떤 연습을 하라는 것일까?

　골프 연습에서도 수입이 있고 지출이 있다. 가장 큰 지출은 공을 많이 치는 것이다. 공을 많이 치면 피곤한 스윙이 되고 좋은 스윙의 느낌이 사라진다. 게다가 무리해서 공을 치다가 부상을 당할 수도 있다. 골프에 있어 가장 큰 수입은 공이 없는 상태에서 클럽

을 휘두르는 빈스윙이다. 처음에는 표시가 나지 않지만 빈 스윙의 양이 많이 쌓이면 쌓일수록 스윙은 견고해지고 스윙에 필요한 근육도 만들어진다. 이때부터는 공을 많이 쳐도 큰 문제가 되지 않는다. 일단 연습장에 오면 가볍게 스트레칭을 한 뒤 7번 아이언을 들고 제대로 된 스윙 동작으로 빈 스윙을 왕복하는 습관을 가지는 것이 좋다. 10개씩 왕복하는 것을 1세트라고 보고 최소 10세트 이상을 반복한다. 10분도 채 안 걸린다. 빈 스윙은 아무 생각 없이 줄넘기하듯이 한다. 중간에 멈추거나 동작에 관한 고민을 하는 것은 좋지 않다. 꾸준한 빈 스윙만이 자신의 스윙을 더욱 단단하게 만들어 준다는 사실을 잊지 않도록 한다.

또 한 가지 불필요한 지출은 공을 연속해서 치는 것이다. 나쁜 연습 습관 중의 하나로 이는 필드에서 쓸 수 있는 기술이 아니다. 공을 계속해서 치다 보면 잘 맞지 않다가 갑자기 잘 맞는 경우가 있다. 그러면 스윙이 좋아졌을 것이라고 생각하고 필드에 가면 좋은 샷이 나올 것이라고 기대하지만 필드는 공을 여러 개 쳐서 그 중에 잘 맞은 공을 치는 게임이 아니다. 딱 한 번으로 샷은 끝난다. 그것이 미스 샷일지 굿 샷일지는 모른다. 평소에 연습장에서 연습을 가장 많이 한 미스 샷이 나올 가능성이 크다. 또한 대부분 긴장 상태이기 때문에 미스 샷이 나올 확률이 훨씬 크다.

'삼보일배三步一拜'라는 말이 있다. 이는 세 걸음 걷고 한 번 절하는 행위를 반복하는 불교의 수행법으로 탐진치貪嗔痴, 즉 탐욕과 노여움과 어리석음을 끊어 내고자 하는 수행의 한 방법이다. 골프에도 삼보일배가 있다. 계속해서 공만 치는 행위를 막아 주는 연습법이다. 공을 치는 연습을 할 때 빈 스윙을 두세 번 해 보고 그 느낌으로 한 번 공을 치는 연습을 하는 것이다. 일명 '삼빈일타'라고 한다. 세 번의 빈 스윙을 할 때나 한 번의 실제 공을 칠 때나 모두 같은 동작 그리고 같은 느낌이 되도록 집중해서 연습한다. 매번 샷을 이렇게 연습해야 실제 필드에서 쓸 만한 샷을 만들 수 있다. 조금만 더 쳐 보면 될 것 같은데 하는 유혹을 벗어나기 쉽지 않다. 그 '조금만 더'가 스윙을 망가뜨리는 요인이 될 수도 있으므로 연습장에서조차 항상 공을 친 개수보다 빈 스윙 개수가 많은 연습을 해야 한다.

스코어를 갉아먹는 최대의 적은 연습 편식

앞서 골프를 하는 데 필요한 과목에는 롱 게임, 숏 게임, 퍼팅 게임이라고 하는 세 가지 과목이 있고, 이 과목의 황금비율이 '4 : 2 : 4'라고 언급한 바 있다. 이 스코어 비율은 누가 어떻게 골프를 해도 결코 바뀌지 않는다. 골프를 잘하려면 반드시 이 비율대로 연습해야 한다. 그런데 많은 아마추어 골퍼들은 이 비율을 무시하고 롱 게임 연습에 90퍼센트의 시간을 쏟아붓는다. 다양한 과목을 공부해야 하는 수능을 앞두고 그저 영어 한 과목만 죽어라 공부하면 시험을 잘 볼 수 있겠는가? 당연히 다른 과목의 점수가 낮아 시험을 망칠 것이다. 그런데 돌아와서 시험을 망쳤다고 또 영어 과목만 공부한다. 대부분의 아마추어가 하는 골프 연습이 이와 다를 바 없다.

편식이 건강을 나쁘게 하는 것처럼 연습 편식도 골프 건강을 나쁘게 한다. 꽤 많은 시간을 투자하는데도 스코어가 좋아지지 않는다면 자신의 연습 습관부터 살펴보고 연습 계획을 다시 세워야 할 것이다. 특히 숏 게임과 퍼팅은 스코어에 직접적인 영향을 주는 과목이므로 숏 게임과 퍼팅 연습을 소홀히 해서는 안 된다. 그것도 한꺼번에 몰아서 하지 말고 조금씩 꾸준히 하는 습관을 만들어 보자. 퍼팅 연습은 다소 지루할 수 있다. 하루에 60분 이상 퍼팅 연습을 몰아서 하는 것보다 하루에 10분씩 6일간 퍼팅 연습을 하는 것이 더 효과적이므로 퍼팅 연습도 생활 속 연습 습관 중의 하나로 만들어야 한다.

한편 공을 치는 연습을 하다 보면 뜻대로 공이 맞지 않는 날이 많다. 공이 잘 맞지 않으면 대부분의 아마추어 골퍼는 그 이유를 스윙이라는 동작에서 찾는다. 문제가 있는 것 같은 스윙 동작을 개선하면 공이 잘 맞을 것이라고 생각하고 끊임없이 스윙을 뜯어고친다. 물론 틀린 방법은 아니지만 자칫 스윙만 뜯어고치다가 골프 인생을 끝낼 수도 있다. 그 이유는, 공이 잘 맞지 않는 원인 중에서 스윙이 문제가 되는 경우는 10퍼센트밖에 되지 않기 때문이다. 이는 수많은 골프 대가들이 이구동성으로 한 말이다. 그런데 나머지 90퍼센트의 이유에 대해서는 그 누구도 말해 주지 않고, 그저 스윙에 대해서만 이야기할 뿐이다.

스윙을 교정하고 실력을 향상시키려면 공이 없는 상태에서 연습을 하고 문제를 해결하면 된다. 공이 잘 맞지 않으면 스윙 동작을 뜯어고칠 것이 아니라 자신의 생활을 돌아보고 공이 가장 잘 맞던 때와 어떤 차이가 있는지 살펴보자. 평소의 생활이 공을 칠 때의 리듬과 집중력에 영향을 크게 미치기 때문이다. 실제 필드에서도 심리적인 요소들이 영향을 많이 주므로 어떤 상황에서도 흔들리지 않는 강한 멘탈을 유지하도록 멘탈 훈련도 같이 해야 한다.

골프를 즐기지 못하고 스윙과 타수에 얽매이기 때문이다

방민준 골프 칼럼니스트가 이런 글을 썼다.

"2017년 LPGA 애버딘 에셋 매니지먼트 대회에서 우리나라 이미향 선수가 우승하였다. 그녀의 플레이를 보면 다른 선수와는 사뭇 다른 모습이었다. 긴장감이 극에 달하는 3,4라운드에서 그녀의 모습은 긴장감을 전혀 찾아볼 수 없었다. 그녀의 얼굴에서는 미소가 떠나지 않았고 실수를 해도 잠시 멋쩍은 웃음을 지을 뿐 금방 잊어버리는 듯했다. 우리가 보아 온 선수들의 수행자 같은 심각한 얼굴, 표정의 변화 없이 자신의 경기에만 몰두하는 모습과는 확연히 달랐다. 그녀는 마치 골프를 놀이로 즐기는 듯했다. 골프클럽이 늦게 도착하는 바람에 연습 라운드 때 남의 클럽을 빌려 사용했음에도 후유증 없이 경기를 이끌어 가는 자세, 평소 스트레스를 쌓아 두지 않는 습관 등은 골프 자체를 즐기려는 그의 열망이 어느 정도인가 짐작할 수 있었다."

많은 아마추어 골퍼들이 연습장에서는 완벽한 스윙에 얽매이고 필드에서는 비거리와 타수에 얽매여 골프가 주는 즐거움을 놓치는 모습을 본다. 초보자들도 마찬가지다. 그 정도 치면 그 실력에 꽤 잘하는 것임에도 불구하고 샷을 한 번 할 때마다 마음에 들지 않는다고 짜증내고, 실수 한 번 했다고 화를 내고, 동반자는 안중에도 없는 듯 이리저리 큰소리치는 모습을 보면 '아무나 골프하면 안 되겠구나' 하는 생각이 들기도 한다. 골프는 혼자 하는 게임이 아니다. 혼자 하면 정말 재미없다. 더불어 하기 때문에 재미있고 동반자가 있기 때문에 행복한 골프가 된다. 이런 행복한 골프를 즐기지 못하고 스스로 자책하며 스윙이나 타수에 얽매인다면 실력 향상은 어림도 없고 항상 짐이 되는 골프를 할 수밖에 없다. 즐기는 골프를 만드는 것은 자신의 몫이다.

골프의 불치병 '헤드업'

> 머리는 스윙 균형의 중심이다. 머리를 움직이면 균형도, 스윙의 아크도, 몸의 동작도 그리고 타이밍까지 바뀐다. _ 맥그라우트

왜 헤드업을 할까?

드라이버Driver는 매 홀마다 티샷을 하는 용도로 사용하는 가장 긴 클럽이다. 현재까지 만들어진 드라이버 중 헤드 사이즈가 가장 큰 것은 460CC이다. 언제나 공을 멀리 날리고 싶어 하는 사람의 본성에 편승하여 가장 멀리 보낼 수 있는 기술을 내장한 클럽이라고 구매를 유도한다. 이런 유혹에 쉽게 넘어 가는 골퍼들이 엄청 많다. 우리나라 남자 아마추어 골퍼의 드라이버 교체 주기가 6개월이라고 하니 클럽 메이커 입장에서는 한국 골퍼가 봉인 것이다.

 드라이버는 미국 말이다. 이것을 순수한 우리말로 하면 '머리큰채' 정도가 되지 않을까? 한국어를 전혀 모르는 외국인이 한국인과 라운드를 하는데, 한국인 동반자가 드라이버 티샷을 하고 나면 꼭 고개를 갸우뚱하면서 한마디 하더란다. "왜 그러지?" 그래서 이 외국인은 드라이버를 한국어로 '왜 그러지'로 알았다고 하는 우스갯소리가 있다. 그만큼 티샷이 원하는 대로 맞지 않으니 습관

적으로 고개를 갸우뚱하면서 그런 표현을 하는 모양이다.

이렇게 공이 잘 맞지 않을 때마다 단골로 나오는 이유 중의 하나가 '헤드업'이다. '헤드업Head up'은 골프의 불치병이라고 해도 무방하다. 아무리 구력이 오래된 골퍼라도 자신도 모르게 고개를 들면서 미스 샷을 한다고 하니 어쩌면 아마추어 골퍼의 영원한 숙제인지도 모른다. 공이 빗맞으면 "머리를 너무 빨리 들었나?" 하면서 마치 그 때문에 공이 안 맞은 것으로 진단해 버리는 경향이 많다. 또 일반적으로 헤드업의 원인으로 날아가는 공을 보고 싶어 하는 마음 때문이라고도 하는데, 많은 사람들이 자신의 의지와 상관없이 헤드업을 하게 된다고 말한다. "나도 모르게 고개를 들어 공을 보게 된다", "하고 싶지 않은데 자꾸 하게 된다" 등등. 그만큼 헤드업 현상은 그만큼 눈에 잘 띄며 누구나 쉽게 범하는 실수다 보니 미스 샷이 나거나 공이 맞지 않을 때 단골 지적 메뉴로 등장한다. "헤드업 하지 마세요."

그런데 헤드업의 근본적인 원인을 해결하지 않은 채 '헤드업 하지 말아야지' 하는 생각을 하면 풍선 효과가 생긴다. 머리를 고정하고 백스윙을 하는 순간 목에 힘이 들어가고 어깨가 경직된다. 동시에 몸이 목표 방향으로 휘어지며 중심이 넘어가는 '리버스 피봇Reverse pivot'이라는 스윙 오류가 발생한다. 이렇게 경직되어 있으니 상체가 부드럽게 움직일 리가 없고, 다운스윙을 할 때 상체가 위아래로 심하게 흔들리는 현상이 생기는 것이다. 사실 '헤드업 Head up'이란 표현은 영어 사전에 나오지 않는 단어로, 'Keep your head down'이라는 표현이 맞다. '숙인 상태를 끝까지 유지하라'

는 의미다. 처음 셋업할 때부터 숙였던 상체를 백스윙 탑, 다운스윙 그리고 임팩트 순간까지 유지해야 정확한 샷을 할 수 있다.

스윙할 때 올바른 척추 각을 유지하는 것이 관건

골프 스윙은 회전이 중요하다. 몸의 회전이 잘 안 된다고 해서 공을 맞추지 못하는 것은 아니지만, 원활한 회전 동작을 하지 못하면 스윙하는 데 있어 매우 부정적인 요소로 작용한다. 특히 상체의 회전 능력이 제한되면 여러 가지 신체적인 보완 작용이 일어나면서 결과적으로는 공을 제대로 맞추지 못하는 결과를 초래한다. 즉 몸 전체의 회전이 아닌 팔로만 하는 스윙을 하게 되어 초보자의 경우 종종 클럽 페이스가 열려 맞으면서 슬라이스가 발생하게 되고 거리도 얼마 가지 않는다.

골프 스윙에서 올바른 회전이란 척추를 중심으로 회전하는 것을 말한다. 셋업을 하고 상체를 적당히 숙이면 지면에 대해 상체를 어느 정도 숙였는지 각도가 생기는데 이것이 '척추 각'이다. 이렇게 숙인 상태를 백스윙 탑까지 유지하느냐 못 하느냐가 관건이다. 많은 초보자들이 백스윙을 하면서 상체를 일으켜 세운다. 다운스윙 때는 일어난 만큼 다시 숙이려고 하니 공이 정확하게 맞지 않는 것이다. 자주 거울을 보면서 백스윙을 할 때 척추 각을 끝까지 유지하고 있는지 체크해 보아야 한다. 동시에 유연성이 부족한 것은 아닌지 근력이 부족한 것은 아닌지 체크해 보고, 그에 맞는 처방도 동시에 해결해야 할 것이다. 상체가 유연하지 않은 경우는 대부분 어깨가 뻣뻣하게 굳어 있어서 필요한 어깨 회전을 못하는 경우가 많다. 게다가 조금만 부담스러운 상황이나 불편한 환경에 부딪히면 가장 먼저 어깨가 경직된다. 어깨가 경직되어 있으면 어깨 회전이 충분히 되지 않기 때문에 공을 치는 데 필요한 스피드를 내기가 어렵고 공을 정확하게 맞추는 것도 쉽지 않다. 골프에서 주로 쓰이는 어깨 근육은 '회전 근개Rotator cuff'이다. 회전 근개는 극상근, 극하근, 소원근 그리고 견갑하근이 모여 있는 근육군으로, 등 뒤에서 보면 주로 날갯죽지 근처에 있다. 이 근육이 잘 발달하고 유연해야 어깨의 회전이 원활해지고 양팔을 회전시키는 데도 결정적인 역할을 한다. 유연하면서도 강하게 단련된 어깨 근육은 좋은 스윙 밸런스를 유지하면서 백스윙을 할 수 있게 해 주고, 임팩트에서 정확하게 공을 쳐낼 수 있도록 도와준다. 정확도나 비거리가 줄어드는 것을 방지하기 위해서라도 어깨 근육을 강화할 필요가 있다.

또한 하체와 몸통이 부실하면 당연히 어깨와 팔을 쓰게 되고 힘도 많이 들어가고 이로 인해 헤드업을 하기도 한다. 하체를 튼튼하게 하여 백스윙을 할 때는 오른쪽 무릎이 움직이지 않도록 버텨 주고 다운스윙 때는 왼쪽 벽을 만들어 주어야 강력한 스피드를 낼 수 있다. 즉 적극적인 하체 트레이닝을 통해 하체 근육을 키워야 안정된 스윙을 할 수 있고 라운드가 끝난 뒤에도 허리가 아프거나 피곤한 증세가 덜하다는 것을 느끼게 된다. 골프를 하는 데 있어 무엇보다 건강한 몸이 되어야 건강한 스윙을 할 수 있다는 사실을 잊지 말자.

헤드업을 방지하는 또 하나의 조언

고개를 드는 것은 잘못 친 샷의 원인으로 흔히 지목되며, 그에 대한 처방으로 공을 끝까지 보라고 조언한다. 그러나 공을 치는 순간까지 공을 보는 사람은 거의 없다. 세계적인 프로 선수들도 공을 치는 순간까지 공을 보고 있는 선수는 거의 없고, 다운스윙 중간 쯤 어디에선가 공을 놓친다고 한다. 공을 끝까지 보라고 하는 것은 분명히 잘못된 처방이지만 그래도 끝까지 보려고 노력하는 것이 다른 것에 비하면 낫다.

샷을 할 때 어디를 쳐다보고 있느냐가 매우 중요하다. 공을 치는 연습을 할 때도 임의의 한 점을 정해 놓고 집중해서 보는 것이 연습에 많은 도움이 된다. 임의의 한 점을 정확하게 칠 수 없다면 아직 연습이 부족해 스윙 궤도가 일정하지 않거나 딴생각을 하고 있다는 것이다. 임의의 점을 칠 수 있다는 것은 손과 눈의 협응 능력으로, 사람이 가지고 있는 특별한 능력 중의 하나다. 그래서 젓가락으로 반찬을 집을 수 있는 것이고 바늘에 실을 꿸 수도 있는 것이다. 만약 공의 어느 특정 부위를 집중해서 보고 있다면 그 부위만 칠 가능성이 매우 크다. 공의 윗부분을 본다면 결국 공을 얇게 칠 가능성이 크다. 그런데 어디를 정확하게 보아야 한다는 생각 자체가 생각을 복잡하게 한다. 상대방이 깔끔하게 입고 온 옷을 쳐다본다고 하자. 가슴 가운데 새겨져 있는 브랜드만 뚫어져라 쳐다볼까? 그렇지 않다. 그 사람의 옷 전체를 쳐다보며 맵시까지 생각할 것이다. 공을 칠 때 어딘가를 봐야 한다는 것이 바로 이런 것이다. 공의 한 부분을 보지 말고 바닥 전체를 볼 수 있어야 하고 임팩트 순간까지 바닥을 보고 있어야 한다. 이렇게 보는 것도 훈련해야 한다. 또한 시각뿐만 아니라 청각을 이용한 연습도 유용하다. 눈으로 공을 따라가지 말고 공이 맞는 순간의 소리를 듣는 것에 집중하는 것이다. 어떤 소리가 나는지 듣는 것만으로도 이미 그 샷의 결과를 알 수 있다.

멘탈도 연습해야 한다

분노를 컨트롤하는 방법은 마음 놓고 크게 웃는 것이다. _ 아치 오바네시안

8초라는 시간의 함정

골프는 다른 스포츠에 비해 유독 마음의 영향을 많이 받는 운동이다. 날아오는 공을 반사적으로 치는 순간적인 반응이 아니라 가만히 있는 공을 치려고 하니 생각할 시간이 많아져서 오히려 운동을 방해한다. 게다가 '움직이는 공도 치는데 가만히 있는 공을 못 칠까' 하는 심리적 우월감도 깔려 있다. 급하게 서두를 필요도 없고, 공을 치기 전에 리허설도 할 수 있고, 어떻게 칠지 잠깐 생각할 수도 있는 것이 스윙이다. 그런데 막상 공을 치려고 하면 머릿속이 뒤죽박죽되면서 그렇게 잘하던 동작이 나오지 않는다. 결국 "내가 무슨 짓을 했지?" 하면서 고개를 절레절레 흔든다. 가만히 있는 공을 치는 운동이 뭐 얼마나 어렵다고 맞지 않는 것일까?

여기에는 '시간'이라는 함정이 있다. 분명히 하나의 공을 치는 데 필요한 시간이 있고 그 시간을 잘 활용하면 공을 잘 칠 수 있을 것이다. 문제는 아마추어 대부분이 그 시간을 다른 용도로 사용

한다는 것이다. 공을 치는 데 소요되는 시간은 이것저것 생각하는 시간이 아니라 하나의 흐름이다. 클럽을 선택하고 방향을 잡고 심호흡을 하고 리허설을 하고 실제 샷을 하는 일련의 과정을 충실하게 물 흐르듯이 실행하는 시간인 것이지 '클럽은 이렇게 잡으라고 했지', '백스윙은 천천히 빼야 해', '스윙이 너무 커지면 안 되는데', '오른쪽이 OB야. 조심해야지' 등등 이런저런 레슨을 떠올리며 공을 치라는 것이 아니다. 게다가 당장 클럽을 어떻게 잡아야 할지, 자세를 어떻게 취해야 할지, 눈앞에 보이는 코스의 난이도를 걱정하는 등 온갖 잡다한 생각으로 주어진 시간을 넘치도록 채우다 보니 공을 치는 목적을 잊어버리게 된다. 이때 주로 듣는 소리가 "인터벌이 너무 길어" 하는 핀잔이다. 다 시간의 함정에 빠져 있는 것이다. 샷을 하기 위해 준비하는 시간 모두 빼더라도 실제 공을 치기 위해 겨냥을 하고 어드레스를 한 뒤 샷을 하는 시간은 불과 8초 이내이다. 이 '8초라는 시간의 함정'에 빠지면 안 된다. 이 짧은 시간에 불필요한 생각의 덩어리들이 들어오지 않도록 하나의 샷을 하기까지의 과정에 모든 것을 맡기는 연습이 필요하다. 3장에서 언급한 '프리 샷 루틴'을 다시 읽어 보라.

아드레날린 증후군

어느 유명한 기업가가 세상에서 가장 안 되는 것이 두 가지 있는데 하나는 자식농사이고, 또 하나가 골프라고 했다. 세상의 모든 일이 자신의 뜻대로 이루어졌는데 자식은 둘째 치고 골프가 그렇게 자신의 뜻대로 안 된다며 한숨을 쉬는 것이었다. TV로 볼 때는 별로 어려워 보이지 않는데 실제로 골프 하는 사람들 말을 들어 보면 그렇지 않다. 라운드를 끝내고 원래 출발했던 곳으로 돌아오면 신발에 묻은 잔디와 흙을 털어 내는 강한 공기를 내 뿜는 에어건이 있다. 에어건을 이용하는 대부분 골퍼들의 표정이 어둡고 불평을 터뜨린다. "젠장, 오늘은 잘 맞는가 싶더니만, 결국 또 옛날 습관이 나오네", "그 홀에서만 실수하지 않았어도 기록 세우는 건데", "진짜 골프 때려치든지 해야지", "어제 연습할 때는 잘 맞더니 오늘은 왜 그렇게 안 맞는 거야" 등등 거침없이 쏟아지는 말을 듣다 보면 골프가 만만한 운동은 아닌 듯하다.

골프를 하다 보면 공도 맞지 않고 평소 실력보다 훨씬 점수가 안 나오는 경우가 많다. 골프 기초가 탄탄하지 않아서 그런 것이 대부분이지만 누구나 간과하는 요소가 하나 있다. 사람은 긴장을 하게 되면 아드레날린이 분비되어 몸이 경직되거나 과도한 동작을 하게 된다. 뭔가 알 수 없는 심리적인 방해도 있는데, 특히 핀이 바로 보이는 그린에 가까이 갈수록 심해진다. 정해져 있는 환경을 내 마음대로 조절하거나 게임을 피해 갈 수는 없지만, 실수를 최소화할 수는 있다. 즉 충분히 심호흡을 하여 상체의 긴장을 풀고 평소와 같은 차분한 상태를 만드는 것이다. 또한 눈앞에 해저드 또는 벙커가 있거나 게임을 빨리 끝내야 하는 상황이 되면 나도 모르게 움직임이 급해지고 결과를 빨리 확인하고 싶은 마음이 든다. 특히 백스윙이 빨라지면서 평소의 스윙 리듬이 바뀌기 쉬운데, 이때는 마음의 여유를 가지고 백스윙을 평상시의 50퍼센트 속도로 천천히 해야 한다. 실수를 줄이기 위한 또다른 방법 한 가지는, 큰 근육을 쓰는 것이다. 특히 짧은 거리를 보내야 하는 상황일 때, 경직된 상태에서 작은 근육인 손목이나 팔을 쓰면 낭패를 보기 쉽다. 이럴 때일수록 큰 근육인 몸통을 이용한 동작으로 실수를 줄여야 한다.

흔들리지 않는 골프 멘탈 만들기

멘탈도 훈련해야 한다. '욕심 내지 말아야지' 한다고 해서 욕심이 없어지지 않고, '흥분하지 말아야지' 한다고 해서 흥분이 사라지지도 않는다. 지난 10년간 아마추어에게 골프를 가르치면서 효과를 보았던 '흔들리지 않는 골프 멘탈 만들기' 방법을 여기에 소개하고자 한다.

첫 번째 방법은 야구 배팅 훈련과 유사하다. 야구 배팅 훈련의 핵심은 공을 치겠다는 생각을 버리고 헤드가 어떻게 지나가는지를 잘 살피는 것이라고 한다. 마음속 상상으로만 공을 치는 것이다. 이런 연습을 반복해서 하다가 실제로 공을 쳐 보면 공이 아주 잘 맞는다고 한다. 이런 방법은 골프 연습할 때도 자주 사용한다. 우선 연습 스윙을 하는데 처음 20회는 소리 내기에만 집중한다. 그 다음 20회는 똑같은 연습 스윙을 하되, 바닥에 임의의 점을 하나 찍어 놓고 그 점 위를 클럽 헤드가 어떻게 지나가는지를 관찰한다. 계속 보면 클럽 헤드가 지나가는 잔상이 보인다. 그 다음 20회는 공을 놓고 스윙하되, 공을 친다고 생각하지 말고 공 아래에 있는 임의의 점을 지나간다고 생각하고 공을 치는 것이다. 이런 연습을 반복하다 보면 공을 치는 행위에 무심해질 수 있고, 나중에는 공이 훨씬 잘 맞는 경험을 하게 될 것이다. '공을 치겠다는 생각 버리기', '실수하면 안 되는데 라는 생각 버리기'가 중요하다.

두 번째는 '연습 스윙 레벨'과 '기대 수준 레벨'을 10단계로 만들어 정기적으로 체크하는 것이다. 아무리 마음을 잘 다스려도 기본기가 탄탄하지 않으면 소용없다. 당장 필드를 나가고 안 나가고와 상관없이 연습 스윙은 꾸준히 해야 한다. 연습 스윙 레벨을 3,000개 단위로 1단계부터 10단계까지 나눈다. 필드에 나가 어느 정도 공을 맞추기를 희망한다면 최소한 레벨 3까지는 가야 한다. 그렇게까지 달성하지 못한 경우 '공이 잘 맞지 않을 수 있겠구나'라고 생각하면 그만이다. '기대 수준 레벨'은 자신의 연습량과 반비례한다. 처음 필드에 나간 것을 기준으로 열 번의 경험까지는 자신의 기대 수준 레벨을 3 이하로 맞춘다. 예를 들어, 드라이버의 경우 초보 여성은 120미터, 초보 남성은 150미터 정도만 보낼 수 있으면 게임이 가능하다. 그것도 모든 샷이 그 거리를 넘어가는 것이 아니라 ±20미터의 허용 오차 범위가 있다. 페어웨이 우드 샷이나 숏 게임 샷도 굿 샷을 기준으로 하는 것이 아니라 어느 정도의 허용 오차 범위를 두고 실제 연습을 통해 각자의 기준을 만들어 준다. 필드에 나가기 전에 자신의 연습량에 따라 기대 수준 레벨을 정하고 그에 따라 허용 오차 범위를 설정한다면 자신의 멘탈을 잘 지킬 수 있고 훨씬 더 마음의 여유가 생긴다.

세 번째는 실전 라운드에서 쓰는 방법이다. 대부분 몸이 덜 풀린 상태에서 시작하는 라운드이므로 처음부터 공이 잘 맞지는 않는다. 그래서 첫 3홀은 항상 연습이라는 생각으로 플레이를 한다. 공이 잘 맞지 않아도 크게 신경 쓰지 말고 최대한 몸을 빨리 풀기 위한 노력, 즉 걷거나 뛰거나 연습 스윙을 여러 번 하는 식으로 경직된 몸을 푸는 데 주력하고, 그린에서는 오늘의 그린 속도를 파악하는 데 중점을 둔다. 아직 몸도 제대로 풀리지 않았는데 공이 잘 맞지 않는다고 스트레스 받지 말자.

라운드 한 시간 전에 미리 골프장 가기

스윙하는 시간은 5분 정도이다. 나머지의 시간은 반성을 위한 시간일 뿐이다.
_ 잭 웨스트랜드

라운드 한 시간 전에 골프장을 가는 것이 좋은 이유

골프 약속은 속된 말로 '본인 사망 시 외에는 꼭 지켜야 하는 원초적 매너'라고도 한다. 골프에서의 시간 엄수는 너무도 기본적인 사항이다. 약속을 어기면 동반자와 예약자에게 큰 실례가 될 뿐만 아니라 금전적인 손해를 끼치기도 한다.

이 원초적 매너를 어긴 적이 딱 한 번 있었다. 굳이 가지 않아도 문제가 되지 않은 대타 자리이기는 했지만 그래도 약속은 약속이다. 아침에 회원에게서 전화가 왔다. 그날이 토요일이었는데 오후 라운드에 오실 수 있느냐고, 한 명이 부상을 당해 나오지 못했는데 이미 돈은 다 지불한 상태에서 어차피 돌려받지 못하니까 오실 수 있으면 오라는 것이었다. 당연히 안 갈 이유가 없었다. 마침 그날 일정이 없어서 적당히 시간을 맞추어 출발하려는데 갑자기 누군가가 등록 상담을 위해 방문을 한 것이다. 한 시간가량 상담하고 나서 출발하려고 보니 라운드 시간 한 시간 전이다. 아무리

빨리 가도 한 시간 반은 걸릴 거리인데, 게다가 가평이니 국도를 더 많이 타야 할 것 같아 걱정이다. 일단 출발했다. 다행히 어느 정도는 아는 길이어서 내달리기 시작했다. 그렇게 미친 듯이 30분 이상 달렸을까? 점점 마음이 초조해진다. 10초 간격으로 시계를 보고 발을 동동 구르면서 '차라리 산길로 바로 넘어가 볼까?', '이 시간에 무슨 차들이 이렇게 많은 거야' 하고 별별 생각을 다하며 간신히 도착했더니 이미 출발했다고 한다. 10분 정도 늦은 듯하다. 그래도 한 시간 반 이상 걸리는 거리를 한 시간 내에 갔으니 어지간히 달리긴 달렸나 보다. 그렇게 허겁지겁 들어가 티샷 하는 팀을 피해 2번 홀로 달려갔으니 공이 제대로 맞을 리가 없다. 그렇게 정신없이 시작한 골프, 평정심을 잃은 것이 나뿐이겠는가? 언제 오나 하고 전화도 걸어 보고 일단 시작하자고 하면서도 뒤를 보면서 뒤늦게 도착한 나를 안심시켜 주는 동반자들에게 미안한 마음뿐이었다. 나의 골프 인생에서 처음이자 마지막 지각인 것으로 기억된다.

그 이후로 하나의 원칙을 세웠으니 라운드 시작 한 시간 전에는 미리 골프장에 도착하자는 것이다. 일단 한 시간 여유 있게 출발하면 마음이 편하다. 서둘러 운전할 필요도 없고 신호를 기다리며 초조해할 이유도 없다. 동승자가 있다면 즐거운 마음으로 대화하며 이동할 수 있고, 혼자라면 오늘의 코스를 머릿속에 그려 보며 상상 라운드를 할 수 있으니 또 다른 재미이기도 하다. 이렇게 한 시간 전에 여유 있게 도착해서 옷 갈아입는 데 10분, 미리 온 동반자들과 인사하고 가볍게 차 한 잔 하는 데 10분, 몸 풀고 퍼팅 연습하는 데 20분, 화장실 다녀오고 썬크림 바르는 데 10분, 그러면 정확하게 10분 전이다. 카트 또는 티잉 그라운드에서 순서를 기다리며 티샷 준비하는 시간이다. 이 모든 것을 나의 골프 시간에 넣어야 한다. 그 시간을 챙기지 못해 플레이하는 내내 조급한 마음을 가라앉히지 못한다면 실수가 나오는 것은 불 보듯 뻔하다.

아마추어는 몸을 푸는 데 17홀이 필요하다

라운드가 있는 날은 그야말로 전쟁이다. 아침이 되었든 오후가 되었든 항상 골프장 도착 시간이 빠듯하기 마련이다. 골프 한 번 치기 위해 두 시간 일찍 골프장에 가거나 여유롭게 준비하는 것 자체가 쉽지 않다. 집 근처에 바로 골프장이 있는 미국과는 달리 골프 한번 치려면 멀리 가야 하는 우리나라 현실은 내가 바꿀 수 있는 것이 아니다. 그러다 보니 라운드를 시작하기 전에 몸을 충분히 풀 시간이 부족하다. 물론 어떤 사람은 일찍 도착해도 체력을 아낀다고 가만히 앉아 기다리기도 한다. 이렇게 충분한 스트레칭이나 준비 없이 골프를 시작하면 스윙이 예열도 되지 않은 상태이다 보니 공이 잘 맞지 않는다. '뭐, 다음 샷은 잘되겠지', '다음 홀은 잘되겠지' 하는 희망으로 한 홀 한 홀 전진하지만 어제 느꼈던 그 좋은 스윙 맛이 영 살아나지 않는다. 어느 순간 9홀은 끝이 나고 도대체 9홀 동안 뭘 한 건지 제대로 공이 맞은 기억이 없다. 클럽하우스에서 잠시 숨을 돌리면서 동반자들과 위로주를 한 잔 하고 힘을 내서 후반 9홀을 시작한다. 의욕과는 달리 이제는 다리가 후들거리고 전반보다 더 맞지 않는다. 숏 게임도 안 되고 퍼팅도 안 된다. 술기운이겠거니 하고 게임을 포기한다. "에이, 모르겠다" 하고 대충대충 하다 보니 벌써 마지막 홀이다. 다음을 기약하는 마음으로 티샷을 하는데 기가 막히게 맞는다. 캐디의 "굿 샷!" 하는 외침이 한 옥타브는 올라간 듯하다. "드디어 손맛이 왔어. 바로 이건데, 이제 골프 할 만하구나." 하는 순간 집에 돌아가야 한다. 이때의 허탈감이란. '다음엔 잘해야지' 하는 희망을 품고 멋지게 마지막 홀을 마무리한다.

이것이 아마추어 골퍼의 전형적인 모습이다. 연습장에서는 미리 스트레칭을 하고 빈 스윙까지 한 뒤 공을 친다. 그래도 30분 정도는 지나야 몸이 풀리면서 공이 맞는다. 당연히 필드에서도 바로 공이 맞을 리 없다. 몸이 풀리기도 전에 게임이 끝나 버린다. 18홀을 게임하는 내내 연습장에서 잘 맞던 샷만 생각하고 안 되는 샷을 원망하며 짜증으로 시간을 보내는 것이다.

우리보다 공을 백 배나 잘 치는 프로들도 이렇게 하지 않는다. 전날부터 준비하는 것은 너무나 당연하고 라운드 당일날 땀이 삐질삐질 날 정도로 몸을 풀고 연습 그린에서 퍼팅 연습을 한다. 그렇게 하고도 첫 티샷을 한 뒤 세 홀 정도는 몸을 풀고 환경에 적응한 셈 치고 좋은 감각을 끌어 올리는 데 집중한다. 나 역시 최소한 한 시간 전에 도착해서 20분가량 몸을 풀고 퍼팅 연습을 한 뒤 빈 스윙 연습을 여러 번 하는 것을 원칙으로 삼고 있다. 그리고 티샷을 한 뒤 3개 홀 정도는 좋은 리듬감을 찾기 위한 몸동작을 부지런히 한다. 무엇보다 일단 3개 홀은 최대한 걷는다. 진행에 방해가 되지 않는 범위 내에서. 그런 노력을 해도 샷 감이 살아나지 않아 전반 내내 고전하는 경우도 있다. 라운드 전에 충분히 몸을 풀어야 한다는 사실을 잊지 않는것, 이런 사소한 데서 실수가 줄어든다.

프로에게는 있지만 아마추어에게는 없는 '야디지 북'

프로 선수들의 시합을 유심히 보면 대부분 뒷주머니에 무슨 노트 같은 것을 가지고 다닌다. 이름 하여 '야디지 북 Yadage book', 바로 코스 공략도로 그날의 전략이 모두 노트에 쓰여 있다. 각 홀마다 기본적인 지형과 지물이 그려져 있고, 내가 보낼 거리와 클럽, 공략하는 방법, 그린의 경사와 스프링클러의 위치 등 다양한 정보가 담겨져 있다. 실제 프로들은 이 야디지 북에 있는 대로 게임을 한다. 야디지 북에 있는 전략대로 되지 않았을 때 'B플랜'으로 넘어간다. 이런 중요한 정보가 아마추어에게는 없다. 아예 공부를 하지 않는다. 실제 코스가 어떻게 구성되어 있는지 전혀 모른 채 필드에 나가 캐디에게서 거리 정보만 듣고 게임을 한다. 이는 전쟁터에 나가는데 시가전인지, 정글에서 전투하는 건지, 산악에서 하는 건지 전혀 모르고 나가는 것과 같다. "앗! 여기에 해저드가 있었네", "잘 맞았는데 전혀 공간이 없었구나" 하고 공을 치고 난 뒤에야 알게 되는 상황이 많다. 이에 대한 대가는 당연히 택시 요금처럼 쑥쑥 올라가는 타수. 속이 쓰리지만 '처음 와 보는 골프장이

프로 선수들이 시합할 때 지니고 다니는 야디지 북은 코스 공략도로, 그날의 전략이 모두 적혀 있다.

니 할 수 없지'라고 스스로를 위로할 수밖에.

골프장에 가서 제대로 골프 게임을 하려면 코스 공략법을 숙지해야 한다. 골프장 홈페이지에 들어가면 대부분 코스 모양과 거리 정보, 기본 공략법 등이 있다. 이것을 참고로 나만의 코스 지도를 새로 만드는 것이다. 같은 거리라도 플레이 방식은 저마다 다르므로 '몇 번 클럽으로 티샷 해서 몇 타 만에 그린에 올려야지' 하는 계획을 적는다. 플레이하게 될 코스의 정보를 미리 공부해 놓고 나가면 게임의 짜임새가 좋아진다. 그림이나 표식은 자신만 알아볼 수 있으면 되므로 만드는 데 시간을 많이 쓰지 않아도 된다. 이렇게 어느 정도는 코스를 알고 플레이를 해야 소중한 타수를 잃지 않는다.

1번 홀 첫 티샷 울렁증 극복하기

실수는 골프의 한 부분이다. 다양한 실수를 얼마나 극복하느냐가 위대한 플레이어라는 증거다. _ 앨리스 쿠퍼

티잉 그라운드는 티샷을 하는 아너Honor의 자존심이다

'티잉 그라운드Teeing ground'는 각 홀마다 플레이하기 위해 출발하는 장소로, 2개의 티마크로 구역을 표시하며, 티마크 뒤로 영역이 2클럽 길이로 제한되어 있는 직사각형 구역이다(골프 규칙 11조). 티샷을 할 때는 공을 티잉 그라운드 바닥에 놓고 쳐도 되고, 티를 땅에 꽂은 뒤 공을 올려놓고(티업Tee up) 칠 수도 있다. 플레이어에 따라 구역을 구분하는데, 티마크가 빨간색이면 여성이 티샷을 하는 레이디티, 흰색이면 아마추어 남성이 티샷을 하는 레귤러티(여자 프로가 주로 이 구역에서 시합을 한다), 파란색이나 검정색이면 주로 남자 프로 선수가 티샷을 하는 챔피언티 또는 백티이다. 각 티마다 짧게는 10미터에서 길게는 100미터 이상 거리 차이가 난다. 이는 프로 선수와 남성 혹은 여성이 공평하게 게임을 할 수 있도록 만들어 놓은 골프 게임의 대표적인 특징 중의 하나다.

   티잉 그라운드에서 제일 먼저 티샷을 하는 권리를 가진 사람을

'아너Honor'라고 한다(The honor is the privilege of teeing-off first.). 가끔 한국말로 '오너Owner'라고 표현하는 사람도 있는데 아너가 정확한 발음이다. 첫 홀에서는 대부분 출발하는 지점에 비치되어 있는 쇠막대기를 뽑아 순서를 정한다. 두 번째 홀부터는 앞 홀에서 가장 잘 친 사람 순서대로 치게 된다. 영어에서 'Honor'는 분야를 불문하고 최고의 덕목과 가치를 의미하는데, 명예를 우선시하는 골프의 특성상 첫 티샷을 하는 골퍼를 존중하는 표현이다.

티샷을 할 때는 당연히 누구에게도 방해를 받고 싶지 않은 법이다. 티샷을 하는 사람 외에는 티잉 그라운드 위에 올라가거나 바로 뒤에 서서 구경하는 것은 예의에 어긋난다. 또한 티샷을 하는 순간에 옆에서 소리 내어 연습하는 행위, 이리저리 왔다갔다 부산스럽게 움직이는 행위, 옆 사람과 조근조근 이야기하는 것 등도 모두 하지 말아야 한다. 카트 근처에 모여 조용히 대기하면서 티샷 하는 모습을 지켜봐 주는 것이 아너의 자존심을 세워 주는 배려의 시작이다. 아너는 미리 준비하고 있다가 자신의 순서가 되면 지체 없이 티잉 그라운드에 올라가야 하고 연습 스윙을 할 때 잔디를 파내지 않도록 조심해야 한다. 티샷이 끝나면 자신이 사용한 티는 반드시 뽑아 신속하게 티잉 그라운드에서 내려온다.

1번 홀 첫 티샷의 공포

매 홀마다 티샷 하는 것이 당연한 부담이기는 하지만 특히 1번 홀에서의 티샷은 정말 피하고 싶은 부담 중의 하나이다. 아직 몸이 풀린 상태도 아닌데 심지어 1번 홀 주변에 자기 차례를 기다리는 뒷팀까지 있는 경우에는 더더욱 실수할지도 모른다는 긴장과 두려움이 엄습해 오기도 한다. 프로 골퍼들조차 첫 홀에서는 티샷 공포를 느낀다고 한다. 실제로 첫 홀에서 터무니없는 티샷 실수를 하는 프로들도 꽤 많다.

'1996년 미국 켄터기 주 루이빌의 발할라 골프장에서 열린 미국 메이저 대회 중의 하나인 PGA 챔피언십에서도 웃지 못할 샷이 나왔다. 루이빌 출신의 루스 코크란은 최종일 2타차 선두로 달리고 있었다. 이 지역 갤러리들의 응원은 하늘을 찌를 듯했다. 하지만 열광적인 응원이 부담이 되었는지 코크란은 첫 홀에서 4번 우드를 잡고도 머리 높이도 뜨지 못하는 최악의 샷을 했다. 이른바 공이 뜨지 않고 깔린 채 날아가는 뱀 샷이 나온 것이다. 이를 지켜본 한 갤러리는 지금껏 저렇게 빠른 스윙은 본 적이 없다고 말할 정도였다.'

프로 골퍼들도 첫 티샷에 대한 부담과 압박감은 엄청 크다. 왕년의 골프 황제인 잭 니클라우스조차 첫 홀 티샷의 압박감에서 벗어나지 못한 경험이 있다고 한다. 즉 첫 홀에서 받는 부담감은 기량에 관계없이 누구에게나 찾아온다는 사실을 보여 준 사례다. 이런 첫 홀의 부담감에서 벗어나기 위해 프로들도 다양한 방법을 강구하는 마당에 아마추어 골퍼는 오죽하겠는가.

그렇다면 이 공포의 첫 티샷을 어떻게 극복할 것인가?

가장 먼저 심호흡을 통해 어깨의 긴장을 풀어 준다. 코로 크게 숨을 들이쉬고 입으로 '후~' 하고 내뱉는 복식 호흡이 좋다. 첫 티

샷이니만큼 여러 번의 빈 스윙으로 리듬감을 느끼는 것도 필요하다. 이제 어디로 공을 칠지 방향을 잡고 공 앞에 들어서면서부터 그동안 열심히 연습한 루틴을 실행하고 루틴대로 공을 치는데 가급적 백스윙은 간결하게 하는 것이 중요하다. 또 한 가지 꼭 지키려고 노력해야 하는 것이 바로 공이 지면에 떨어질 때까지 피니시 자세를 유지하는 것이다. 사실 이 피니시 자세를 취하는 것은 간단해 보여도 의외로 어렵다. 의식하지 않으면 대부분 흐지부지되어 버린다. 이 순간의 마음가짐이 중요하다. 급하게 공을 쫓아가다 보면 자세는 금방 흐트러지게 마련이다.

마음을 비우고 스윙해야 할 때 다음과 같은 방법을 써 본다. 궁도弓道에 '잔심殘心'이라는 말이 있다. 활을 쏜 후 결과에 연연하지 않고 다음을 대비하는 자세를 의미하는 말로, '맞아도 좋고 안 맞아도 좋다'라는 사고방식이다. 골프를 할 때 평상시와 다름없이 차분하게 공을 친 뒤 공이 어디로 가는지 신경 쓰지 말고 깔끔한 피니시 자세를 유지하는 데 집중한다면 첫 티샷은 물론 모든 샷의 부담에서 벗어날 수 있을 것이다. 티샷은 프로 골퍼들도 긴장하는 샷이다. 실수했다고 해 봐야 그냥 한 타 더 치는 것뿐이라는 사실을 잊지 말자.

티잉 그라운드에는 티를 꽂는 위치도 명당이 있다

많은 골프장 코스가 자연적인 지형을 최대한 살리면서 조성하다 보니 티잉 그라운드 역시 아무리 정리 작업을 잘했다 하더라도 예상치 않은 상황이 생긴다. 자세히 보면 평지가 아닌 자리도 분명히 있다. 무심코 티를 꽂다 보면 엉뚱하게 경사진 곳에서 공을 치게 될 수도 있으므로 티잉 그라운드에 올라가면서 평평한 곳을 찾아보는 것이 좋다. 가끔 캐디들이 슬라이스 홀 또는 훅이 나는 홀이라고 조언하는 곳은 티잉 그라운드에 경사가 있거나 티잉 그라운드의 방향이 정면을 향해 조성되어 있지 않은 곳이 많으므로 주의해서 살펴봐야 한다. 또한 티잉 그라운드는 대부분 길이가 10미터 이상인 넓은 구역이기 때문에, 티를 중앙, 좌측 혹은 우측 어디에 꽂는지가 상당히 중요하다. 우선 티를 꽂기 전에 캐디로에게서 그 홀에 대한 설명을 듣고 공을 어디로 보내는 것이 좋을지 결정해야 한다. 예를 들어 홀의 왼쪽이 해저드이고 오른쪽이 OB라고 한다면 당연히 공을 보낼 방향은 가운데보다 좌측이 좋으므로 티를 우측 지역에 꽂아야 한다. 물론 자신의 구질이 주로 좌측 방향으로 휘는지 우측 방향으로 휘는지에 따라 방향이 달라지므로 함께 고려해야 한다. 초보자의 경우 90퍼센트 이상이 우측으로 공이 휘는 슬라이스 구질이므로, 티를 가운데보다는 우측에 꽂고 좌측 방향으로 방향을 잡은 뒤 공을 치는 것이 좋다.

또 한 가지 고려할 사항은 홀의 모양이다. 직선으로 만들어진 것보다 우측이든 좌측이든 살짝 구부러진 형태로 코스를 조성하는 경우가 많다. 이때 사용하는 용어가 바로 도그렉Dog leg이다. 말그대로 강아지의 뒷다리를 말하는데 비슷한 모양으로 홀이 휘어져 있어 그런 명칭을 붙인 듯하다. 만약 그린이 티잉 그라운드 정면에서 바라봤을 때 좌측에 많이 치우쳐져 있고 코스가 왼쪽으로 휘어져 있다면 이 홀은 좌측 도그렉 홀이라고 하고 그 반대는 우측 도그렉 홀이라고 표현한다. 만약 좌측 도그렉 홀이라면 티잉 그라운드 좌측에 티를 꽂고 페어웨이 우측을 겨냥하는 것이 기본이다. 당연히 우측 도그렉 혹에서는 티잉 그라운드 우측에 꽂고 페어웨이 좌측을 겨냥한다. 이런 도그렉 홀에서는 방향 설정은 보수적으로 하고 스윙은 자신 있게 하는 것이 좋다. 많이 휘어질 것을 고려해서 코스 경계 밖으로 방향을 잡는다든지 홀 모양대로 컨트롤 샷을 구사하려고 하는 것은 실패 확률이 매우 높다. 따라서 홀 모양을 너무 생각하지 말고 하나의 목표를 정해 그 목표에 집중해서 샷을 해야 한다.

누구나 싫어하는 슬로 플레이

슬로 플레이는 흡연과 흡사해서 고치려 해도 잘 안 된다. 우선 시작하지 말아야 한다. _ 잭 니클라우스

골프도 축구처럼 끝나는 시간이 정해져 있는 게임이다

골프 라운드를 시작하는 시간을 '티오프 시간^{Tee-off time}'이라고 한다. 그런데 이 시간은 외우기 좋게 5분이나 10분 단위로 정하는 것이 아니라 골프장마다 팀별로 시작하는 시간 간격이 정해져 있다. 아마추어의 경우, 주말에는 6분, 주중에는 7분 하는 식으로 간격을 둔다. 만약 첫 팀이 오전 7시에 시작한다면 두 번째 팀은 7시 7분으로 배정한다. 이렇게 팀별로 라운드 시작 시간이 정해져 있다면 끝나는 시간은 어떻게 될까? 농구나 축구처럼 게임 종료 시간이 정해져 있을까? 시간 제한에 대해서는 정해진 골프 룰은 없다. 이는 에티켓에 가깝다. 그러나 많은 사람들이 팀을 이루어 동시에 골프를 하기 때문에 한 팀의 게임이 지연되면 그 뒤로 다른 팀들도 덩달아 시간이 지연되면서 마지막 팀은 어두워져서 게임을 끝내지 못하는 사태가 벌어질 수도 있다. 그래서 골프장마다 로컬룰을 만들어 게임 진행 시간을 제한하고 있는데 4명 플레이

를 기준으로 18홀 라운드 소요 시간을 정해 놓고 운영하는 골프장도 있다. 홀 당 소요 시간을 측정해서 기준을 정한 것이다.

같이 게임을 하다 보면 유독 느리게 플레이하는 골퍼가 있다. "내 돈 내고 와서 치는데 무슨 상관이냐"라고 항의하기도 하지만 지나치게 느린 플레이는 동반자의 게임 리듬을 흐트러지게 하고 불편하게 만든다. 또한 뒷팀의 게임에도 영향을 미치므로 앞 팀과의 간격이 한 홀 이상 벌어지면 '마샬marshall'이라고 하는 진행 요원이 달라붙거나 캐디가 나서 진행을 독촉하기도 한다.

이제 프로 대회에서는 시간 규정을 둔다고 한다. PGA에서는 처음 샷을 하는 선수에게는 60초, 나머지 선수에게는 40초의 시간을 준다. 이를 어기면 처음에는 경고, 두 번째부터는 1벌타를 부과하고, 4회 이상 지연하면 실격 처리한다. 얼마 전 브리티시 여자오픈에서 우승한 김인경 선수 역시 동반 선수들이 슬로 플레이로 경고 받으면서 팀 전체가 시간 측정을 받는 바람에 샷을 한 뒤 그린까지 열심히 뛰어가는 장면을 연출하기도 하였다. 만약 동반자로부터 "플레이가 느리다"라는 말을 듣는 편이라면 시간을 줄이는 노력이 필요하다. 스스로는 플레이가 느리다는 것을 모르는 경우가 많다. 클럽을 선택한 뒤 샷을 하기 위해 들어가는 시간부터 샷을 할 때까지의 시간을 재 보라. 40초 이상 소요된다면 슬로 플레이에 속한다. 슬로 플레이는 아주 사소한 노력과 습관으로 줄일 수 있다. 다음 샷을 하기 위해 이동할 때는 미리 사용할 클럽을 2개 정도 들고 가고, 주머니에는 항상 예비 공 1~2개를 가지고 다니고, 샷을 한 뒤에는 종종걸음으로 신속히 이동하는 등의 노력만 기울여도 충분히 시간을 줄일 수 있다. 골프는 나 혼자 하는 게임이 아니다. 동반자가 있고, 우리 팀의 앞뒤에도 골프를 즐기기 위해 나온 사람들이 있다. 타인을 배려하는 마음으로 플레이 속도를 조금만 빨리 하면 품위 있는 골퍼가 된다.

게임의 흐름을 끊지 않는 요령

골프에도 죽음의 조가 있다. 4명 타수를 모두 합해서 400타 이상을 치는 일명 백돌이 그룹이다. 이런 초보자 4명이 플레이를 한다면 속된 말로 캐디는 "오늘 죽었다"라고 한탄한다. 일일이 클럽 챙겨 주랴, 거리 알려 주랴, 방향도 봐 주어야 하고, 퍼팅할 때 공 닦아 주고 놓아 주고 등등 4~5시간 내내 중노동을 하게 된다. 그렇다고 캐디피를 더 받는 것도 아니다. 혹시나 라운드 기회가 있는데 동반자가 전부 초보자라면 정중히 사양하는 것이 좋다. 괜히 같이 나가서 돈 쓰고 기분 나쁘고 눈치 본다. 심지어는 캐디와 내내 싸우다가 돌아가는 사람들도 있다.(그러면 그 골프장에서는 진상 고객으로 분류된다.) 실제로 골프 하는 스타일에 따라 고객을 구분하고 그에 맞게 관리하는 골프장도 있다.

그럼 누구와 어떻게 라운드를 할 것인가? 우선 스스로 실력을 키우기 위해 꾸준히 연습해야 하고, 자주는 아니더라도 공을 잘 치는 사람들과 함께 라운드를 할 필요가 있다. 초보자 입장에서는 민폐가 될까 봐 부담스럽겠지만 동반자들이 게임을 능숙하게 진행하므로 다른 팀에 피해를 줄 일이 없다. 공을 잘 치는 사람들과 라운드를 할 때 특별히 게임의 흐름만 끊지 않는다면 아무도 당신을 신경 쓰지 않는다. 공을 잘 치는 사람들은 당신에게 집중하지도 않고 스윙에 대해서 흠을 잡지도 않는다. 그들은 오직 자신의 게임에 몰두할 뿐이다. 그들보다 공을 많이 친다고 게임이 늦어지는 것이 아니므로 매 홀마다 한두 타를 더 치는 데 부담 가질 필요가 없다.

다만 당신이 슬로 플레이를 한다면 그들은 당신을 주목하게 된다. 아직 실력이 안 되는 사람이 공이 잘못 날아갔다고 투덜거리거나 운이 없다고 불평하고, 모든 퍼팅 거리를 잰다고 왔다갔다 한다면 그들은 앞으로 당신과는 절대로 골프를 치려고 하지 않을 것이다. 반면에 다소 실수를 하더라도 재미있는 유머 감각으로 게임의 흐름을 끊지 않고 따라갈 수 있다면 그들은 당신과 골프를 치고 싶어 할 것이다. 게임의 흐름을 끊지 않는 요령이 어떤 것들이 있는지 실천할 만한 것들을 미리 숙지하고 골프장에 가는 지혜가 필요하다. 그것이 당신이 할 수 있는 상대방에 대한 최선의 배려다.

나는 골프장에서 원활한 게임 진행을 위해 이런 노력을 한다

슬로 플레이는 세계 모든 골프장의 고민이다. 슬로 플레이어가 있으면 그 팀은 물론 앞팀과 뒷팀, 골프장 입장객 모두에게 피해를 주게 된다. "실력이 모자라는 것은 용서할 수 있어도 플레이가 늦는 것은 용서할 수 없다. 남에게 피해를 주는 슬로 플레이어는 차라리 골프를 그만두라"고 강조한다.

  나 역시 골프장에 가면 무엇보다 게임 진행에 가장 많은 신경을 쓰며, 우선 스스로 진행에 방해가 되는 행위들은 하지 않으려고 몇 가지 원칙을 정해 놓고 실천한다.

① 나만의 프리 샷 루틴을 디자인하여 게임이 끝날 때까지 유지한다

프로의 경기는 샷 한 번 하는 데 40초 정도로 제한한다. 이것은 내 공이 있는 위치에서 보내고자 하는 목표 지점까지의 거리와 바람, 공이 놓여 있는 상태 등을 고려하여 그에 맞는 클럽을 선택하고 연습 스윙과 함께 물이 흐르는 것 같은 리듬으로 공을 치는 일련의 행위를 하는 데 소요되는 시간이다. 클럽을 선택하고 심호흡을 한 뒤 공을 치는 순간까지 소요되는 시간은 20초 정도면 충분하다. 결국 골프의 일관성은 프리 샷 루틴이라고 하는 이 과정을 얼마나 일정하게 지키느냐에 달려 있다.

② 내 공이 있는 위치로 이동할 때는 클럽을 2~3개 들고 뛴다

먼저 뛰어야 할지 아니면 여유 있게 걸어가도 될지 판단해야 한다. 앞팀의 상황이나 공이 있는 위치에 따라 조금씩 달라지기는 하지만 웬만해서는 빠른 걸음으로 간다. 동반자가 공을 칠 때 너무 앞서 가지만 않는 상황이라면 미리 공이 있는 위치에서 대기한다. 예상 거리를 미리 알고 클럽 2~3개를 가지고 간다. 초보자의 경우 사용할 클럽 2개, 7번 아이언과 우드를 같이 들고 다니면 된다. 물론 주머니에 예비 공을 1개씩 가지고 다니는 것은 기본이다.

③ 그린에서 볼 마크는 직접 하고 캐디에게 공을 건네 준다

캐디 혼자서 4명의 플레이어를 도와주는 일은 정말 쉽지 않다. 특히 그린에서는 매우 바쁘다. 사용한 클럽을 회수하고, 볼 마크를 하고 공을 닦아서 다시 퍼팅할 수 있도록 놓아 주고 깃대도 뽑아 주고 거리도 알려 주는 등 그 짧은 시간에 엄청난 양의 일을 한다. 공을 닦고 퍼팅을 할 수 있도록 바닥에 놓는 것은 캐디에게 부탁해도 볼 마크를 하고 공을 건네주고 퍼터 케이스에 퍼터를 넣고 퍼팅이 다 끝나면 깃대를 다시 꽂아 주고 하는 부수적인 행위들은 가능하면 직접 하는 것이 좋다. 그러면 캐디의 일 부담을 덜어 주게 되고 진행 시간도 줄여 준다.

④ 장갑을 벗고 다시 끼는 행동을 습관화한다

보통 퍼팅을 할 때는 장갑을 벗는다. 그것이 손에 더 좋은 감각이 느껴지기 때문이다. 퍼팅이 끝나고 다음 홀로 바로 이동하여 티샷을 하는데 이때는 다시 장갑을 낀다. 그런데 의외로 본인 차례가 되었는데 아직 장갑을 끼지 않고 준비를 전혀 하지 않은 동반자를 많이 본다. 습관적으로 퍼팅이 끝난 후 이동하는 중에 바로 장갑을 착용한다. 별것 아니지만 의외로 쓸모 있는 좋은 습관이다.

실력 향상을 가로막는 착각

고수는 한 타를 버림으로써 위기를 극복하고, 하수는 한 타를 아끼려다 위기를 자초한다. _ 하비 페닉

공만 잘 치면 골프가 잘될 것이라는 착각

'골프 연습' 하면 누구나 골프클럽을 들고 연습장에 가서 공을 치는 것을 떠올린다. 실제로도 연습장에 가 보면 많은 사람들이 땀을 뻘뻘 흘리며 공을 치고 있다. 문제는 스윙이 엉망인데도 정신없이 공을 치는 분들이 너무 많다는 것이다. 그들은 공을 많이 치다 보면 언젠가는 실력이 늘 것이라는 막연한 기대를 가지고 있는 듯하다.

또 한번 강조하지만 무턱대고 공을 많이 치는 것은 결코 좋은 연습이 아니다. 공을 많이 치는 만큼 힘을 많이 주기 때문에 점점 스윙이 엉터리가 된다. 스윙만 망가지면 차라리 다행일 텐데 몸까지 망가지고 만다. 잘못된 연습으로 인해 엉터리 스윙 습관이 몸에 배면 스윙을 교정하기가 정말 어렵다. 아무리 고치려 해도 '나쁜 스윙'이 '습관'이 되어 버렸기 때문에 불쑥불쑥 튀어나온다. 진정한 실력 향상이란 시간이 들더라도 나쁜 습관을 고쳐 나가는 것

이다. 속도가 다소 느려도 올바른 연습 방법으로 개선해 나가다 보면 언젠가는 사라질 것이다. 무엇보다도 큰 문제는 자기가 하고 있는 스윙을 자신도 모른다는 것이다. 필드에 나가 스윙하는 동영상을 찍어서 보여 주면 많은 사람들이 절망한다. 엄청 기분 나빠 하기도 한다. "내 스윙이 저렇게 흉하단 말인가." 그러니 혼자서 죽어라 연습하는 것이 무슨 의미가 있겠는가?

스윙을 개선하고자 한다면 본인에게 잘 맞는 코치를 찾아가야 한다. 전문가가 지켜보는 가운데 문제점을 찾고 개선해 나가야 덜 고생한다. 이런 방식으로 연습하면 연습장에 가도 공을 100개 이상 치는 일은 없을 것이다. 100개의 공을 치려면 적어도 2시간 이상의 시간이 필요하다. 그 정도의 시간이 확보되지 않는다면 100개 이상의 공을 치지 않아야 한다.

숏 게임을 연습할 때는 항상 목표를 정하고 연습해야 한다. 짧은 거리를 정확하게 보내야 하고 목표가 분명히 보이는 샷이기 때문에 한 타를 칠 때마다 실제 게임을 한다는 마음으로 공이 떨어질 지점을 확인하고 나서 공을 치는 것이 좋다. 어프로치 실력이 뛰어나지 않은 상급자는 없다는 것을 기억하라. 어프로치를 할 때도 기본 클럽이 있다. 어떤 클럽을 사용해도 상관없으나 가급적이면 '어프로치 웨지Approach wedge'를 중심으로 한다. 이 클럽 하나로 다양한 거리를 보내는 연습을 하고, 당장은 다른 클럽은 쓰지 않도록 한다. 클럽을 구분하여 어프로치 연습을 하면 그립의 강도와 스피드에 따라 굴러가는 정도가 달라지기 때문에 거리를 맞추기가 쉽지 않고 연습 시간을 확보하기도 어렵다. 숏 게임과 퍼팅의 핵심은 거리감이다. 기본 클럽의 거리감을 연마하는 데 집중해 보라. 연습을 할 때도 맥락 연습법으로 한다. 맥락 연습법이란 클럽 하나로 같은 거리를 보내는 연습을 계속하는 것이 아니라 클럽 하나로 목표 지점을 바꾸면서 다양한 거리를 연습하는 것이다. 그린 주변에서의 숏 게임 연습이라면 10미터, 15미터, 20미터 이렇게 목표를 정해 놓고 공을 하나 칠 때마다 다른 거리를 목표로 연습하는 방법을 말한다. 연습 시간의 50퍼센트 이상을 숏 게임과 퍼팅에 투자하라.

캐디가 적어 주는 스코어가 자기 실력이라는 착각

우리나라 골프장에는 '캐디 스코어'라는 것이 있다. 플레이어의 4명의 스코어를 1명의 캐디가 기록하는데 종종 골퍼를 기분 좋게 하는 스코어를 적는다.

첫 홀은 당연히 '일파만파', 즉 누군가 1명이 파를 기록하면 실제 타수와 상관없이 모두 파로 적는 것이다. 조금 양심이 있다면 '올 보기'를 적어 주기도 한다. 그 누구도 첫 홀의 스코어를 있는 그대로 기록하기를 원하지 않는다. 그런데 이렇게 시작한 가짜 스코어는 18홀 게임이 끝날 때까지 계속된다. 아무리 초보자라 하더라도 몇 타를 쳤는지 상관없이 '트리플 보기' 이상 적지 않는다. 누군가가 공을 치다 실수해서 한 타를 더 쳐도 캐디가 보지 않았다면 기록하지 않는다. 아예 입 밖에 꺼내지도 않는다. OB나 해저드 구역에 공이 들어가면 공을 찾았다는 이유만으로 적당히 코스

내에 꺼내 놓고 치기도 하며, 도저히 칠 수 없는 자리에 있는 경우 언플레이어블 볼Unplayable ball을 선언하지 않고 칠 수 있는 곳에 드롭Drop하고 친다. 일일이 규칙을 따져 적용하면 정말 끝이 없다. 캐디가 알아서 공을 찾아 적당히 던져 주는 것도 기분 좋은 센스라고 생각하고 모른 척 받아들인다. 이런 우여곡절을 통해 기록한 스코어가 101타. 18홀 동안 무슨 일이 있었는지는 어느새 다 잊어버리고 101타가 바로 나의 실력이 된다. 조금만 더 잘하면 100타를 깰 수 있겠다는 착각에 빠진다.

이런 적당한 스코어를 기록하는 관습은 돈 내기를 하지 않는 한 상급자도 적당히 묵인하고 넘어간다. 아무리 짧은 거리의 퍼터라도 들어갈 때까지 하는 일본이나 중국 골퍼와는 너무 다르다. 우리나라 골퍼는 골프장에 가서 재미있게 노는 것이 목적인데 뭘 그렇게 스코어에 쩔쩔매며 연연하느냐고 하고, 다른 나라 골퍼들은 대충 스코어를 적는 것 자체가 골프 정신에 위배되기 때문에 말도 안 된다고 한다. 아직 정상적인 게임 진행 자체가 안 되는 초보자들이야 진행을 위해 어쩔 수 없다 치더라도, 어느 정도 구력이 쌓여 100타 전후를 왔다 갔다 하는 골퍼라면 자신의 스코어는 자신이 가장 잘 알고 있다. 자신의 스코어는 스스로 기록하고 그렇게 기록한 스코어를 기준으로 자신의 실력을 말하는 것이 필요하다. 필드에 나가면 스스로 골프 스코어를 적는 습관을 만들어 보라.

멀리건과 잠정구의 차이를 알 만한 구력이 되지 않았나?

"다시 하나 치세요"와 "다시 하나 칠게요"의 차이는 무엇일까? 말에 따라 점수는 2타 차이가 난다. "다시 하나 치세요"는 아마추어 세계에서 기본적으로 통용되는 '멀리건Mulligan'을 준 것이고, "다시 하나 칠게요"는 내가 '잠정구Provisional ball'를 치겠다는 의사를 밝힌 것이다.

'멀리건'은 최초의 샷이 잘못되어도 벌타 없이 주어지는 샷 즉 다시 치는 샷을 말한다. 이는 실력 차이가 나는 골퍼들과 게임을 하면서 동등한 게임이 힘들어지자 다시 칠 수 있는 기회를 달라고 요청한 '멀리건'이라는 사람의 이름에서 유래된 것이다. 많은 사람들이 '몰간'이라고 말하는데 이는 잘못된 표현이다. '잠정구'는 공이 OB 지역으로 날아갔거나 분실의 가능성이 있다고 판단될 때 그 결과를 확인하기 전에 잠정적으로 치는 공을 말한다. 잠정구를 칠 때는 반드시 잠정구를 치겠다는 선언을 하고 사용하는 공의 브랜드와 번호를 동반자에게 보여 주어야 한다.

멀리건을 받으면 벌타 없이 다시 치기 때문에 그냥 1타째가 되지만 잠정구는 처음 친 것이 1타, 벌타 1타 그리고 다시 쳤기 때문에 3타째가 된다. 무려 2타 차이가 난다. 잠정구를 친 뒤 분실이 의심되는 장소에 가서 5분 이내 처음 쳤던 공을 찾지 못하면 잠정구로 그대로 플레이하면 되고, 원래 쳤던 공을 찾았고 OB 지역이 아니라면 벌타 없이 바로 치고 잠정구는 회수하면 된다. 이 정도의 기본적인 룰은 스스로 지키는 것이 좋다. 동반자들은 어떤 상황인지 다 안다. 다만 말을 하지 않을 뿐이다. 스스로에게 잠정구가 아닌 멀리건을 주고, 그래서 다시 친 공을 마치 처음 친 것처럼 플레이한다면 동반자들은 분명히 그 사람의 스코어와 골프 실력을 의심한다. 아마 같이 라운드하는 횟수가 점점 줄어들 것이다.

CHAPTER 5
평생 골프

고수의 초석 만들기

골프를 정말 잘해야 할 가치가 있나?

골프의 유일한 결점은 너무 재미있다는 데 있다. _ 헨리 롱 허스트

골프는 의외성이 가장 많은 운동이다

스포츠 게임이 재미있는 것은 의외성이 있기 때문이다. 규격화된 공간에서 이루어지는 수준 높은 운동에는 의외성이 매우 많다. 매년 8월에는 세계에서 가장 재미있고 수준이 높은 축구 경기인 영국 프리미어 리그EPL가 개최된다. 개막전을 치른 첫날부터 화제가 만발한다. "와! 정말 EPL이 시작되었군요"라는 해설자의 말은 의외의 결과가 많이 나와 참 재미있다는 표현이다. 육상 경기에서도 마지막에 하는 계주가 가장 인기를 끄는 이유는 경기 시간이 짧으면서 매우 치열하고 승패를 예측할 수 없는 의외성이 있기 때문이다.

그렇다면 골프는 어떨까? 겉으로 보기에는 다른 운동에 비해 점잖기 짝이 없다. 상대방의 플레이를 방해하는 과격한 몸동작이 있는 것도 아니고, 운동이라고 하기에는 우아한 스윙 동작과 천천히 걸어가는 모습이 다소 지루해 보이기까지 한다. 그런데 골프를

하는 사람들은 골프만큼 의외성이 많은 운동이 없다고 한다. 광활한 자연 속에 골프 코스를 만들어 놓은 것이다 보니 코스 상태에 따라 매번 결과가 달라진다. 게다가 매 홀마다 승패를 따지다 보니 매순간 집중해야 하고 때로는 기대하지 않은 보상이 주어지기도 한다. 또한 실력 차이가 많이 나도 공평하게 게임을 즐길 수 있도록 규칙을 마련해 놓은 것이 골프이니 다양한 사람과 자연스러운 교류가 가능하다. 그래서 골프의 재미는 실력을 마음껏 뽐내는 데 있다기보다는 동반자가 누구인가에 따라 결정되기도 한다. 물론 골프는 혼자서 필요한 기량을 다 익혀야 하고 연습도 개인 타석에서 혼자 해야 하고 스코어도 본인 것만 기록하면 되는 철저한 개인 운동이지만 절대 혼자서 할 수 없는 운동이기도 하다. 축구나 야구, 농구 등의 일반적인 구기 종목은 반드시 규정에 맞는 인원을 채워야 게임이 가능하고 경쟁 팀끼리 실력이 엇비슷해야 생동감이 느껴지는 반면 골프는 경쟁하기 위한 인원을 맞출 필요가 없다. 실력이 제각각이어도 상관없다. 남녀를 구분할 필요도 없고 나이에 따라 사람을 분류할 필요도 없다. 세상에 이런 운동이 또 어디 있겠는가? 골프를 하는 가장 큰 목적은 기량을 뽐내는 것이 아니라 결과를 예측할 수 없는 짜릿함과 함께 다양한 사람들과 소통하는 데 있다고 할 수 있다.

골프 고수가 되기 위해 갖추어야 할 기량

여느 운동도 마찬가지겠지만 골프 역시 잘하면 당연히 좋다. "뭐

프로 될 것도 아닌데 그렇게 잘해야 할 필요가 있어?" 하고 반문하는 사람들도 있지만 골프를 잘한다는 것은 공을 잘 치고 스코어를 잘 내는 것 이상의 가치가 있다.

그렇다면 골프 고수라 할 수 있는 싱글 플레이어의 기량은 어느 정도일까? 아마추어 골퍼가 싱글 플레이어 수준의 스코어를 기록하는 것은 프로 선수들과 같은 정확하고 화려한 기술을 쓰기 때문이 아니다. 즉 싱글 플레이어의 기량이란 어려운 샷을 잘한다는 의미가 아니라, 단순하고 쉬운 방법을 온전히 자기 것으로 만든 결과라고 할 수 있다. 싱글 플레이어를 할 수 있는 기술적 측면의 필요 조건은 다음과 같다.

① 드라이버 샷이 안정되어 있다(평균 200미터 전후면 충분하다).
② 우드와 아이언을 그린에서 크게 벗어나지 않을 정도로 잘 다룬다.
③ 20미터 이내 거리에서는 높은 확률로 홀에 붙인다.
④ 짧은 퍼트는 놓치는 법이 없다.

이렇게 공을 잘 치는 사람들도 우드나 아이언으로 그린을 향해 공을 칠 때 그린에 바로 올리는 확률이 30퍼센트 정도밖에 되지 않는다고 한다. 좀 더 비거리를 늘리고 정교한 샷을 해서 이 그린에 바로 올리는 확률을 높여 좋은 스코어를 만드는 것이 아니라 그린 적중률 30퍼센트로도 파 세이브를 한다는 것이 중요하다. '파 세이브 Par save'는 기준 타수에 맞추어 공을 홀에 넣는 것을 말하지만, 짧은 거리의 어프로치 샷을 홀 가까이 붙여 한 번의 퍼트로 공을 홀에 넣었을 때도 '파 세이브했다'고 표현한다. 그만큼 짧은 거리의 어프로치 샷이 정확하다는 것이다. 좋은 스코어를 낸다는 측면에서 보면 당연히 어프로치 샷 연습에 더 비중을 두어야 한다는 뜻이기도 하다.

골프 고수가 된다는 것은 이런 평범하면서도 일체의 흔들림이 없는 기술적인 기량뿐만 아니라 같이 게임을 하는 동반자들이 주눅 들거나 불편하지 않도록 배려하고 스스로 정직하게 룰과 매너를 지키고 어떤 환경과 상황에서도 일관된 감각을 유지하는 강한 멘탈을 가지고 있음을 의미한다. 이런 골프에서의 우월한 감각과 고수다운 습관은 실생활이나 사업에서도 그대로 드러나게 마련이다. 그들에게서는 성공한 사람들의 향기가 난다. 인생에 한 번쯤은 이런 골프 고수의 반열인 싱글의 훈장을 달아 보는 도전도 충분히 해 볼 만한 가치가 있다.

골프 역사상 최고의 발명품은 '핸디캡'

다른 운동에는 없고 골프에만 있는 독특한 시스템이 바로 '핸디캡Handicap'이다. 정확한 말로는 'USGA 핸디캡 인덱스USGA Handicap Index'인데 줄여서 '핸디캡'이라고 한다. 이것은 얼마나 골프를 잘하는지를 숫자로 나타낸 것으로, 숫자가 낮을수록 골프를 잘한다는 뜻이다. 18홀 게임에서 평균 90타를 치는 사람과 평균 74타를 치는 사람이 어떻게 같이 경쟁을 하겠으며 내기를 할 수 있겠는가? 이런 불공정한 경기에선 90타를 치는 사람이 매번 지고 말 것이다. 그래서 영국인들은 게임을 공정하고 재미있게 만들기 위해서 더 잘 치는 플레이어가 얼마나 많은 타수를 접어 주고 시작할 것인지를 체계화했다. 1800년대의 일이다.

미국은 1900년대 초반에 핸디캡 시스템을 표준화하여 모든 골프클럽이 핸디캡을 적용할 수 있게 하였다. 당시에는 주로 도박을 위해 이용되었지만 점점 늘어나고 있던 정식 대회에 참가할 수 있는 자격을 따지는 좋은 방법이 되었다. 만약 USGA에서 개최하는 대회에 참가하고 싶다면 USGA에 등록된 골프클럽의 회원이 되어야 하고 공인 핸디캡 산정을 받아야 한다. 클럽은 당신이 최소한 12라운드 이상을 돌아서 나온 스코어 중에서 가장 좋은 10개 스코어의 평균을 내어 거기서 당신의 핸디캡을 산출한다. 핸디캡 산출은 간단하다. 18홀 코스를 12번 돌아 평균 89타를 쳤다고 하면 그 18홀의 기준 타수가 72타인 경우 89에서 72를 뺀 17이 바로 당신의 핸디캡이다.

공식적이든 비공식적이든 아마추어 골프 대회에서는 대부분 신페리오 방식 New Perio Method의 핸디캡 시스템을 적용한다. 대회에 참가하는 대부분의 아마추어들은 공식 핸디캡을 가지고 있지 않다. 굳이 핸디캡을 주는 클럽의 회원이 되어야 할 필요성을 느끼지 못한다. 서로의 실력을 정확하게 알 수 없기 때문에 아예 그날 스코어를 기준으로 핸디캡을 산출하여 그것을 기준으로 순위를 정하게 된다.

핸디캡을 산출하기 위해 코스의 어떤 홀을 기준으로 할 것인지는 골프장 측에서 임의로 정한다. 18홀 중에서 총 12홀을 임의로 지정하여 그 12홀의 스코어를 합산한다. 그 12홀의 총 기준 타수 합계는 반드시 48이어야 한다. 12홀 합산 스코어에 1.5를 곱하고 72타를 빼고, 다시 거기에 0.8을 곱하면 이날 그의 핸디캡이 결정된다. 최종적으로 오늘 친 타수에서 핸디캡을 빼면 그의 최종 성적이 나온다. 오늘 총 95타를 쳤는데 임의로 선정한 12홀에서 합계 60타를 쳤다고 가정하자. 그러면 $(60 \times 1.5) - 72 = 18$이 되고 여기에 0.8을 곱하면 14.4가 되는데 이것이 오늘 그의 핸디캡이다. 최종타수가 90타였다면 $90 - 14.4 = 75.6$타, 즉 오늘 그의 최종 스코어는 75.6타인 것이다. 이 숫자가 가장 낮은 사람이 바로 우승한 사람이 된다.

핸디캡이야말로 남녀노소 그리고 실력과 상관없이 모든 사람이 공평한 가운데 게임을 즐길 수 있게 만든 독특한 시스템으로 오로지 골프에만 이용된다. 어떤 놀이나 운동이 핸디캡을 인정하고 돈내기를 하거나 잘하는 사람이 양보해 주겠는가? 골프의 가장 큰 장점이자 매력이 바로 핸디캡이다. 또한 자신의 핸디캡이 얼마라고 자신 있게 말할 수 있는 것도 골프가 주는 큰 즐거움 중의 하나이다. 핸디캡을 낮추기 위한 노력이 가상하고 값지기 때문이다.

골프 고수로 가는 길목에서

골프에 나이는 없다. 의미만 있다면 몇 살에 시작해도 향상이 있다. _ 벤 호건

스윙은 메커니즘이 아니라 수행이다

골프는 어제와 오늘이 매번 다르다. 어제는 세상을 다 가진 것처럼 공이 잘 맞고 운도 따르더니, 오늘 똑같은 티오프 시간에 똑같은 멤버, 똑같은 코스에서 치는데 어제와 딴판이다. '아니, 무슨 골프가 이래? 말도 안 돼!' 아무리 생각해도 이유를 알 수 없다. 그런데 어쩌면 이를 알려고 하는 것은 신의 영역을 끊임없이 침범하며 비밀을 알아내려는 인간의 교만한 마음 같은 것일 수도 있다. 즉 어제는 잘했던 골프가 오늘 완전히 무너진 것은 실력보다는 멘탈의 문제인데, 그 마음이 어떤 상태인지는 알 수 없다는 뜻이다. 그러고 보면 스윙을 지배하는 것은 메커니즘이 아니다. 스윙만 개선하면 골프가 잘될 것 같지만 실제로는 그렇지 않다. 많은 사람들이 평생 스윙만 뜯어고치다가 성과 없이 끝이 난다. 오죽했으면 1920년 U.S.오픈에서 우승한 테드 레이라는 골퍼는 "황홀한 게임, 내가 이것에 소질이 없다는 사실을 깨닫는 데 거의 40년이 걸렸

다"라고 했을까.

사실 스윙은 메커니즘이 아니라 수행과 비슷하다. 그 순간 내가 어떤 생각을 하는지, 동반자와의 관계, 골프장에서 느끼는 감정과 분위기에 따라 나의 심박 수는 달라진다. 변화에 적응해야 하고, 예측하지 못한 위기를 극복해야 하는 혼자만의 게임이기 때문에 골프는 수행과 가장 유사한 영역이라고 할 수 있다. 그 순간 모든 것을 내려놓을 수 있는 준비가 되어 있지 않으면 모든 것을 합리화시키려고 자신의 양심을 속이게 된다. 다양한 핑계로 상황을 모면하려고도 한다.

골프를 하는 사람들은 어느 정도 사회적 레벨도 있고, 나름 성공의 문턱에 올라섰다고 자부하는 사람들이다. 그 힘든 역경과 어려움을 이겨 내고 자신만의 영역을 구축한 사람들이 골프에서는 유독 전에 없던 교만을 드러내고 양심을 가린다. 오죽했으면 동업자를 구할 때는 골프를 같이 쳐 보라고 했을까? 이렇게 잠깐이라도 수행하듯이 자신의 양심을 들여다보고 성찰의 기회를 갖는다는 것은 골프 고수로 가는 길목에서 반드시 필요하다.

모든 관계는 골프에서 시작된다

"골프 왜 하세요?" 하고 물어보면 어떤 이는 비즈니스, 어떤 이는 사교, 어떤 이는 취미, 또 어떤 이는 가족과의 어울림이라고 하고, 정 이유가 없으면 "그냥 배우는 것"이라고 대답한다.

이유야 어떻든 '누군가와의 관계Relationship'라는 공통점이 있다.

이것은 누군가와 소통을 하고, 누군가와는 싫어도 어울려야 하고 또 누군가와는 치열하게 경쟁해야 하는 현대사회에서 매우 중요한 가치이기도 하다. 직장에 다니거나 사업을 하다 보면 동종 업계 내의 관계에 국한되기 쉬운데, 골프를 하다 보면 다양한 계층과 사회적으로 성공한 사람들을 만날 기회가 늘어난다. 요즘은 골프가 '잘난 사람들'의 전유물에서 대중화되어 가는 추세이므로 골프를 통해 좀 더 다양하고 질 높은 관계를 맺어야 하는 시대가 되었음을 부인할 수 없다.

GE 회장이었던 잭 웰치, 평생 골프를 사랑하고 비즈니스 골프의 기준을 만든 이 사람의 사례를 보면 관계 설정의 확실한 기준을 세울 수 있다. 그는 자서전 『끝없는 도전과 용기』에서 이런 말을 했다. "나는 어린 시절 골프를 하는 성공한 비즈니스맨을 많이 만났다. 그 사람들이 라운드하는 것을 보면서 인간이 얼마나 멋질 수 있는지, 또는 얼마나 어리석을 수 있는지 알았다."

그는 골프를 통해 인간의 매력과 본성을 동시에 보았던 것이다. 그는 "CEO는 골치 아픈 직업이지만 이보다 더 재미있는 일은 없다"라고 말할 정도로 일을 즐겼고 그만큼 골프도 좋아했다. 한 번은 잭 웰치 회장이 골프에 문외한인 지인에게 "골프를 안 해 보고 어떻게 사업파트너를 판단할 수 있느냐?"고 진지하게 물었다. 상대방이 대답하지 못하자 그는 "나는 중요한 사업 파트너를 결정할 때 반드시 골프를 같이 한 뒤 결정한다"라고 조언했다.

사실 골프를 얼마나 잘하느냐, 못하느냐는 중요하지 않다. 라운드에 얼마나 집중하는지, 정직하게 플레이하는지, 동반자를 어떻게 대하는지, 실수에 대한 대처와 분노와 실망을 어떻게 소화해 내는지 등을 알면 그 사람의 자질을 한눈에 파악할 수 있다고 한다. 이것이 비단 비즈니스에만 해당되겠는가? 아무리 친한 친구라도 필드에 나가면 평소에는 알 수 없었던 성향을 발견하게 된다. 일상생활에서 사람을 만날 때는 대부분 적당히 거리를 두기 때문에 별 문제가 드러나지 않는데, 유독 골프에서만큼은 개인의 본성과 습관이 가감 없이 표출된다. 그래서 성공한 사람들이 상대방에 대해 정확하게 파악하려면 골프를 같이 해 보라는 조언을 하는 게 아닌가 싶다.

골프 고수가 즐겨 찾는 명품 골프장의 조건

골프가 사람들과의 관계를 중요하게 여기는 스포츠다 보니 게임을 하는 장소도 중요하다. 골프장의 환경은 좋은 사람들과의 만남을 더욱 빛나게 하기도 하고, 때로는 좋은 관계를 망쳐 놓기도 한다. 회원제로 운영하면서 클럽하우스를 화려하게 꾸며 놓고 조경을 멋지게 했다고 해서 다 좋은 골프장은 아니다. 골프 다이제스트 잡지사에서는 2년마다 세계 100대 골프장을 뽑아 명문 골프장으로 소개한다. 선정 기준을 회원의 구성, 투어 개최, 코스 난이도, 샷의 가치, 균형미, 코스 관리, 티 타임 등 7가지 부문으로 나누어 평가한다고 한다.

    그런데 우리나라에서는 이런 조건을 제대로 갖춘 골프장을 찾기가 쉽지 않다. 대부분 산간 지역에 골프장을 조성하다 보니 코스 자체가 좁은 곳이 많고, 자연을 살리기보다는 인위적으로 조성한 곳이 많다. 게다가 홀과 홀이 인접해 있어서 게임을 하다 보면 옆 홀에서 공이 날아오기도 한다. 티샷을 인조 매트에서 해야 하는 곳도 있다. 골퍼를 위한 코스가 아니라 골프장을 위한 코스가 더 많은 현실이다.

한 번 게임을 하고 나면 또 방문하고 싶다는 생각이 드는 좋은 골프장의 조건에는 어떤 것이 있을까? 골프 고수들이 즐겨 찾는 명품 골프장의 조건 4가지를 살펴보자.

첫째, 그린 상태이다. 골프장은 그린 관리가 핵심이다. 모든 그린이 적정한 빠르기로 일정하게 조성되어야 하고, 보이는 대로 공이 굴러가는 그린이 최고다. 플레이를 할 때 퍼트 리듬이 흐트러지면 그 다음 드라이버 샷뿐만 아니라 전체 스윙 밸런스가 무너지기 쉽다. 그만큼 그린은 플레이에 많은 비중을 차지하므로 전문적인 그린 키퍼green keeper를 통한 세심한 관리가 중요하다.

둘째, 섬세한 플레이가 가능한 코스 상태이다. 어느 한곳도 같은 느낌이 드는 홀이 없어야 하고, 클럽을 다양하게 사용할 수 있도록 세팅이 되어 있어야 한다. 물론 옆 홀이 전혀 보이지 않게 독립적인 설계를 하는 것은 당연하다.

셋째, 리스크-리워드Risk-reward 코스 설계이다. 섬세한 플레이는 물론 위험을 감수하는 만큼 보상이 따라야 플레이의 재미를 기대할 수 있다.

넷째, 골퍼를 배려하는 골프장 시스템이다. 어느 한 홀도 밀리지 않도록 경기 시간을 관리하는 것은 기본이고 인사하는 직원의 표정, 캐디의 말 한 마디, 클럽하우스에 놓인 식기 하나에도 골퍼를 배려하는 정신이 충만하다면 골프의 또 다른 즐거움을 느낄 수 있다. 일본 미야자키현의 한 골프장에 이와 관련된 일화가 있다.

한 아마추어 골퍼가 티오프 시간보다 늦게 도착하여 허겁지겁 달려갔다. 앞팀이 이미 그린을 벗어난 터라 마음 졸이며 플레이를 서둘렀지만 마음만 급할 뿐 앞팀과의 간격은 전혀 좁혀지지 않았다. 그러자 골프장 측의 진행 요원인 마샬marshall이 나타났다. 캐디 2명을 추가로 투입, 일 대 일 서비스를 통해 자연스럽게 플레이 시간을 단축한 것이다. 추가로 투입된 캐디는 이 골퍼를 도와 앞 팀과의 일정한 간격이 유지되자 곧바로 철수했다.

골프장에 오는 고객을 최고로 존중하고 배려해야 할 귀빈으로 모시고 그에 맞는 서비스를 제공하는 자세가 있을 때 명품 골프장이라는 명성을 얻을 수 있다고 본다. 오늘 방문하는 골프장은 '골퍼를 위한 골프장'인가, '골프장을 위한 골프장'인가?

삶을 지배하는 자가 스윙을 지배한다

진짜 굿 샷이란 최대의 위기에서 가장 필요할 때의 좋은 샷을 의미한다. _ 바이런 넬슨

'느림의 미학', 급할수록 천천히

우리나라의 '빨리빨리'라는 순기능은 세계적이다. 아침에 책을 주문하면 그날 오후에 오고, 컴퓨터 고장 신고를 하면 다음 날 AS 기사가 오는 곳이 바로 대한민국이다. 그 어떤 나라에서도 상상할 수 없는 속도다. '대한민국은 진짜 살 만하다'라는 감탄사가 나오지만 그 역기능 또한 만만치 않다. 운전도 빨리 해야 하고 밥도 빨리 먹어야 하고 휴대전화도 빨리 바꾸지 않으면 구식 취급 받는다. 심지어 학교 교육까지도 그러하다.

골프장도 예외가 아니다. 어쩌면 빨리빨리의 부작용이 가장 심각하게 나타나는 곳이 아닐까 한다. "빨리빨리 치세요", "빨리빨리 이동하세요", "퍼팅 끝난 분은 먼저 가세요", "시간 없어요, 빨리 나오세요" 등등 끊임없는 재촉이 이어진다. 멋진 풍경을 즐기며 여유로운 라운드는 꿈도 꾸지 못한다.

골프클럽도 빨리빨리 새것으로 바꾸어야 하고 골프웨어도 빨

리빨리 유행에 맞는 것으로 사 입어야 한다. 이것을 진정 골프라고 할 수 있을까?

골프의 가장 큰 장점은 '망중한忙中閑'이다. 바쁜 일상에서 잠시 벗어나 느긋하게 몸과 마음을 재충전할 수 있다는 것이 골프의 매력인데 '빨리빨리'에 휘둘리면 모든 것이 끝이다. 그리고 이 '망중한'은 바쁜 사람일수록 골프의 효과를 볼 수 있다는 의미이기도 하다. 골프는 시간이 남아도는 사람이 하는 운동이 아니다. 시간이 넘쳐나 매일 골프를 한다면 골프의 묘미는 금세 사라지고 말 것이다. 바빠서 골프를 칠 수 없다는 사람들도 많지만 미국 대통령도 한가해서 라운드를 하는 것이 아니다. 우리나라에서도 가장 바쁜 사람들이 필드에 나온다. 이렇게 바쁜 사람들이 잠시 여유를 누리며 재충전하는 기회가 골프인데, 골프장에서조차 쫓겨야 한다. 골프장 측이나 골프 하는 사람이나 바쁘기만 하니 시간에 쫓기는 사람이 골프할 맛이 나겠는가?

빠름과 느림의 미학을 잘 활용할 줄 아는 자가 자신의 삶을 지배할 수 있다. 정보사회학자 앨빈 토플러는 "이제는 규모의 경제가 아니라 빠른 자가 승리하고 느린 자는 죽는다는 속도의 경제가 승패를 좌우한다"라고 말했다. 그런데 이런 속도가 생활을 지배하면서 부작용도 커졌다. 세상과 기계가 아무리 빨라진다고 해도 사람의 맥박은 빨라지지 않는다. 자연스러움을 거스르다 보니 부작용이 나타난다. 여유를 갈망하게 되면서 '느림의 미학'이 핵심 가치로 떠오르고, 문제를 해결의 방식으로 나타난 것이 느림의 문화이다. 느림은 게으름이 아니다. 느림은 적극적인 삶의 한 형태로

서 스스로 삶을 지배하는 것이다. 즉 자신의 삶에 여유와 깊이를 만들어 주는 것이다.

골프장에서도 마찬가지다. 대부분의 아마추어 골퍼는 빠른 진행을 재촉 받거나 공이 잘 맞지 않으면 스윙 속도가 점점 빨라진다. 스윙이 빨라질수록 공이 맞지 않고, 공이 안 맞을수록 스윙이 빨라지는 악순환이 계속된다. 이렇게 되면 스코어 관리는 물론 골프의 여유로움을 포기한 채 18홀 내내 몸통 회전 없이 팔로 공을 때리게 된다. 이때 무엇보다도 필요한 것이 느림의 미학이다. 무조건 게임을 천천히 하라는 것이 아니다. 공이 있는 곳으로 갈 때는 클럽을 2~3개 같이 들고 가는 등 진행에 협조하여 신속하게 이동한다. 그 대신 뜻대로 되지 않으면 스윙 속도부터 줄여 본다. 거리가 조금 덜 나더라도 속도를 줄이고 스윙 템포를 부드럽게 유지하면 다시 공이 잘 맞기 시작한다. '때로는 빠르게 때로는 느리게'를 잘 조절할 수 있어야 제대로 된 골프 맛을 느낄 수 있다.

'플러스 발상', 한 수 앞을 내다보는 골프

서울대학교 송병락 교수의 책 『전략의 신』에서 손자孫子가 설파한 승자의 조건을 소개해 놓았는데 그중 "고수는 전략으로, 하수는 감정으로 싸운다"라는 말이 있다. 유대인이 부자가 된 것은 칼을 버리고 책을 들었기 때문이고, 몽골제국이 멸망한 것은 책을 버리고 칼을 들었기 때문이라고 한다.

골프 라운드는 자연 속에서 전쟁을 하는 것과 같다. 전쟁은 신중해야 하고 전략이 필요하듯이 단 한 번의 라운드도 신중해야 하고 전략이 필요하다.

나는 새로운 골프장에 갈 때 해당 골프장 홈페이지에 있는 코스 공략도를 참조하여 조그만 수첩에 손으로 직접 코스를 그리고 가장 기본적인 팁을 적어 가지고 간다. 중요하다고 생각되는 것은 빨간색으로 적고 줄을 긋는다. 실제 필드에 가서 이 코스 공략도대로 게임을 하는 것은 아니지만 이렇게 라운드를 하기 전에 미리 코스를 살펴보면 많은 도움이 된다.

골프장에서는 일단 스코어가 좋아야 한다. 어떤 힘든 여정을 거쳐 그린까지 왔든, 마지막 퍼팅을 잘 마무리하여 스코어를 매듭지어야 한다. 스코어가 모든 것을 말해 준다. 즉 모든 샷은 스윙에 초점을 맞추는 것이 아니라 스코어에 초점이 맞추어져 있어야 한다는 의미다.

스코어를 좋게 하기 위한 코스 공략법은 여러 가지가 있는데 스스로 주도적으로 할 수 있는 코스 공략법이 '플러스 발상' 전략이다. 드라이버를 치고 나서 다음 샷을 힐 때는 반드시 거리부터 확인한다. 공이 가장 잘 맞았을 때 올릴 수 있는 거리에 그린이 있다고 가정한다면 무조건 그린에 공을 올리겠다는 생각을 버려야 한다. 코스 설계자는 그렇게 공략하기 쉽도록 그린 근처를 디자인하지 않는다. 오히려 먼 거리에서 하는 샷보다 더 어려운 상태가 많다. 그래서 샷을 할 때 거리를 거꾸로 계산한다. 핀이 있는 지점으로부터 어느 정도의 거리를 남겨 둘 것인가를 판단하는 것이다. 이렇게 남은 거리를 결정하면 바로 다음 샷으로 보내는 거리가 결정된다. 이런 거리 계산법으로 코스를 공략하면 정말 다양한 공략 루트가 나온다. 예를 들어 170미터 남았고 이를 한 번에 그린에 올리기 쉽지 않다면 플러스 발상 전략을 사용한다. 20미터 플러스 150미터 혹은 60미터 플러스 110미터 이렇게 얼마의 거리를 남길 것인가에 따라 다양한 세컨 샷 옵션이 나올 것이다. 가장 자신 있게 보낼 수 있는 거리를 남겨 두는 것이 최고의 전략이다. 프로 선수들도 주로 Par5홀에서는 이런 전략으로 게임을 리드한다. 반드시 버디를 잡기 위한 전략인 것이다. 당구를 잘 치는 사람은 지금 당장 쳐야 할 길뿐만 아니라 그 다음 공의 위치까지 고려하면서 공을 친다. 이는 바둑도 마찬가지고, 세상을 사는 모든 이치가 그러할 것이다. 한 수 앞을 내다 볼 수 있는 지혜가 바로 성공의 원동력이다.

핑계는 하수의 언어다

"오늘 따라 이상하게 안 되네."

골프장에서 가장 많이 듣는 핑계이다. 골프가 잘 안 되는 이유가 108가지가 된다고 하니 오죽했으면 골프를 '실수와 핑계의 스포츠'라고 부르겠는가. 골프는 쌍방 과실이라는 것이 없다. 잘 쳤든 못 쳤든 모든 것이 본인 책임이다. 그런데도 실수를 하면 그 원인을 자신에게서 찾기보다 주변 여건에서 찾으려는 경향이 있다. 월터 헤이건이라는 유명한 골프 선수는 다음과 같이 말했다. "베스트를 다하여 샷 하라. 그 결과가 좋으면 그만이고 나쁘면 잊어라." 잘 맞았다고 자랑하지 말고, 실수했다고 핑계 대지 말라는 의미다. 핑계가 습관이 되면 골프 실력은 전혀 나아지지 않는다.

'핑계는 하수의 언어'라고 한다. 골프에서 '핑계'의 반대말은 '인정'이다. 구차한 변명 없이 실수를 인정하는 것이다. 고수는 실수라고 당당히 말할 줄 알고 실수를 슬기롭게 극복하려고 노력한다. 그래서 골프 고수에게서는 리더의 향기가 난다. 진정한 리더는 팀원 앞에서 핑계를 대지 않는다. 잘못에 대한 전가도 하지 않는다. 오로지 리더 스스로 책임을 진다. 골프는 1인 리더다. 모든 것을 스스로 결정해야 한다. 또 그에 대한 책임도 스스로 져야 한다. 그런 면에서 골프에서의 자질은 리더로서의 자질과 같다.

골프 시작 5년 후 당신의 골프는?

골프는 용사처럼 플레이하고 신사처럼 행동하는 게임이다. _ 데이비드 로보트 모건

골프 시작 5년 후 당신의 골프는?

『내 인생 5년 후』(하우석)라는 책에 소개된 글을 보면 자신의 꿈과 목표의 기준을 5년으로 설정하고 그 5년 동안 목표에 대한 생각과 일을 하게 되면 자신의 인생의 바뀐다고 한다. 미켈란젤로는 인류 최고의 걸작으로 손꼽히는 시스티나 성당 벽화를 완성하는 데 5년이 걸렸고, 세익스피어가 인류 불멸의 문학작품으로 평가받는 4대 비극을 완성하는 데도 5년이 걸렸다고 한다. 콜럼버스가 신대륙을 발견하기까지도 5년이 걸렸고 김연아가 시니어 대회 첫 우승에서부터 올림픽 금메달을 목에 걸기까지의 기간도 5년이라고 한다. 사법시험에 합격한 사람들의 평균 시험 준비 기간은 4.7년이었고, 창업 후 성공적으로 시장에 진입한 기업들은 모두 5년을 버틴 결과였다고 한다. 어떤 목표이든 또 어떤 일이든 최소 5년은 목숨을 걸고 그 일에 매진해야 한다는 것이다. 대부분 실패는 능력이 아니라 목표가 없어서 실패한다고 한다. 동양인 최초로

PGA 무대에 섰다는 최경주 프로는 특기도 골프이고 취미도 골프이고 여가 생활도 오로지 골프뿐이었다고 한다. 살아가면서 오직 하나만 생각하고 그 목표를 향해 끊임없이 도전하는 자세가 최고의 무대에서 우승할 수 있었던 원동력이었던 것이다. 비록 프로가 되는 것은 아니겠지만 이런 프로들의 노력과 열정에서 배울 점이 많다.

당신은 왜 골프 고수가 되려고 하는가? 그렇게 많은 시간과 노력을 투자하여 골프를 잘하는 것이 삶에서 어떤 가치가 있는가? 많은 골프 고수들이 이구동성으로 하는 말이, 처음에는 골프를 잘하고 싶은 욕심에 스윙을 가다듬는 데 많은 투자를 했지만 어느 정도 골프를 하는 단계에 들어서니 골프를 통해 인생을 배우고 다양한 사람들과의 관계를 맺는 데 더 큰 가치를 두게 되더라는 것이다. 그러기 위해서는 실력 향상과 함께 좋은 골프 습관을 만들어야 한다고 말한다.

다른 분야와 마찬가지로 골프 실력을 높이려면 가장 효과적인 계획과 수단을 찾아내고 그에 맞추어 행동해야 하는데도 유독 골프에서만큼은 합리적인 접근 없이 닥치는 대로 하려는 경향이 있다. 이는 가까운 골프 연습장에만 가도 알 수 있다. 스윙 자세는 고려하지 않고 무조건 공만 치는 사람들이 많은데, 이렇게 되면 잘못된 스윙 폼이 몸에 각인되고 만다. 많은 사람들이 이토록 스윙에 집착하는 것은 골프에서 생기는 모든 문제의 원인을 스윙에서 찾기 때문이다. 골프 실력 향상의 진정한 의미는 '올바른 골프 습관'을 익히는 데 있다. 스윙을 개선하고 잘못된 동작을 꾸준히 교정해 나가는 것도 올바른 골프 습관을 위해서다. 이는 에이브러햄 링컨의 연설에 잘 표현되어 있다. "나무를 베어 쓰러뜨리는 데 한 시간이 주어진다면 나는 도끼를 가는 데 45분을 쓰겠다."

특히 필드에 나가면 정직하게 작성하는 스코어 카드와 함께 무조건 실천하는 룰과 매너, 실수했을 때 흥분하지 않고 품위 있게 대처하는 자세가 몸에 배도록 꾸준히 노력해야 한다. 연습장에서의 효과적인 연습 방법도 올바른 골프 습관에 포함된다. "뭐, 프로가 될 것도 아닌데", "먹고 살기 바빠서" 등등 핑계의 울타리 안에 갇혀 어설프게 골프 할 것이라면 차라리 그만두는 게 낫다. 꾸준히 실력 향상을 위해 노력하고 올바른 골프 습관을 만들어 그 누구와 같이 라운드해도 항상 유쾌하게 골프를 하는 것이 중요하다.

연습장에서 공을 칠 때 고수의 진면목을 알 수 있다

연습장에서 공을 치는 모습을 보면 고수인지 아닌지 바로 알 수 있다. 정말 많은 사람들이 빈 스윙 한 번 하지 않고 쉴 새 없이 공을 치는데, 공이 안 맞으면 맞을 때까지 치고, 공이 잘 맞으면 맞지 않을 때까지 공을 친다. 일단 공을 많이 치면 실력이 향상될 것이라고 생각하는 것 같다. 더구나 대부분의 골프 연습장 운영 방식이 시간제인데다 자동 티업 장치에서 끊임없이 공이 올라오다 보니 본전 생각에 더 많은 공을 치게 된다. 이렇게 아무 생각 없이 잇달아 공만 치는 것은 시간적인 면에서나 실력 향상 면에서 매우 큰 낭비이다. 사실 연습장의 자동 티업 장치는 필드에서 공을 잘 치지 못하게 하는 가장 큰 원인이다. 라운드를 할 때, 하나의 공을 치는 행위에는 목표를 향해 방향을 정하고 그에 맞추어 셋업을 하는 중요한 초기 동작이 있다. 이 과정에서 멋진 샷을 머릿속으로 그려 보는 준비 동작이 필수적인데 연습장의 기계화로 인해 필드에서 바로 적용할 수 있는 중요한 과정을 연습할 수 있는 기회를 놓쳐 버리는 것이다.

골프 실력을 향상시키고 싶다면 공을 많이 치지 말아야 하며, 특히 연속해서 대충 치는 공은 금물이다. 실제 필드에서는 그 어떤 공도 대충 칠 수 없기 때문이다. 연습장에서는 그런대로 잘 맞던 공이 필드에서는 제멋대로인 이유 또한 연습법과 관련 있다. 연습장에서는 공을 보내는 목표가 분명하지 않다. 목표를 정하지 않고 클럽만 휘두르면 방향 감각이 사라지고 몸이 반응하지 않는다. 목표가 확실하지 않은 연습은 아무리 많이 해도 효과가 없고 필드에서 써먹을 수 없다.

구력이 오래된 골프 고수들을 관찰해 보라. 그들은 스윙을 교정할 필요가 있을 때는 전문가의 도움을 받는다. 혼자 할 때는 공을 치기 전에 빈 스윙을 하되 몇 가지 체크 포인트 중에서 한두 가지를 확인한다. 빈 스윙도 생각 없이 하는 것이 아니다. 필드에 나가는 시즌이라면 거리를 늘리거나 정확한 샷을 위한 교정보다는 라운드 예정인 코스의 몇몇 홀을 생각하면서 실전 연습을 한다. 먼저 드라이버로 티샷을 하고 남은 거리에 따라 우드 또는 아이언으로 그린의 어떤 지점을 노릴지 결정한 후 샷을 하고 어디까지 날아갔는지 확인한다. 이런 상상 라운드는 프로들도 즐겨 하는 연습으로, 거리를 생각하며 한 타 한 타 다른 클럽을 선택하여 연습한다. 이렇게 연습하면 공을 100개 이상 칠 일이 없다. 공 한 개를 치는 데 거의 1분 가까이 걸리기 때문이다.

나는 어떤 골퍼로 기억될까?

세계적인 경영 컨설턴트인 피터 드러커는 13세 때 오스트리아의 김나지움(고등중학교)을 다닐 때 선생님이었던 필리 글러 신부님이 했던 질문을 평생 기억하며 살았다고 한다. 어느 날 선생님이 "너희들은 죽은 뒤 누구로 기억되기를 바라느냐?"라고 물었다. 학생들이 대답하지 못하자 다음과 같이 말씀했다고 한다. "나는 너희들의 대답을 기대하지 않았다. 그러나 50세가 되어서도 이 질문에 대답하지 못한다면 인생을 잘못 살았다고 봐야 한다." 피터 드러커와 동창들은 60주년 기념 동창회에서 신부님의 질문이 자신들의 인생에 많은 영향을 주었다고 했으며, 피터 드러커는 아직도 그 질문을 계속하고 있다고 밝혔다.

이 질문을 자기 자신에게 던져 보자. "나는 어떤 골퍼일까? 골프로 성공을 했나?"

누군가에게 기억될 필요까지는 없지만, 건강을 위해서든 인간관계를 위해서든 골프를 하는 이유가 분명하고 열심히 했으며 그 결과 자신에게 정말 값진 것이라고 느낀다면 성공적인 골프를 했다고 볼 수 있다. 골프를 시작한 지 10년, 20년이 되었는데도 목적이 없고 여전히 짐스러운 운동으로 느껴진다면 그만두는 것이 좋다. 당신에게 골프가 짐스럽듯이 당신과 골프를 하는 사람들에게도 당신과 같이 골프를 하는 시간이 짐스러울 수 있다. 무엇을 잘한다는 것은 수많은 땀방울을 흘렸다는 증거다. 포기하는 데는 단한 방울의 땀도 필요하지 않다. "골프를 보면 볼수록 인생을 생각하게 하고 인생을 보면 볼수록 골프를 생각하게 한다"라는 골프 명언을 되새겨 보자.

자신에게는 냉정하게
타인에게는 관대하게

그 사람의 진정한 성격을 알고 싶다면 골프를 쳐 보면 안다. _ P.G 우드하우스

골프 게임의 기본 정신

USGA(미국골프협회)와 R&A(영국골프협회)에서 2년마다 정기적으로 발간하는 골프 규정집 제1장에는 「게임의 기본 정신 The spirit of the games」이 명시되어 있다. 규정집의 가장 앞부분에 골프 에티켓을 간단명료하게 기술한 것이다.

"골프는 대부분 심판원의 감독 없이 플레이된다. 골프 경기는 다른 플레이어들을 배려하고, 규칙을 준수하는 사람의 성실성 여하에 달려 있다. 그리고 모든 플레이어는 경기하는 방법에 관계없이 언제나 절제된 태도로 행동하고 예의를 지키며 스포츠맨십을 발휘해야 한다. 이것이 골프 게임의 기본 정신이다."

이 규칙에서 가장 특이한 것은 심판원의 감독이 없다는 점이다. 골프 시합을 할 때는 '경기위원'이라 하여 심판 역할을 수행하는 사람이 있지만, 모든 코스에서 규칙 위배를 감시하는 것은 아니다. 대부분 아무런 감시가 없는 상황에서 플레이를 하기 때문에

스스로 심판이 되어 규칙을 지켜야 한다. 그런데 심판이 없다면 '터치'라는 치명적인 유혹에 노출될 수 있다고 봐야 한다. 공을 치기 좋은 자리에 옮기고 싶고, 경계를 벗어난 공을 안쪽으로 밀어 놓고 싶고, 공이 없어졌지만 여기 있다고 말하고 싶고, 실수했지만 하지 않은 것으로 하고 싶은 마음이 생긴다. 실제로 많은 사람들이 별 생각 없이 공을 옮기기도 한다. 동반자들은 다 알고 있는데 자신만 아닌 것처럼 태연하게 행동하는 불편한 진실 속에서 게임을 하게 되는 것이다. 동반자들이 말을 하지 않는 것은 서로의 신뢰도를 굳이 확인하려고 들지 않기 때문이다. 그냥 모르는 척하는 것이다. 당신이 몇 번 그런 행동을 했다면 동반자들이 같이 골프 하자고 청하는 횟수가 줄어들 것이다. 따라서 스스로 규칙을 준수하려는 노력이 필요하다.

골프의 기본은 공을 있는 그대로 치는 것이다. 최초의 출발점에서 공을 땅이나 티에 놓고 클럽으로 쳐서 움직이는 것이 대전제이고, 출발 지점에서 목표 지점까지 자신의 공을 그대로 이어서 치는 것이 대원칙이며, 타수가 가장 적은 사람이 승자가 된다. 따라서 '클럽으로 공을 있는 그대로 쳐서 움직이는 것'이라는 대전제를 지키지 않는 사람 즉 손으로 공을 던진다든지, 발로 차서 공을 목표에 근접시킨다든지, 다른 공으로 바꿔치기 한다든지 하는 사람을 게임에서 추방한다는 룰을 정한 것이다. 이런 골프 게임의 대원칙을 지키고자 했으나 부득이하게 지키지 못한 사람에게는 '페널티 Penalty'라는 대가를 지불하게 한 뒤 게임에 복귀시키도록 한 것이 바로 '골프 룰'이다.

배려의 품격

골프 게임의 기본 정신을 한마디로 표현하면 '배려'다. 라운드를 갔을 때 오늘 몇 타를 기록했는지보다 상대방에 대한 배려를 몇 번이나 했는지 기록해 보는 것도 의미 있을 듯싶다.

배려는 상대방에게 좋은 기운을 몰아 주는 것에서부터 시작된다. 바로 첫 티샷부터 그러하다. 동반자가 티샷을 하기 위해 티잉 그라운드에 올라가면 모든 행동을 멈추고 그에게 집중한다. 공이 조금 빗맞아도, 거리가 조금 짧더라도 멋진 폼에 박수를 보내고 공이 살아 있음에 "굿 샷!"이라고 외쳐 준다. 박수와 격려, 응원을 아끼지 않는 분위기가 좋은 기운이 넘치는 라운드를 만들어 줄 것이다. 어떤 상황에서든 상대방을 높이고 자신을 낮추며 좋은 기운을 전해 주는 사람은 누구에게나 매력적인 사람일 것이다. 당연히 골프장에서도 늘 환영 받는 품격 있는 골퍼임이 분명하다. 이런 좋은 기운과 함께 충분히 실천할 수 있는 배려는 다음과 같다.

상대방이 플레이할 때 방해되지 않도록 세심한 주의를 기울이고, 동반자의 공을 같이 찾아 주고, 언덕이 있는 곳에서는 올바른 방향을 잡을 수 있도록 알려 주고, 마지막 사람이 홀 아웃을 할 때까지 기다려 주고, 동반자의 기쁨을 진심으로 축하해 주는 것은 언제나 강조해도 지나치지 않다. 룰을 적용할 때도 자신에겐 냉정하게 하고 상대방에게는 관대하게 하는 것이 곧 분위기를 즐겁고 편하게 만드는 기폭제가 된다는 사실을 잊지 않아야 할 것이다. 또 한 가지 골퍼의 기품이 드러나는 순간은 필드의 조력자인 캐디를 대하는 모습이다. 플레이가 잘되지 않는다고 애꿎은 캐디에게

화를 낸다면 그의 골프는 아직 멀었다. 캐디 역시 같이 라운드하는 동반자임을 명심해야 한다. 자신은 가만히 있으면서 모든 것을 캐디에게 시키고, 거리를 잘못 알려 줘서 실수했다고 짜증 내고, 스코어 표기를 제대로 하지 않는다고 타박하는 골퍼 역시 자질이 없다. 실력과는 상관없이 품격을 지닌 골퍼, 누구나 동반하고 싶어 하는 골퍼가 될 수 있다는 것이 골프의 매력이다.

자신에겐 냉정하게, 타인에겐 관대하게

"어떤 놈이 나쁜 놈일까? 나는 딱 한 가지 부류밖에 없다고 생각한다. 바로 '나뿐인' 부류다. 그러니까 '나뿐인 놈'이 바로 '나쁜 놈'이다. 나뿐인 놈이 음운학적인 변천 과정을 거쳐 나쁜 놈이 되었다는 생각이다. 남들이야 죽든 말든 자기만 잘되면 그만이라고 생각하는 부류들은 무조건 '나쁜 놈'에 속한다. 도대체 우주 어느 공간에서 어떤 존재가 나뿐일 수 있단 말인가."

- 이외수의 『글쓰기의 공중부양』 중에서

'더불어 잘되는 골프'가 있다. 어떤 사람과는 유난히 골프가 잘 되고, 어떤 사람과는 아무리 해도 골프가 안 된다. 동반자는 공을 찾아 숲 속을 헤매고 있는데 자기 공 잘 맞았다고 페어웨이에서 큰 소리로 캐디에게 거리 물어보며 클럽 달라는 사람, 자기 퍼팅 다 했다고 동반자가 퍼팅하고 있는데 다음 홀로 이동하는 사람, 자기는 시간을 넘치도록 쓰고 다른 사람을 재촉하는 사람, 그런 사람은 골프를 잘할 수 없다.

　골프의 본질은 '나 없음'이다. 골프는 '욕심의 나'를 없애고 '두려움에 떠는 나'를 달래고 '긴장하고 있는 나를 비워 내는' 과정이다. 그러니 '나뿐인 사람, 나쁜 사람'은 간혹 단기적 성과는 낼지 모르지만 장기적으로는 골프를 잘하기가 쉽지 않다. 설령 그런 사람이 고수의 반열에 들었다 한들 누가 불러 주기나 하겠는가? 자신보다 남을 배려하는 사람, 더불어 성장할 수 있는 '좋은 사람'이 골프를 제대로 하는 것이다. 좋은 스코어보다 멋진 골퍼가 되자.

　철저히 혼자 하지만 절대 혼자 할 수 없는 골프는 스스로를 배려해야 행복해지고 상대방을 배려해야 즐거워지고 모두를 배려할 때 비로소 성공할 수 있는 것이다. 사소한 말 한 마디조차도 그런 배려의 골프를 하는 것이 자신의 품격을 말해 준다. 또한 디봇을 메우고, 쓰레기는 휴지통에 버리고, 볼 마크는 수리하고, 규칙을 준수하며 골프를 하는 것은 평생 자신의 삶을 사려 깊은 행동으로 채우고 있는 멋진 사람일 것이다.

비즈니스 골프에 강한 고수의 조건

골프를 보면 볼수록 인생을 생각하게 하고 인생을 보면 볼수록 골프를 생각하게 한다. _ 헨리 롱 허스트

성공한 사람들의 골프 인맥

사업으로 성공한 많은 아마추어 골프 고수들의 경험담을 들어 보면, 골프에서 운동이나 친목 그 이상의 무언가를 찾으려고 한다. 이들이 골프를 잘하는 것은 골프 자체가 목적이 아니라 골프를 통해 얻고자 하는 것이 있기 때문이다. 성공한 사람들은 바쁘다. 하루종일 골프에 시간을 내기가 쉽지 않다. 그런데도 이들은 골프를 할 뿐만 아니라 매우 잘하기까지 한다. 이들은 정말 바쁘기 때문에 골프를 한다고 한다. 그러면서 클럽하우스나 필드, 심지어는 연습장에서도 끊임없이 무언가를 발견해 내려고 한다. 이들의 골프를 통해 사업과 골프의 지혜를 동시에 배울 수 있다.

경영의 신으로 불리는 GE의 잭 웰치 회장의 골프 사랑은 두말할 것도 없고, 소프트뱅크의 손정의 회장이나 마이크로소프트 빌 게이츠 회장 역시 골프에 관한 사랑과 관심이 남다르다고 한다.

골프를 좋아하는 배용준 씨가 골프를 통해 손정의 회장을 만난

일화는 유명하다. "나는 누구보다 배용준 씨의 골프에 관한 생각에 공감한다. 그는 자연과 교감할 수 있다는 점 때문에 골프를 사랑한다고 한다. 바람이 불면 바람이 부는 대로, 비가 오면 비가 오는 대로 자연과 하나가 될 수 있어 골프가 좋다고 한다."

세계적인 배우가 골프장에 가면 어떤 생각을 할까? 자신의 이미지 때문에 작은 행동 하나도 조심하며 타인의 이목을 극도로 신경 써야 할 텐데 공을 제대로 칠 수나 있을까. 그런데 손정의 회장이 배용준 씨와 골프를 하면서 사업 파트너로서도 손색이 없다고 칭찬했다고 하니 그가 얼마나 골프를 사랑하고 즐기는지 상상이 간다. 이들은 골프를 잘할 뿐만 아니라 골프를 즐긴다. 즐기는 것이 골프를 잘할 수 있는 비결이기도 하다. 즐기지 않는 사람은 골프가 조금이라도 안 되거나 날씨가 좋지 않으면 싫증을 낸다. 즐기지 않으면 재미가 없어지니 반복되는 연습을 어떻게 감당할 수 있겠는가? 골프를 즐기려면 실력을 쌓아야 한다. 그래야 여유가 생기고 다른 사람도 배려할 수 있다. 사업의 세계에서는 더더욱 그래야 한다. 누군가 이런 말을 했다. "최고의 매너는 공을 잘 치는 것이다"라고.

성공한 사람에게 골프는 투자다

골프를 한다는 것은 자신의 삶의 시계를 재조정하는 것이다. 자투리 시간에 잠깐 하다 말다 하는 것이 아니라, 많은 시간을 골프에 할애하는 것이다. 골프를 하려면 시간과 노력과 돈이 들어가는

데 대부분의 사람들은 이를 비용으로 생각하고 아까워한다. 성공한 사람들 중에서 골프를 좋아하는 사람들은 골프를 비용이 아닌 투자라고 생각한다. 꼭 비즈니스 목적이 아니더라도 골프를 즐기는 사람들은 자신이 좋아하는 것을 위해 비용을 쓰는 것이 아니라 투자하는 것이라고 한다. 워렌 버핏의 말에서 그의 투자 원칙을 읽을 수 있다. "10년간 보유할 생각이 없다면 단 10분도 보유하지 말라." 장기 투자의 중요성을 강조하는 말이다. 골프 역시 그렇다. 평생 행복한 골프를 위해서는 평생을 투자해야 한다. 골프를 그만두는 순간까지 시간, 노력, 돈을 투자해야 한다. 그럴 생각이 없다면 골프 대신 다른 것을 찾는 것이 낫다. 골프를 통해 끊임없이 무언가를 찾는 경영자에게 골프는 스포츠 이상의 의미를 지닌다. 오랜 시간 필드를 함께 걷고 공과 홀에 정신을 집중하다 보면 동반자와의 관계가 두터워지고 어려운 거래를 성사시키는 기회가 오기도 한다. 이는 골프에 임하는 태도에서 비즈니스에 대한 태도를 알 수 있고, 골프가 끊임없는 인내심을 요구한다는 측면에서도 사업과 비슷하기 때문이다. 공을 잘 치는 것도 중요하지만, 샷을 한 뒤의 태도를 통해 상대방의 진면목을 알 수 있는 것이 골프이기도 하다. 특히 벙커나 해저드에 빠지는 등 위기에 처했을 때 어떻게 헤쳐 나오는지를 보라. 벙커에서 샷을 한 뒤 흩어진 모래 자국을 잘 정리하고 나오는지, 퍼팅을 놓쳤거나 점수를 많이 잃었을 때 행동이나 표정은 어떤지 유심히 살펴보면 그 사람의 됨됨이를 알 수 있다.

골프를 비즈니스와 접목하는 것도 사업이나 경영과 비슷한 특징이 있기 때문이다. 사업을 잘하는 사람은 골프도 잘한다. 골프를 잘하는 사람은 사업도 잘한다. 그러나 이런 관계가 성립되려면 잘하기까지의 과정도 비슷해야 한다. 사업을 성공시키기 위해 평생 애를 쓰고 투자해 왔다면 골프 역시 그리 해야 한다. 그렇게까지 골프에 투자할 가치를 느끼지 못한다면 그냥 가족과 조용히 골프 여행을 가면서 머리 식히는 정도로 끝내야지 비즈니스 연장선까지 끌고 들어오면 안 된다. 또 한 가지, 골프와 비즈니스는 끝없이 도전해야 한다는 점에서도 공통점이 있다. 한 번 목표 달성을 했다고 해서 계속 유지되는 것이 아니기 때문이다. 골프 역시 어느 정도 경지에 오르기까지 무척 어렵다. 하지만 그것을 유지하는 것은 더욱 어렵다.

인성이 뒷받침되어야 진정한 고수

요즘 가진 자의 갑질 이야기가 엄청나게 미디어에 오르내린다. 과거에도 그런 일은 더하면 더했지 덜하지는 않았을 텐데 유독 요즘 갑질의 나쁜 사례들이 드러나는 것은 무엇 때문일까? 지금은 아무리 조그만 사안이라도 쉽게 드러나는 세상에 살고 있다. 심지어 나의 일거수일투족이 노출되어 있다. 어디를 가고 무엇을 먹고 무엇을 사는지 조금만 뒤져 보면 다 드러난다. 그러다 보니 이제는 감추고 싶어도 감출 수가 없는 세상이 된 것이다. 즉 이제는 아무리 성공해도 인성이 부족하면 아무 소용이 없는 시대가 되었다는 것이다. 갑질 하는 그들이 무엇이 부족하겠는가? 그것이 돈이든 권력이든 명예든 자신이 원하는 모든 것을 성취했을 텐데 인성이 뒷받침되지 않으니 존경은 고사하고 결국은 치부를 드러내는 한심한 꼴을 당하는 것이 아닐까 하는 생각이 든다.

　골프도 마찬가지다. 아무리 골프 실력이 좋아도 인성이 갖춰지지 않으면 진정한 골퍼라 할 수 없다. 특히 요즘은 스크린골프방이 활성화되어 골프를 쉽게 접할 수 있다 보니 골프를 아무렇게나 막 배우고 필드에 와서도 채신머리없이 막 치는 사람들이 많아졌다. 알량한 실력을 가지고 필드에서 큰소리치는가 하면 캐디를 무슨 하인 부리듯이 막 대하기도 하고 상대방은 아랑곳하지 않고 자신의 공만 치려고 하는, 한 마디로 기본이 되어 있지 않은 사람들이 필드를 누비고 다닌다. 심심치 않게 들려오는 캐디에 대한 모욕과 성추행도 사회적 명성은 있지만 그릇이 안 되는 자들에 의해 자행되는 것이다. 당신의 골프 실력을 따지기 전에 인성을 먼저 살펴보자. 한 번의 라운드를 위해 얼마나 많은 노력을 했는지, 상대방에 따라 어떤 자세와 행동을 할 것인지 고민해 보았는지, 실수를 했을 때 의연하게 대처할 수 있는 준비는 되어 있는지, 나의 사소한 말 한 마디와 습관 하나가 상대방의 눈살을 찌푸리게 할 수 있다는 사실을 알고 조심하는지 등의 인성이 우선되어야 골프에서의 진정한 성공이라고 할 수 있을 것이다.

에필로그 | 나의 꿈 나의 골프

대기업 전산실 팀장이 사표를 던진 이유

나는 전형적인 주말 골퍼에서 2년이라는 짧은 기간 안에 싱글 스코어를 기록하고 3년 만에 국가에서 인정하는 프로 자격증을 취득했으며 독특한 방식의 골프 레슨 전문 코치가 되었다. 누구든지 나이에 상관없이 골프를 하고 싶다고 마음만 먹으면 가장 짧은 시간 안에 아마추어 골퍼가 희망하는 모든 것을 성취할 수 있는 방법을 알려 줄 수 있다. 그냥 내가 걸어온 길을 그대로 보여 드리기만 하면 된다.

골프 속설 중에 '싱글 플레이어가 되려면 가정 또는 생업 둘 중의 하나를 포기해야 하고 집 한 채 정도는 날려야 가능하다'라는 말이 있지만 나를 따라 하면 그럴 필요 없다. 내가 싱글 스코어를 기록했던 때는 라운드 횟수가 50회 정도밖에 되지 않았고, 홀인원을 하고 생활체육지도자 3급 자격증을 땄을 때 역시 100회 미만의 짧은 라운드 경력을 가지고 있었다. 물론 이 시기에 직장 생활과 골프를 가르치는 일을 병행하였고, 가정을 조금 소홀히 하기는 했지만 내팽개칠 정도는 아니었다. 정말 열심히 골프를 했지만 가정을 소홀히 하면서까지 골프에 중독되지 않았다는 것에도 자부심을 느낀다. 월급쟁이가 무슨 돈이 있어서 일주일에 한두 번 이상 필드에 나가겠는가? 고작 한 달에 한두 번 정도 나간 것이 라운드 경험의 전부였다. 골프를 배워 보고 싶다는 생각을 한 것이 30대 후반이었고, 골프 사업을 해야겠다고 결심한 것이 40대 초반이었으니 불혹의 나이에 시작한 골프 치고는 꽤 잘한 것 같다. 도대체 골프가 어떤 매력이 있었기에 나로 하여금 대기업을 박차고 나와 골프를 하게 했을까?

사실 호기심도 아니었고 골프에 대한 동경도 아니었다. 내 인생의 절박함이었다. 직장 생활에 끝이 있음을 감지하면서 무엇이라도 다른 것을 미리 준비했어야 하는 시기였다. 평소 공을 가지고 노는 운동은 다 좋아했기 때문에 운동신경은 꽤 있는 편이었고 때마침 박세리 프로가 몰고 온 골프 열풍에 편승하여 살짝 골프에 입문한 상태여서 골프와 관련된 어떤 사업을 하겠다는 것이 무리한 생각은 아니었다.

골프 사업을 하려면 골프는 제대로 할 줄 알아야 한다는 생각에 본격적으로 골프 연습을 시작한 것이 12년 전 가을이었으니 40대 초반이었던 것 같다. 혼자 매일 새벽에 나와 연습장에서 한 시간 반을 연습하고 회사에 출근하고 가끔 회사 동료들과 새벽에 퍼블릭 코스에 가는 것이 전부였다. 명절이라 연습장이 문을 닫는 날을 빼고는 매일 연습했는데 최대한 빨리 골프를 잘해서 골프의 모든 것을 경험하고 싶은 절실함도 있었지만 사실 무엇보다도 골프가 재미있었다. 결국 혼자 연습만 하는 것으로는 미래의 골프 사업은커녕 실력 향상에도 한계를 느끼면서 과감히 사표를 던지고 미지의 골프 세계로 뛰어든 것이었다. 돌이켜 보면 참 무모했지만 골프업계에 본격적으로 뛰어들면서 휴일도 없이 좌충우돌하며 열심히 했던 것 같다. 무엇보다도, 골프를 가르치면서 나처럼 처음 골프를 배울 때 아무것도 몰라 시행착오를 겪지 않도록 골프를 제대로 알게 하는 데 중점을 두었다. 처음부터 제대로 알고 하면 정말 재미있는 것이 골프이기 때문이다. 지금 이렇게 좋은 추억을 떠올리듯이 말할 수 있는 것이 자랑스럽다. 이렇게 시작한 것이 나의 제2의 인생, 골프이다.

좋아하는 일만 하며 사는 법

여전히 IT업계에서 일하는 예전 직장 동료나 대학 동창들은 나를 부러워한다. 좋아하는 일을 돈까지 벌면서 한다는 것이다. 정말 이렇게 좋아하는 일만 하며 살 수 있다면 얼마나 좋을까? 나는 제2의 인생으로 골프를 선택하고 천직이려니 하고 이른 아침부터 밤늦게까지 몸이 부서져라 해 왔다.

그런데 요즘 들어 종종 제자리걸음을 하고 있다는 생각이 든다. 어쩌면 그동안 열심히 살아 왔는데 혹시 몸에 이상이라도 생겨 사업에 문제가 생기지는 않을까 불안감에서일까? 앞에서도 밝혔듯이, 골프 사업을 하는 동안 즐거웠고 보람이 컸지만 그 과정에서도 직장 생활을 할 때와 마찬가지로 꾹 참고 해야 하는 일이 있었다. 좋아하는 일만 하며 살겠다고 결심했는데 역시 일에 파묻혀 과거와 비슷한 굴레에서 벗어나지 못하는 것은 아닌가 하는 생각이 어깨를 짓누르기도 한다.

언젠가부터 사람들에게서 "감기 걸리셨어요?" "엄청 피곤해 보이세요." "하루도 쉬지 않는데 힘들지 않으세요?"라는 말을 듣곤 한다. 나의 상태를 염려해서 해 주는 말이겠지만 한편으로는 '이런 내 모습을 보면서 얼마나 불편해 할까?' 하는 생각도 든다.

사업에는 극복하기 쉽지 않은 장애물이 있는 것도 사실이다. 하지만 좋아하는 일로 성공하려고 시작한 골프인데 남이 볼 때 힘들어 보인다면 과거 직장 생활을 할 때와 다를 바가 없는 것이다. 중대한 결심을 하고 회사를 그만두었는데 '열심히 일하는 나, 그러나 아무리 열심히 노력해도 보상 받지 못하는 나'라는 덫에 빠져 있는 것이다. 왜 이 사실을 깨닫지 못했을까?

이 책을 쓰면서 얻은 결론은 다른 사람에게 인정받고자 하는 노력을 그만두자는 것이다. 하고 싶지 않은 일은 하지 말고 진정으로 내가 좋아하는 일만 하려고 한다. 이를 계기로 정말 내가 좋아하는 일은 무엇인지를 생각해 본다.

나만의 골프 성공 스토리

골프라는 새로운 옷을 입은 지 어느덧 10년이 되었다. 10년 동안 속상한 일도 많았고, 좌절도 했고, 벗어던지고 싶은 때도 많았지만 특유의 꾸준함과 절박함으로 버텼다. 드디어 성공했다고 하기에는 아직 부족한 것이 많지만 새로운 도약과 성공을 위한 발판을 다져 놓은 것 같아 지난 10년을 헛되이 보내지 않은 것이 뿌듯하다. 이제는 좀 더 새로운 도약을 꿈꾸어 본다.

먼저 나처럼 골프 레슨을 업業으로 하는 선생님들에게 관심을 집중하려고 한다. 이들 역시 골프를 업으로 하기 위해 엄청난 땀과 눈물을 흘렸고 많은 투자도 했지만 오늘날 레슨 시장의 현실은 투자 회수는 둘째 치고 먹고 사는 것도 쉽지 않다. 여전히 연봉 3,000만 원만 주면 레슨하는 프로들이 많다는 고용주(?)의 편견이 팽배하고, 딱 받은 돈 만큼만 레슨하고 끝내는 과외 선생이 많다 보니 레슨 품질의 향상은커녕 잠시 거쳐 가는 3D 업종으로 전락한 것 같다. 10년 이상 한 업종에서 기술을 쌓았고 평균 70타대의 대단한 스코어를 기록하고 가장 비싼 라이선스 중의 하나를 취득한 이 고급 인재들이 일에 만족하고 지금보다 더 나은 삶을 사려면 현실적으로 연봉 5,000만 원은 되어야 계산이 맞을 것이다. 여느 전문 업종 종사자들처럼 주 5일 열심히 일하고 2일은 나름 자기계발도 하고 자신만의 라운드도 할 수 있는 여유가 있어야 한다. 그래야 레슨 품질이 올라가고, 가르침을 받는 자의 만족도 역시 크게 향상될 것이다. 그래서 이들을 위한 사업적 토대와 모델을 만들어 보고 싶다. 이들이 마음껏 자신이 가진 골프 재능을 사회에 환원하고 또 사회에 모범이 되는 좋은 선생님이 될 수 있는 울타리를 만들어 보고 싶다.

또 하나는 골프의 성지 스코틀랜드의 링크스 코스Links course 도

전이다. 그중 링크스 코스의 상징인 스코틀랜드 세인트 앤드류스 올드 코스 도전하기에 대해 간단히 소개하고자 한다.

링크스 코스는 골프의 상징이다. 링크스 코스는 주로 황량한 해안 지대에 조성되어 바닷바람의 영향이 크고 변덕스러운 날씨로 게임하기 쉽지 않은 것이 특징이다. 과거 스코틀랜드에서 목동들이 넓은 목초지에서 작은 공을 가지고 놀던 것이 골프의 기원 중의 하나인데, 이때 해안가 근처에 있던 스코틀랜드 링크스LINKS라는 지역에서 시작되었다고 하여 그 시절 비슷한 입지를 가진 골프장을 '링크스 코스'라고 부르게 된 것이다. 드넓은 평지인 것 같지만 조금만 벗어나면 무릎까지 올라오는 거친 러프, 곳곳에 악어 입처럼 벌어져 있는 항아리 벙커, 페어웨이와 전혀 구분이 안 되는 그린, 바다에서 불어오는 엄청난 바람 등 결코 폼 잡고 우아한 골프를 칠 수 없는 거친 자연 속에서의 라운드는 '자연과 싸워야 한다'라는 의지를 갖기에 충분하다.

좋은 스코어를 기록하겠다고, 혹은 자연에 맞서 싸워 이기겠다고 하는 알량한 생각은 처음부터 버려야 한다. 자신이 할 수 있는 골프란 자연이 이끄는 대로 가면서 내가 할 수 있는 노력을 다하고, 결과는 있는 그대로 받아들이고 마지막까지 포기하지 않는 자세라고 한다. 바람이 불면 바람을 즐기고 비가 오면 비를 즐길 줄 알아야 자연을 거스르지 않는 골프를 할 수 있다는 교훈을 링크스 코스가 알려 준다. 일 년에 한 달은 이런 코스에 가서 거스르기 어려운 자연과 함께 골프를 치는 것이 나의 소중한 꿈이다.